JN162987

ミランダと自己負罪拒否特権

Miranda and The Privilege against Self-Incrimination

小早川義則

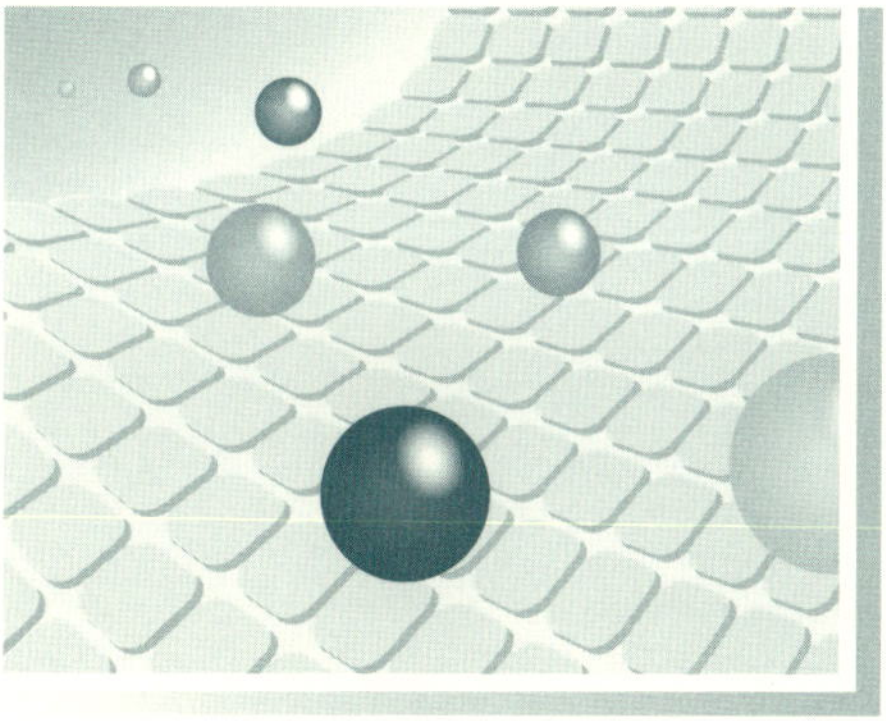

証拠法研究第四巻

成文堂

はしがき

本書は、自白の任意性の判断基準に関するミランダ以前の主要な合衆国最高裁判例をほぼ網羅的に検討することによりミランダ判決の革命的意義を再確認した後、わが国でも大いに話題となった二〇〇〇年のディカソン判決を詳しく紹介しつつ、主として憲法上の自己負罪拒否特権の観点からわが国における被疑者取調べの問題点をいささかなりとも解明しようとするものである。

筆者は、早や二昔前になるが、平野龍一氏の「取調べ受忍義務否定論の展開は一九五八年のこと」であるにもかかわらず一九六六年のミランダ判決の視点と「基本的に同一」であるとしたうえで、「合衆国最高裁は今日まで一貫して、密室での被疑者取調べないし自白採取の必要不可欠性を強調するわが検察実務家の見解とほぼ同旨のミランダ批判を退けて、ミランダの核心部分である取調べへの弁護人立会権を維持している」と主張した。アメリカでは、ミランダ判決は「捜査の実務を変えなかったという見方もあり」実際には問題の焦点が「『自白の任意性』から『権利放棄の任意性』へと少し前の段階に移っただけのことである」との指摘もある。しかし依然としてミランダ以前の状態にとどまっているわが実務との落差は大きいばかりか「右の権利放棄の問題を含めて、その間のアメリカ法の動向は必ずしも明らかにされていない」と主張したのである（『ミランダと被疑者取調べ』二三頁）。

そのような折も折、ミランダ流の取調べ実務のわが国への導入を意図した一部弁護士によって一九九五年二月に「ミランダの会」が結成された旨の報道に接した。同会は当初から、取調べに弁護士の立会いを要求し、それが認められない場合には取調べを拒否し、さらに調書内容の弁護人による確認が認められない限り、署名押印を拒否するよう被疑者に助言することを弁護活動方針としてきた。その結成直後に発生したいわゆるオウム関連事件の被疑者に接見した当番弁護士が偶然「ミランダの会」の一員であったことから、かねてからの同会の弁護方針に従い、弁護人が同席しない限り、取調べを拒否するよう助言し、被疑者がこれに応じて同旨の書面を担当検事に提出するなどしたため検察当局が痛烈に弁護士批判を展開し、主要各紙（朝日新聞ほか一九九五年六月一日付夕刊）がこれを比較的大きく報道したのは周知の通りである。

アメリカでは身柄拘束中の被疑者が弁護人依頼権を行使した場合には、別件を含めて弁護人の現実の立会いのない限り、捜査官による取調べの再開は一切禁止されている。しかし、それはあくまでも「被疑者限り」の固有権であるから「第三者ではなく被疑者本人が」弁護人依頼権を行使する意思を示さなければならない。その限りにおいて、権利行使時の弁護人の役割を強調する「ミランダの会」の弁護活動方針とはいささか趣を異にすることは否定できない。「被疑者の主体性と弁護人の役割」という新たな視点にも関わるだけに軽々にその是非の判断は慎まなければならないが、弁護人でなく被疑者の権利としての側面からの検討の必要性を痛感したのである。

ところで筆者は、アメリカ法に関するとりわけ田宮 裕氏の著書論文を繙く度にその中で引照されている合衆国最高裁判例については、名城大学附属図書館でその原文をコピーして一件毎にファイルで整理する作業を八津谷由紀恵さんのご協力を得て続けてきた。手許にあるそのファイルはすでに数千件にも及んでいる。その一部についてはその都度通読することに努めたものの、筆者の言語能力の限界もあり、それらを咀嚼できたとは到底いえない。そして筆者は、ミランダの有罪判決破棄後に再び有罪を言い渡した一九六八年のアリゾナ州最高裁判決を今度は精読したところ自白の任意性に関するやや難解な【14】ワッツ判決と【23】カランブ判決に気付いた。全く記憶にはないが「精読の要あり」など通読の痕跡ある今では変色したファイルに整理されていた右二判決に接したのを契機に、かねて関心があったものの放置していた自白の任意性判断とデュー・プロセスにかかわる関連判例を整理することにした。結論の大半はすでに何度も別途紹介済みであるが、事実関係を含めて初めて精読した結果ミランダ判決とのつながりが筆者なりにほぼ正確に理解できたのである。

わが国では本年（二〇一六年）五月二四日の「刑事訴訟法の一部を改正する法律案の成立（同年六月三日同法案公布）」で「取調べの録音・録画」が一部認められるようになった。しかし、対象事件が裁判員対象事件等に限定されているなどの問題点が指摘されている折柄、従前必ずしも綿密に検討されていなかった自白の任意性をめぐるアメリカ法の動向を見定めたうえで、ミランダ法則の意味内容を改めて確認する好機と思われた。そのことによって現在に至るまで指摘され続けているわが国の糺問的な余りにも糺問的な被疑者取調べの問題点が明らかにされるのではないかと思われたのである。

本書の出版につき成文堂の阿部成一社長、編集部の篠崎雄彦氏の格別のご高配をたまわり、校正段階ではとりわけ小林　等氏の実に誠実なご協力を得た、また本書の土台となった一連の旧稿のほか本書の浄書についても四〇年近く一貫して変わることのない八津谷由紀恵さんのお世話になった。心からお礼を申し上げる。

二〇一六年一二月八日

パール・ハーバー奇襲七五年を機に

小早川　義則

目　次

細目次

【5】第二次ナードン違法盗聴会話排除アルコール飲料密輸入事件判決（一九三九年一二月一一日）……79
【6】チェインバーズ不任意自白許容肯定デュー・プロセス違反殺人事件判決（一九四〇年二月一二日）……80
【7】ライゼンバ自白許容デュー・プロセス違反否定妻殺害事件判決（一九四一年一二月八日）……88
【8】ベッツ非死刑事件公選弁護人選任拒否合憲判決（一九四二年七月一日）……99
【9】マクナブ裁判官引致遅延獲得自白排除警察官殺害事件判決（一九四三年三月一四日）……103
【10】アシュクラフト強制自白許容デュー・プロセス違反妻殺害事件判決（一九四四年五月一日）……112
【11】ライオンズ反覆自白許容デュー・プロセス違反否定殺人放火事件判決（一九四四年六月五日）……118
【12】マリンスキー任意自白許容デュー・プロセス違反肯定警察官殺害事件判決（一九四五年三月二〇日）……122
【13】ベイア反覆自白許容軍紀律違反事件判決（一九四七年六月九日）……129
【14】ワッツ任意自白許容デュー・プロセス違反肯定殺人事件判決（一九四九年六月二七日）……132
【15】ロジャーズ大陪審証言後関連証拠提出拒否法廷侮辱罪合憲判決（一九五一年二月二六日）……134
【16】ブラウン不任意立証欠如等自白許容デュー・プロセス違反否定強姦事件判決（一九五三年二月九日）……137
【17】スタイン任意性判断陪審NY方式合憲判決（一九五三年六月一五日）……140
【18】レイラ精神科医獲得自白任意性否定両親殺害事件判決（一九五四年六月一日）……155
【19】マロリー弁護権等不告知アレインメント遅滞連邦刑事規則違反強姦事件判決（一九五七年六月二四日）……159
【20】ペイン長時間隔離後自白獲得デュー・プロセス違反肯定殺人事件判決（一九五八年五月一九日）……161
【21】クルーカ正式訴追以前弁護人依頼権要求拒否デュー・プロセス違反否定愛人殺害事件判決（一九五八年六月三〇日）……166
【22】スパーノ接見要求拒否等デュー・プロセス違反肯定射殺事件判決（一九五九年六月二二日）……172
【23】カランブ弁護人選任要求拒否等自白許容デュー・プロセス違反殺人事件判決（一九六一年六月一九日）……176

既発表主要関連論文等一覧

1　『ミランダと被疑者取調べ』（成文堂、一九九五年一月初版第一刷、一九九六年二月第二刷）
2　「ミランダとテリーとの交錯――合衆国憲法修正五条と四条とのかかわり」名城法学四五巻一号（一九九五年）
3　合衆国最高裁判例解説「Withrow v. Williams, 113 S.Ct. 1745（1993）――第五修正の自己負罪拒否特権の実効性にかかわるミランダ違反供述については、第四修正の物的証拠に関する排除法則の場合とは異なり、州段階で確定判決を経た受刑者もあらためて連邦の人身保護令状による救済を求めることができる」アメリカ法一九九五年Ⅰ号
4　「一致供述の許容性」名城法学四五巻二号（一九九五年）
5　「自白排除法則の現状と展望」佐伯千仭先生卒寿祝賀・新・生きている刑事訴訟法（成文堂、一九九六年）
6　「被疑者取調べと弁護人立会権」英米判例百選［第三版］（一九九六年）
7　合衆国第一〇巡回区判例解説「United States v. Perdue, 8 F.3d 1455（10th Cir. 1993）――逮捕するための相当な理由のない被疑者を強制的に停止・拘束後に採取された供述につき、テリー判決に違反せず不合理な停止・拘束ではないとしつつ、ミランダ警告の欠如を理由として排除した事例」アメリカ法一九九六年Ⅱ号
8　「強制採尿令状による強制連行の適否等」判例評論四四三号（一九九六年）
9　「アメリカにおける面割り・面通しの制度」季刊刑事弁護一一号（一九九七年）
10　「ポリグラフ検査について」名城法学四八巻二号（一九九八年）
11　「呼気検査」刑事訴訟法判例百選［第七版］（一九九八年）
12　「宿泊を伴う長時間の取調べと自白の信用性」判例評論四八六号（一九九九年）
13　「犯人識別供述をめぐるアメリカ法の動向（一―四・完）」名城法学四七巻三号～四九巻二号（一九九七年～九九年）

14　「黙秘権と不利益推認の禁止」井戸田侃先生古稀祝賀・転換期の刑事法学（一九九九年）
15　「国選弁護人制度――制度の現状と被疑者国選弁護――」現代刑事法二巻五号（二〇〇〇年）
16　「米連邦最高裁ミランダを再確認――Dickerson v. United States――」現代刑事法二巻一〇号（二〇〇〇年）
17　「ミランダ判決の意義と限界――合衆国最高裁ディカソン判決を契機に――」名城法学五〇巻別冊（二〇〇〇年二月）
18　「新たなるミランダ論争の展開（The Miranda Debate : Law, Justice, and Politics (1998)」（書評）アメリカ法二〇〇〇年I号
19　座談会「ミランダの射程――ディカソン判決の意義と日本法への示唆――」現代刑事法三巻二号（二〇〇一年）
20　「接見交通権の日時指定の違法性」判例評論五一〇号（二〇〇一年）
21　「ポリグラフ検査と黙秘権（共著）」名城法学五一巻四号（二〇〇二年）
22　「効果的弁護の懈怠とその判断基準――米連邦最高裁ミッケンズ判決を契機に――」栗城壽夫先生古稀祝賀・日独憲法学の創造力 上巻（信山社、二〇〇三年）
23　「排除法則とハームレス・エラーの法理――不任意自白を中心に――」名城法学五二巻二＝三号（二〇〇三年）
24　「合衆国最高裁と日本法――刑事手続を中心に――」桃山法学創刊号（二〇〇三年）
25　「一九八三条訴訟について――合衆国最高裁チャベス判決を契機に――」小高剛先生古稀祝賀・現代の行政紛争（成文堂、二〇〇四年）
26　『共謀罪とコンスピラシー』（成文堂、二〇〇八年）
27　『毒樹の果実論――証拠法研究第二巻』（成文堂、二〇一〇年）
28　「取調べ受忍義務再論――アメリカ法との比較」法律時報八三巻二号（二〇一一年）
29　合衆国最高裁判例解説「Texas v. Cobb, 532 U.S. 162, 121 S.Ct. 1335 (2001) ――合衆国憲法第六修正の弁護人の援助を受ける権利は〝犯罪特定〟であり、現に起訴された犯罪と〝事実上関連〟する犯罪には適用されない」名城ロースクー

ル・レビュー第二五号（二〇一二年九月）

30　『裁判員裁判と死刑判決［増補版］』（成文堂、二〇一二年一二月）

31　『デュー・プロセスと合衆国最高裁Ⅰ～Ⅶ［完］』（成文堂、二〇〇六年～二〇一六年）

32　『共犯者の自白と証人対面権——証拠法研究第三巻』（成文堂、二〇一六年八月）

33　「似て非なる日米の刑事裁判序説」名城ロースクール・レビュー第三八号（二〇一七年一月）

34　「死刑廃止をめぐる合衆国最高裁の動向」名城ロースクール・レビュー第三九号（二〇一七年四月）

序章

一九六六年六月のミランダ判決は、「任意にされた供述はいかなるものであれ、第五修正の禁止するものではなく、その許容性は本判決の影響を受けるものではない」として、身柄拘束中の取調べを一切禁止し、その間に採取した被疑者の自白をすべて排除する趣旨ではないことをとくに断っているものの、自白に至る全体の状況を総合的に勘案して任意性が認められる限りそれを許容するという従前の伝統的な事情の総合的アプローチを完全に否定し、いわゆるミランダの権利告知を被疑者取調べの絶対的前提条件とし、身柄拘束中の被疑者に取調べを中止させる権利や弁護人との同席を要求する権利を保障するなど「刑事司法の革命」を樹立したものとしてウォーレン・コート（一九五三年―六九年）の司法積極主義の代表的判例と目されているのは周知の通りである。

前述のように筆者は、その二九年後の一九九五年一月に『ミランダと被疑者取調べ』を公刊したところ翌年には第二刷が発行されるなど総じて好評だった。ただ、「丁寧」だが「取調べにおける弁護人の立会い権を……肯定できるという結論を出してくれたのであればよかったの［だが］、そういう結論にはならなかった」（渡辺 修氏）との手厳しいが誠に有益な批判に接した。[1] 同氏は「弁護人の取り調べにおける立会い権こそ、取り調べの適正化の柱になるべきで……理論的にも最も構成しやすい権利だと思って」いるとのことだが、問題は、ミランダ関連判例の分析から右のような結論が導き出せるのかにある。アメリカでは弁護人の被疑者取調べへの立会い権はあくまでも被疑者自身が明示に要求した場合に限定されており弁護人の権利ではないことが確立している、そのためそのような結論は直ちには導き出せないのである。

右の問題を含めてミランダの意味内容は未だに明らかにされていないばかりか完全な誤り—例えば、「ミランダは無罪になった」などの指摘—は論外としても、明文規定のある第六修正の弁護人依頼権とミランダによって創設された第五修正の弁護人依頼権とを混同するなどの誤りが少なくない。そこで筆者は、関連判例の徹底的分析によりミランダの意味内容をとりあえず明らかにしようとしたのである。この点は幸い、「ミランダとは本当に何なのかが［わが国では］まだ十分に理解されていない……今、本書が世に出されたことは、文字どおり時宜を得たものと言える」(2)、あるいは「ミランダ判決の重要性はたびたび指摘されてきたが、これまでその意義についてこれほど全体的に分析した文献はなかった」(3)など相次いだ「書評」によって正確に把握されていた。

ところで筆者は、わが国のとりわけ刑事証拠法に大きな影響を与えた英米法を解明する研究を始めた当初は専らイギリス法が対象だったが、次第に合衆国最高裁判例の分析に傾斜した。日米両国はイギリスとは異なり、自己負罪拒否特権に関しほぼ同一の成文憲法を共有している、そのためアメリカ法の方が日本法の解釈につながり易いのがその主たる理由である。ただ、繰り返し強調したのは、アメリカ法全体の体系的把握であり、一部の判例や〝学説〟のみを取り上げてアメリカ法を論ずることとの危険性である。わが国では、あるいは合衆国最高裁判事を保守とリベラルに分類してリベラルのみをよしとする風潮がないではない、しかし問題はそれほど単純なことではないし、わが国では必ずしも十分に理解されていないが、アメリカでの有力な〝学説〟は判例の中で引用・吸収されていることが少なくない、その意味でも判例の比重はわが国の比でない。さらにアメリカでは第五修正や第一四修正のデュー・プロセス条項による全米での法の支配の貫徹にあわせて、先例拘束性の原理が確立している。先例から直接導き出せないミランダ判決のような新奇な革命的判例が登場すると賛否両論が沸騰するのは当然のことである。ましてや外国人であるわれわれがアメリカでの激しい論争に一喜一憂して、これを歓迎しあるいは慨嘆する必要は全くない、重要なのはその不動の核心部分を見定めることである。

もっとも、アメリカ判例法は実に複雑に絡み合っているため、例えば、〝複合体〟であるミランダ法則[4]に関しても、第四修正の不合理な逮捕押収の禁止、第五修正の自己負罪拒否特権、第六修正の弁護人の援助を受ける権利など憲法上の権利に関する一連の膨大な判例とのかかわりを精査することなしにその意味内容は把握できない。しかもこれら憲法規範相互の関係がほぼ明らかにされたのは、ごく最近のことであり今なお複雑な様相を呈している。ミランダで創設された第五修正の弁護人依頼権と明文規定のある第六修正の弁護人依頼権との相違については一九九五年の段階で筆者なりにほぼ明らかにしたものの、自白の任意性判断とデュー・プロセスとのかかわりなどの論証が極めて不十分であった。エスコビード判決に至る不任意自白排除に関する合衆国最高裁判例に何度も言及しているが、事実関係については一部を除きほとんど触れずデュー・プロセス違反かどうかという全く表面的な結論への言及にとどまっている、そのためわが国での余りにも糺問的な被疑者取調べとのかかわりが必ずしも判然とせず、その意味で決定打に欠けていたのである。

このように本書は、『ミランダと被疑者取調べ』で完全に欠落していた不任意自白の許容性の判断基準に関するミランダ判決以前の主要な合衆国最高裁判例に的をしぼり、事実関係を含めて詳細に分析することによりミランダ判決とのかかわりを明らかにした後、ミランダは憲法判例である旨明言したため大いに話題となった二〇〇〇年のディカソン判決の意味内容を改めて確認しつつ、「日本の法解釈論への橋渡し」にいささかなりとも貢献しようとするものである。[5]

（1）　正確を期すため、ほぼその全文を以下に掲げておく。

取調べの弁護人立会いとの関連で、二つの大きな研究論文が九〇年代に公表されました。一つは、一九九五年の小早川先生の「ミランダと被疑者取調べ」に関する一冊の研究書です。九〇年代半ばに、既に当番弁護士制度がある程度定着しつつある時期に、アメリカのミランダ原則に関する諸判例を丁寧に一冊にまとめた本です。ところが問題なのは、その結論です。取り調べにおける弁護人の立ち会い権を、比較法文化と、その段階における日本の弁護士会が提起した当番弁護士制度の発展の状況を踏まえて、展望的に、肯定できるという結論を出してくれたのであればよかったのです。ですが、そういう結論には結局はならなかったのです。接見における取り調べ優位を否定して、接見の方を優位すべきである、そういう運用をすべきであるという提言が主体となった結論だったのです。むしろ、取り調べへの弁護人立ち会いを権利として認めることについては、これは読み方にもよるんでしょうけれども、必ずしも積極的でない結論になってしまっています。次に、一九九九年に多田先生が「被疑者取調べとその適正化」という、これも非常にすぐれた研究論文を出されております。ところが、日本の法解釈論への橋渡しについては、結論としては、弁護人の立ち会い権を認めることについてはやはり消極的です（中略）。ここでも権利を展望するという学者の理論的営為に至りませんでした。そうすると、ミランダに関する研究書が二冊出たにもかかわらず、学界の財産としては弁護人立ち会い権について消極的な結論になっているのです。

これは大阪弁護士会での講演内容をまとめたものとのことだが、当初は無視するつもりでいたため廃棄したのであろう、筆者の手許に残されている僅か二頁の「Ⅲ 実践報告」によるものである。

（2） 五十嵐二葉「ミランダと被疑者取調べ」自由と正義四六巻六号一二四頁（一九九五年）。

（3） 高内寿夫「自己負罪拒否特権の意義を再確認」季刊刑事弁護五号一九二頁（一九九六年）。

（4） アメリカでは一般にミランダ排除法則（Miranda exclusionary rule）という用語が用いられている。わが国では exclusionary rule の訳語として排除法則という用語が定着しているため、筆者はそれにあわせてミランダ法則という用語を使用してきた。ただ、アメリカでは排除法則自体はすでにミランダの半世紀以上も前に事実上確立しているため、両者のかかわりが複雑であることに留意する必要がある。

（5）　なお、本書執筆中の本年（二〇一六年）一一月一二日（土）、定例の大阪刑事訴訟法研究会に続いて場所を変えて「井戸田侃先生米寿祝賀会」が開催された。そして筆者はその席上、極力出席することに長年努めてきた第三土曜日が定例の刑訴研究会後の懇親会でわが国のアメリカ法研究にはずれがある旨井戸田先生に話したところ〝はっきり言うた方がええで〟とのアドバイスを何度も頂戴したことがある、そしてアメリカ法研究のずれ――というより明白な誤り――が日本の刑事司法を根本的なところで歪めている一面ではないかと発言したのである。当日は言及しなかったが、その一例が自己負罪拒否特権をめぐるアメリカ判例法の正確な検討を欠いたままでの被疑者の取調べ受忍義務肯定論である。〝はっきり言うた方がええで〟の言葉を反すうしつつ、この度めでたく米寿を迎えられた井戸田先生に心からの祝意を捧げる次第である。

第一章　わが国の問題状況

身柄拘束中の被疑者取調べをめぐるわが国の議論は、黙秘権や弁護人依頼権など被疑者の防御権保障にあわせて権利侵害に対する訴訟法的効果としての自白の排除法則などの問題を主たる論点とするが、その背後には刑事手続全体の中での捜査手続の位置付け――とりわけ公判手続との関係や被疑者の権利主体性――に関する基本的な考え方の相違がある。それだけに活発な議論が展開されているものの見解の対立は顕著であり、ことに学説と実務の乖離は際立っているといってよい。筆者は前述のように、『ミランダと被疑者取調べ』で黙秘権保障に直接かかわる被疑者の取調べ受忍義務論を中心にわが国の問題状況を概観するとともにミランダ判決の意味内容を明らかにした。ただ、〝複合体〟としてのミランダ法則についてはひとまず分析したものの、ミランダ以前のとりわけ不任意自白とデュー・プロセスとのかかわりに関する分析が完全に欠落していた。

そこで以下、順序としてひとまず被疑者取調べとミランダとのかかわりについて触れた後、取調べ受忍義務をめぐる争いを改めて再検討しつつ問題点を指摘しておく。本書の主たるテーマであるミランダ以前の不任意自白とデュー・プロセスに関する判例の動向については、論述の便宜上、第三章で詳論することとしたい。

第一節　被疑者取調べとミランダ

わが国での被疑者取調べとミランダとのかかわりについて簡潔で非常に分かり易い原田明夫氏の指摘がある。(1)一九六五年に検事に任官し、二〇〇四年に検事総長を最後に退官、在官中は法務省刑事局等に勤務したほか、在米日本国大使館に外交官として在勤する機会を得た同氏が、「その間常に刑事訴訟法の目的に照らしてわが国の刑事司法の在り方について考える際、米国の刑事司法の実情との比較が念頭にありました」として次のように指摘している。ちなみに筆者はその一部については別途何度も引照したことがあるが、後にも触れるミランダ判決で創出された第五修正の弁護人依頼権と明文規定のある第六修正の弁護人依頼権との峻別もさることながら、被疑者取調べをめぐる日米の捜査実務の同質性と異質性にもかかわる貴重な指摘であり、筆者の問題意識とも大いに重なるだけに、やや長いが、ほぼそのまま引用しておく。

(1)　私が任官した当時、米国法の影響を受けた現行刑事訴訟法は施行から二〇年近くを経て、捜査・公判とも一定の成熟した安定期を迎えていたように思います。その背景として、法施行後から多くの著名な刑事裁判官が新法の下における証拠調べの実践において様々な工夫をしつつ訴訟指揮を試み、当事者としての検察官と弁護士が切磋琢磨したことが、なお新鮮な記憶として語られていました。またこの間、多くの刑事法学者、実務家が米国のロースクールに留学し、米国の憲法と刑訴法、判例を学び、証拠法則の展開について理念と判例の流れを紹介してくれました。

(2)　特に印象深かったのは、任官二年目の一九六六年六月に米国連邦最高裁が言い渡したミランダ判決です。周知のとおり、この判決が宣明した「ミランダ・ルール」は、刑事手続が開始され拘束された被疑者は、①黙秘権があること、②供述すれば不利益な証拠として用いられ得ること、③取調中は弁護人の立会いを受ける権利を有すること、④自ら弁護人を選任できないときは国（州）が付することを告知されなければならない旨を骨子とするものでした。このルールに違反して得られた供述や証拠物は、裁判では証拠として排除されることになりました。

このうち、①と②については、我が国の実務においても同じですが、③の弁護人の取調時の立会い権は現在でも認められていませんし、④については弁護人を選任する権利があることを告知することは同じですが、被疑者段階で国選弁護人を付することは、今回の司法制度改革の中で、裁判員制度の対象となるべき重大事件について認められることになりました。

我が国でも証拠排除法則の中でミランダ・ルールと同じような上記③④の原則も導入すべきであるとの主張もなされましたが、立法的にも実務上でも実際に取り上げられるには至りませんでした。このことは、刑訴法一条に掲げる司法の目的が、公共の福祉維持と基本的人権の保障という二つの大きな要請のバランスを図りながら、事案の真相（実体的真実）を明らかにした上で刑罰法令の適正迅速な適用を実現することにあるとの理念に照らし、我が国では必ずしもそこまでは実務上要求されるものではない、というのが大方の理解であったと思われます。

米国においても、連邦議会は、一九六八年の「犯罪防止等包括法」で、「自白は、すべての事情を考慮して任意になされたものであれば証拠として許容される」との条項を制定しましたが、法律家の間でこの条項は連邦憲法違反だという見解が多く、司法省もこの条項を実務では使わないよう指示しました。一方で、連邦最高裁も、捜査段階のルールに違反して得られた供述でも、例外的に、被告人の公判証言を弾劾するためには使うことができるとか、公共の安全にかかわる事情下での質問にはミランダ・ルールは適用されないといった判示をし、さらには、このルールは黙秘権保障のための予防的基準を示したものであると判示するものも現れています。このことは、このルールの機械的な適用には必ずしも拠らない実務が行われていたことを示しています。

(3)　在米勤務中の一九七七年三月、連邦最高裁は、ウィリアムズ事件（Brewer v. Williams, 430 U.S. 387）について捜査の違法性に関して重要な判決をしました。事案は、アイオワ州の田舎町でクリスマスイブにバスケットボールを観戦中の一〇歳の少女が行方不明となり、ある男が弁護士を通じて自首し、離れた町で身柄を拘束され、警察官が男を車で連行中、弁護士から事件については訊かないようにとの申入れを受けていたのに、折から雪が降り出したので、「子供を母親のところに返してやったらどうだ」との旨を話し、男が遺体を放置した場所に案内して遺体が発見されたというものです。州の刑事裁判所の公判では、弁護人不在の時に得られた供述と遺体の証拠排除が申し立てられたが有罪となり、連邦裁判所に人身保護令状の申立てがなされ、令状発布が認められましたので、州（検察側）は連邦最高裁に上告受理を申し立てた事件です。連邦最高裁の多数意見は、ミランダ・ルールを援用するまでもなく弁護権侵害を理由に州の上告を棄却して、実質的に有罪判決は無効となりました。この判決には、バーガ長官の反対意見が付され、新聞等でも大きな話題になりました。後にこの事件は有罪で確定するのですが、当時は、さすがにこんな事案でも有罪にならないのかということで、理念と実務の間で大きな相克があることに驚きを禁じ得ませんでした。

(4)　二〇〇八年（平成二〇年）七月、最高裁は、いわゆる本庄保険金目的殺人事件で、主犯であった男の上告を棄却し、死刑判決が確定しました。この事件は、私が東京高検に勤務していた際に発覚したもので、主犯の男は捜査段階から公判に至るまで終始関与を否定しましたが、共犯者である女性三人の自白等関係証拠により有罪認定がなされた事例です。この事件の捜査・公判に関与した検事等の関係者の努力に深く敬意を表していました。特に、重要共犯者の一人は、自身が有罪認定で無期懲役刑が確定して服役中、本件で自白するに至った経緯を書いて出版した特異な例です。この本――武まゆみ『完全自白　愛の地獄』（講談社、二〇〇二年）――の著者を捜査段階で取り調べた女性検事は、刑訴法の目的である「事案の真相を明らかにする」上で、いかに被疑者の取調べが重要であるかを示してくれたと思います。事案の真相を語らせて明らかにすることが、被疑者にとって広い意味での刑事政策的意味をも持ち得ることを改めて感じるのです。

（1）　原田明夫「刑事訴訟法の理念と実務」ジュリスト一三七〇号八一―八三頁。

第二節　取調べ受忍義務

刑訴法一九八条一項は、「検察官、検察事務官又は司法警察職員は、犯罪の捜査をするについて必要があるときは、被疑者の出頭を求め、これを取り調べることができる」と規定し、捜査機関に被疑者を取り調べる権限のあることを明らかにしているが、同項但し書は「被疑者は、逮捕又は勾留されている場合を除いては、出頭を拒み、又は出頭後、何時でも退去することができる」と定めている。そして同条二項は、前項の取調べに際しては「被疑者に対し、あらかじめ、自己の意思に反して供述をする必要がない旨を告げなければならない」として取調べを受ける被疑者にはいわゆる包括的な供述拒否権のあることを認めている。そのため、逮捕・勾留されていないいわゆる在宅被疑者には、取調べを受ける義務はなく、たとえ捜査機関の求めに応じて出頭したとしても何時でも自由に退去できることは文理上も明らかである。しかし、逮捕・勾留されている被疑者については、包括的供述拒否権との関連で、取調室への出頭を拒んだり、そこから退去する自由はないと断定できるかが明らかであるとはいえないことから、このいわゆる逮捕・勾留中の被疑者の取調べ受忍義務の有無をめぐり大いに争われているのである。

しかし現行法施行当初から捜査実務では身柄拘束中の被疑者に取調べ受忍義務を肯定した運用がなされており、通説も「逮捕又は勾留されている場合を除いては」の文言の反対解釈としてこれを肯定し、さらに取調室への出頭義務や滞留義務を肯定しても供述拒否権を告知して行われる取調べ自体は任意捜査であり黙秘権を侵害するものではないとしてきた。ところがこのような取調べ受忍義務肯定論に対し、平野龍一氏は早くも一九五八年の段階でいわゆる糺問的捜査観と弾劾的捜査観とを対置したうえで、身柄拘束中の被疑者の取調べ受忍義務を真向から否定したのである。

すなわち、同氏によると、「捜査の構造については、全く対照的な考がある。一つは、糺問的捜査観ともいうべきもので、他は、弾劾的捜査観ともいうべきものである。前者によれば、捜査は、本来、捜査機関が、被疑者を取り調べるための手続であって、強制が認められるのもそのためである。ただ、その濫用をさけるために、裁判所または裁判官による抑制が行われる。このようにして、捜査はある程度法律化され、当事者主義の萌芽がみられることになる。これに対し、弾劾的捜査観では、捜査は、捜査機関が単独で行う準備活動にすぎない。被疑者も、これと独立に準備を行う。強制は、将来行われる裁判のために（すなわち被告人・証拠の保全のために）、裁判所が行うだけである。当事者は、その強制処分の結果を利用するにすぎない。ただ、検察官・司法警察の発達とともに、ある限度で、強制の処分を検察官・司法警察職員に委ねる傾向が生ずる。そこで、結果において、この二つの形態は接近してくる。わが法も、この接近した構造をとっている。しかし、基本的にどちらの捜査観を前提とするかによって、個々の規定の解釈にも、大きな差異が生れるのである。」そしてその一つの例が「被疑者の取調である。糺問的捜査観では、捜査は被疑者の取調のための手続であるから、供述を直接に強要することはできないにしても、それ以外の強制は、この取調を目的として行われる。逮捕・勾留もそのためであり、弁護人との接見交通の制限もそのためである。しかし、弾劾的捜査観からすれば、逮捕・勾留は、将来公判廷へ出頭させるためであって、取調のためではない。この点についても、法の規定は明確を欠く。しかし、われわれは、憲法の趣旨に従って、これを解釈しなければならない。」(2) そうすると、被疑者の取調べは任意処分であって強制処分ではなく、逮捕・勾留は取調べ自体を目的とした制度ではない以上、一九八条一項但書の規定は「出頭拒否・退去を認めることが、逮捕または勾留の効力自体を否定するものではない趣旨を、注意的に明らかにしたにとどまる」確認規定と解するほかない。したがって「検察官は、拘置所の居房から取調室へ来るように強制することはできないし、一度取調室へ来ても、被疑者が、取調をやめ居房へ帰ることを求めたときは、これを許さなければならない。」捜査実務ではこの規定に基づいて逮捕・勾留中の被疑者の取調べ受忍義務を肯定しているが、「これでは、供述の義務はないといっても、実質的には供述を強いるのと異ならない。」(3) 被疑者には何らの供述をする義務もなく包括的な黙秘権が保障されているにもかかわらず、「黙秘権を告知したとしても、その［捜査官の］面前にすわって質問を受けなければならないとすれば、黙秘権の実質的な保障はなくなってしまうからである。」(4)

このように平野氏は、捜査に対する基本的に異なる全く対照的な二つの考え方を対置しつつ、取調べ受忍義務を伴う取調べは事実上、供述を強要するものであるから、現行法の保障する被疑者の包括的黙秘権と相容れないとして真向から取調べ受忍義務を否定したのである。平野説は、文理上の難点は否めないものの、その基本的な考え方は次第に多くの学説の支持を得て有力化する。もっとも、但書文言との抵触を回避しつつ、受忍義務否定の結論を導く種々の解釈論が展開されているが、他の学説の支持を得ていない。(5)

学説と実務との乖離の理由としては、取調べ受忍義務否定論の文理解釈上の難点とともに、実務側に事案の真相解明のためには身柄拘束中の被疑者取調べが重要不可欠とする考え方が根強いことが考えられるが、(6) その実質は自白を獲得するための被疑者取調べを中心とする糺問的捜査手続への強い志向にあるといってよい。(7) もっとも、取調べ受忍義務をめぐる両説の理論的対立は顕著であるとはいえ、その具体的帰結の差異については学説上いまだ十分に詰められていない(8)。

いずれにせよ検察実務家は、こぞって日本の国民感情ないし国民性を強調しつつ糺問的捜査観に立脚し、接見交通権に対する取調べ権の優位性、自白法則における違法排除説批判、そして身柄拘束中の取調べ受忍義務の肯定を主張している(9)。例えば、藤永幸治検事（当時）は、弾劾的捜査観は「我が国民感情に合致しない」「自白を求めることは正しい捜査である」「刑訴法一九八条は、憲法三八条を受けて捜査官に被疑者の取調べ権限とその責務を規定しているからである」とし、さらに自白は「特に受刑者の改善更生、社会復帰」にも有用であるから捜査官による自白追求は「被疑者の利益のため」でもあるとする(10)。また堀田力検事（当時）は、「黙秘権は（拷問の抑制という）政策的目的から認められたもの」であるとしたうえで、「真実の自白は、任意になされる以上、よいことである。犯人の更生という刑法の目的を達成するために、自白（悔悟反省）はきわめて重要であるし、真実発見のためにも、自白は重要である」「真実の自白が重要なものである以上、理論上もこれを勧めるための取調べを容認したうえで、それが強制にわたらないようにするための限界を論じるようにした方が、理論もすっきりするし（たとえば、弾劾的捜査観の論者が別件逮捕を論じる場合の歯切れの悪さを想起されたい）、実際的となる。そして、理論が実務上有用となってはじめて、それは、国家権力の濫用の抑止のために役立つものとなる(11)」とする。さらに米澤慶治検事（当時）は、取調べ受忍義務否定論は法文の解釈上「無理がある」としたうえで、「刑事訴訟法が目的とする実体的真実発見を実現し、社会の治安を維持するには、被疑者の取調べの意義が極めて大きく、捜査官が被疑者の取調べにますます真剣に取り組むことこそが国民の付託に答えるゆえんである(12)」とする。

このように検察実務家は異口同音に自白を採取するための被疑者取調べの重要性を強調するが、その背後には取調べにおける捜査機関と被疑者との対等性ないし被疑者の主体的地位の保障の観点から被疑者取調べ自体を疑問とする英米法流のいわゆる弾劾的捜査観はわが国民の司法感情に合わないという考えがある。例えば、土本武司検事

（当時）は、「わが国の捜査から糺問的色彩を否定しさることはできず、また、そうすることは国民的期待に逆行することになる」(13)として、次のようにいう。

「彼の国にあっては、被疑者の取調は捜査官と被疑者との対立的闘争であり、神に対する告白（懺悔）は〝ゆるし〟という救いがあるが、捜査官に対する自白は、その反対給付は重刑のみであって倫理的要素は皆無であると観念されているので、自白の追求は酷であるとさえ思われ、したがって被疑者を取調の客体とすることはなるべく抑制するという方向に動くのが是とせられるが、わが国においては、被疑者の取調は非闘争的であり、しばしば捜査官と被疑者との感情移入によって〝悔悟〟の心情を生み、捜査官に対する自白が前非を悔いた証しとして道義の回復があると感じるので、自白を導き出すことは、犯人のためにも国民感情のうえからもむしろ必要なことであり、したがって捜査官が被疑者の取調から手を抜くことは国民性に反することになる。」(14)

たしかに、いかなる法制度もそれぞれの文化的基盤に立脚する以上、その国の歴史・風土によって培われた国民性を無視し去ることはできず、また「今次大戦後アメリカ式法思想を導入して制定された現行刑事訴訟法の解釈が、ややもするとわが国の土壌の特異性を軽んじてアメリカ式やり方を是とする方向に傾斜する傾向にあるやに見受けられる」のは事実であるが、アメリカとは全く異なるわが国民性を強調して「被疑者の取調べを是認する従来のわが国の捜査方式を糺問式捜査と名づけ、これを批判する形で登場した弾劾的捜査観などはその典型的なものである」(15)とする右の見解にはやや問題があるように思われる。ことに捜査官に対する自白はアメリカでは「倫理的要素は皆無であると観念されている」のに対し、わが国では「前非を悔いた証しとして道義の回復があると感じ」られており、またアメリカでは「自己の犯行を否認するのは当然である」のに対し、日本では「道徳的悔悟に基づく自白を重く」みる点において日米両国の事情には大きな相違があるとの指摘については、(16)アメリカでも社会復帰の前提としての道徳的悔悟に基づく自白の重要性を強調する見解は決して珍しいものではなく、(17)むしろ日米に共通する観念ともいえるだけに、改めて問題とする余地があるように思われるのである。

（2）平野龍一『刑事訴訟法』（一九五八年、有斐閣）八三～八五頁。

（3）同一〇六頁。

（4）平野龍一『刑事訴訟法概説』（一九六八年、東京大学出版会）七〇頁。

（5）なお、いわゆる訴訟的捜査観を前提に被疑者に対する取調べを否定する見解として、井戸田侃『刑事訴訟法要説』（一九九三年、有斐閣）二三頁以下、八七頁以下がある。この点につき、とくに鈴木茂嗣『捜査構造論と被疑者の取調』井戸田侃編集代表『総合研究＝被疑者取調べ』（一九九一年、日本評論社）四五頁以下参照。

（6）三井誠「被疑者取調べとその規制」刑法雑誌二七巻一号（一九八六年）一七七頁参照。

（7）平野龍一「現行刑事訴訟の診断」団藤重光博士古稀祝賀論文集第四巻（一九八五年、有斐閣）四〇七頁参照。

（8）後藤昭「取調べ受忍義務否定論の展開」平野龍一先生古稀祝賀論文集下巻（一九九一年、有斐閣）二九二頁参照。

（9）川崎英明「違法取調べの抑制方法」井戸田編・前掲註5『総合研究＝被疑者取調べ』九四頁。

（10）藤永幸治「わが国の捜査実務は特殊なものか」判例タイムズ四六八号三六～三七頁（一九八二年）。

（11）堀田力「真実発見のための課題」判例タイムズ五一一号四〇～四一頁（一九八四年）。なお、同「正しく自白させる方法」判例タイムズ五三三号五一頁（一九八四年）参照。

（12）米澤慶治「被疑者の取調べ」判例タイムズ五三七号六三～六四頁（一九八四年）。

（13）土本武司『犯罪捜査』（一九七八年、弘文堂）三二頁。

（14）同三五頁。

（15）同三六頁。

（16）同三五～三六頁。

（17）例えば、Gerald M. Caplan, Questioning Miranda, 38 Vand. L. Rev. 1417, 1458-1460 (1985).

第三節　問題点

学説と実務の乖離は外部から隔離された密室での被疑者取調べないし自白の採取をめぐる根本的な見解の対立に由来するが、公判前の捜査手続のあり方が「公判手続を規制しているといっても過言ではない」以上、見解の対立は必然的ですらある。公判前手続の争いの基礎には「犯罪の抑圧すなわち公共の利益と被疑者の利益ないしは人権との対立相剋」があり、世界のすべての法領域において「捜査官の権限の問題と被疑者の人間性保持の問題とが鋭く対立しており(18)」、捜査実務が被疑者の人権よりも公共の利益の方向にやや傾斜するきらいがあるのはその職務上むしろ当然のことともいえるからである。

ところで、アメリカでは合衆国最高裁がミランダ判決で、合衆国憲法第五修正のいわゆる自己負罪拒否特権を根拠規定として取調べにおける弁護人立会権を肯定したことから、このミランダ判決がわが国のとくに捜査をめぐる学説に多大の影響を及ぼすことになる。もっとも、憲法三七条三項の刑事被告人の弁護人依頼権や憲法三八条一項のいわゆる黙秘権はそれぞれ合衆国憲法第六修正、第五修正の規定に由来するものの、憲法三四条前段の弁護人依頼権は外国の憲法にも「ほとんど見当らない(19)」わが憲法に特有の規定であり、憲法三七条三項との関係が必ずしも明らかでない。アメリカではミランダ判決以降、従来の第六修正の弁護人の援助を受ける権利（the sixth amendment right to counsel）とともに第五修正の弁護人の援助を受ける権利（the fifth amendment right to counsel）という用語が一般化し両者の区別がやや紛らわしくなっているが、第五修正の弁護人依頼権は、その場所いかんを問わず、身柄拘束直後の被疑者本人に付与されるのに対し、第六修正の弁護人依頼権は、身柄拘束の有無にはかかわらないものの、予備審問やアレインメントなど少なくとも正式手続開始後の特定の犯罪に限定されていることにも留意を要する。わが国では合衆国憲法第五修正と第六修正の各弁護人依頼権を明確に峻別せずに、両者をやや混同したまま憲法論を展開するきらいがある。

このようにわが国の被疑者取調べをめぐる議論は、ほぼ類似の憲法規定を共有することから、とくにミランダをはじめとする合衆国最高裁判例の影響を多大に受けてきたのであるが、肝心のミランダの意味内容の理解が必ずしも十分でない。これは、ミランダ判決自体の難解さとともに、制定法の解釈の場合と全く同様にアメリカの判例法においても、必ずしも一義的とはいえない合衆国最高裁判例の明示の文言が決定的に重要であることの認識が不十分であることにもよる。バーガ・コートやレンキスト・コート下でのミランダの後退化が指摘され続けているが、究極的には刑事事件での自白の位置付けに関する基本的見解の相違に帰着するものの、少なくとも表面的にはミランダの明示の文言と先例拘束性の原理の適用範囲をめぐる法解釈上の争いであり、それを厳格に解するか否かで結論を異にすることが少なくなく、例えば、わが国における身柄拘束中の被疑者の取調べ受忍義務をめぐる争いと基本的に異なるところはないのである。

(18)　児島武雄『刑事裁判論集』（一九九二年、信山社）一五四頁。なお、児島武雄氏は、大阪弁護士会の要請で行なった日本弁護士連合会特別研修（昭和四三年）における講演で次のように述べていた。やや長いが、ほぼそのまま引用しておく。

日本の刑事訴訟法は英米法的になった、ということがよくいわれる……イギリスとアメリカとを一括して英米法と呼ぶことの不正確さはともかくといたしまして、公判手続はともかく、公判前手続がその規定や運用におきまして、果たして英米法的になったかどうかということを、私たちは考えてみなければいけないと思います。私たちは言葉にまどわされてはいけないと考えるのでございます。英米刑訴法の基本的な原理は、当事者主義的な構造であり、弾劾主義的な訴訟であります。こうした観点から考えますと、日本の公判前手続が果たして当事者主義的になり、弾劾主義的になっているかどうかを考えてみなければいけないというのであります。まず訴訟法の規定から考えてみますと、弾劾主義的な訴訟あるいは捜査の構造からいたしますと、被疑者の身体拘束、すなわち勾留は被疑者の逃亡防止のためにのみなされるべきものであります。従って被疑者に逃亡の虞れさえなければ、その身体を拘束すべきでないというのが、弾劾主義的な構造から当然に要請されるところであります。ところが、わが刑事訴訟法は、ご承知のように、逃亡の虞れのほかに罪証隠滅の虞れを被疑者の勾留の理由としております。この罪証隠滅の虞れを勾留の理由と認めることは、弾劾主義とは対立する糺問主義的な考えの現われであることは申すまでもないと思います。罪証隠滅の虞れを勾留の理由に含めますことは、わが刑事訴訟法の基本的な理念や構造に矛盾するんだという指摘がすでになされており、この指摘はまことに正当なものでありますが、現にこのような弾劾主義とは相容れない糺問主義的な罪証隠滅の虞れを勾留の理由として認めていることが、捜査官をして、被疑者の勾留の目的は被疑者取調べのためであって、被疑者の自白を獲得することにあるんだというふうに公言させるのにつながる一番大きな理由であると解すべきであると考えます。被疑者の供述拒否権、あるいは被疑者の弁護人依頼権、さらには被疑者の弁護人との自由な接見交通権の問題、これらはいずれも当事者主義あるいは弾劾主義の要請するところでありますが……ここで一言しておきたいことは、刑事訴訟法第三九条三項が捜査官に対して、接見交通についての日時、場所、時間の指定権を付与しておるということを、当事者主義、弾劾主義の観点からみてどのように理解すべきかということであります。もちろん、同条項には防禦の準備をする権利を不当に制限するようなものであってはならないという但書があるにいたしましても、そもそも捜査官に対して接見についての日時、場所、時間の指定権を与えること自体が、当事者主義あるいは弾劾主義を否定する糺問主義の現われであるというふうに解せざるを得ないのではなかろうかと考えるのであります。この捜査官に対する接見指定権の付与につきまして、ハールバットという人、アメリカの有名な学者でありますが、この人が「よりによって特に検察官に弁護士とその依頼人との間の関係を規制する権限を与えていることは、いかにも奇妙なものに思われる。それはあたかも民事訴訟で原告の弁護士に対して、被告とその弁護士との面会の回数や時間を指定する権限を与えているのと同じことのように私には感じられる」というふうに言っております。当事者主義的、あるいは弾劾主義的な考えが身についている国の人にとりましては、日本のように捜査官に対して接見指定権を与えていること自体が、極めて奇妙にうつるものであろうというふうに見受けられます。そして、こうしたことを私たちはもう一度根本的に考え直してみる必要があるのではなかろうかと考えるのであります。

当事者主義、弾劾主義に反し、あるいはこれを否定するようなわが刑訴法の一、二の規定について申し上げましたが、このような糺問主義的な規定が、実際にはこれまた極めて糺問主義的に運用されている実情につきましては、ここで事新しく申し上げる必要もないと思います。当事者主義あるいは弾劾主義が当然に要請いたします重要な事項につきまして、それと矛盾する糺問主義的な規定が残存しておる。しかもそれが極めて糺問主義的に運用されているという限りにおきまして、日本の公判前の刑事手続が英米法的になったというようなことは、かりそめにもいえないはずであります。公判前の手続が当事者主義的になったといいますことは、その重要な部分において嘘であります。しかも、右のような実情を認識しながら、なおあえて日本の刑事訴訟法が英米法的になったといいますならば、その嘘は極めて悪質であります。言葉にまどわされてはいけないと申し上げたゆえんでございます。

(19)　法学協会『注解日本国憲法　上巻』(一九五三年、有斐閣) 六一四頁。

第二章　アメリカ法の概要

合衆国憲法第五修正は「何人も刑事事件において自己に不利益な証人（a witness against himiself）となることを強制されることはなく、また法の適正な手続によらずに、生命、自由または財産を奪われることはない」と規定し、同第一四修正は「いかなる州も法の適正な手続によらずに、何人からも生命、自由または財産を奪ってはならない」と規定している。これに対し、日本国憲法第三八条第一項は「何人も、自己に不利益な供述を強要されない」と規定し、同第三一条は「何人も、法律の定める手続によらなければ、その生命若しくは自由を奪はれ、又はその他の刑罰を科せられない」と規定している。日本国憲法第三八条第一項はさかのぼればコモンローに由来するが、直接にはアメリカ憲法第五修正の「何人も刑事事件において自己に不利益な証人となることを強制されることがなく……」という規定から由来する。(1) わが憲法第三一条も合衆国憲法第一四修正のいわゆるデュー・プロセス条項の「影響の下に」成立したものである。(2)

また合衆国憲法第四修正は「不合理な捜索および逮捕・押収に対し、身体、住居、書類および所持品の安全を保障されるという人民の権利は、これを侵してはならない」と規定し、同第六修正は「被告人は、自己に不利益な証人との対面を求め、……また自己の防御のために弁護人の援助を受ける権利を有する」と規定している。これに対し、日本国憲法第三五条は「何人も、その住居、書類及び所持品について、侵入、捜索及び押収を受けることのない権利」を保障し、同第三七条は「②刑事被告人は、すべての証人に対して審問する機会を充分に与へられ、又、公費で自己のために強制的手続により証人を求める権利を有する。③刑事被告人は、いかなる場合にも、資格を有する弁護人を依頼することができる。被告人が自らこれを依頼することができないときは、国でこれを附する」と規定している。

このように、法定手続すなわちいわゆるデュー・プロセスを保障する第三一条のほか、第三五条の令状主義や不利益供述の強要を禁止する憲法第三八条第一項の規定は、第四修正および第五修正を母法としており、その文言もほぼ同一であるため、わが法の解釈運用に資するものとして当初から合衆国最高裁判例の動向が注目されてきたのである。

むろん、アメリカはわが国とは異なり、連邦制をとるため、個々の刑事手続については連邦と各法域では相違点も少なくないが、憲法にかかわる重要な刑事手続については、全米で一律の最低基準が確立されており、統一的なアメリカ法が成立している。ただ、それはウォーレン・コート（一九五三―六九）のデュー・プロセス革命によるものであり、ミランダ以前には全米で一律に適用されるそのようなアメリカ法は存在していなかったのである。

そこで以下、ひとまず合衆国憲法成立の概要を示しておく。

（1） 法学協会『註解日本国憲法 上巻』（一九五三年、有斐閣）六六〇頁。
（2） 同五八四頁。

第一節　合衆国憲法成立小史

巡礼始祖（the Pilgrim Fathers）といわれる分離派ピューリタンの一団が英国での宗教的迫害を逃れて三本マストのメイフラワー号で大西洋を横断し、一六二〇年一二月の厳冬期にマサチュセッツ州のボストン近郊プリマス（Plymouth）に到着した。乗客と船員等あわせて一〇二名いたが、翌春までその半数は飢えと寒さのため死亡したとされる。彼らは間もなくプリマス植民地を建設し、一六九一年にはマサチュセッツ植民地に合併されるが、アメリカ独立戦争ではヴァージニア植民地とともに指導的役割を果たすことになる。その後、右二植民地を含む英領一三植民地は、一七七三年のボストン茶会事件（Boston Tea Party）などを経て一七七六年七月四日、トマス・ジェファソンの起草した独立宣言書を公布し、一七八三年イギリスからの独立を達成した。そしてフィラデルフィアでの憲法制定会議の討議等を経て一七八八年六月、所定の九州の承認を得て合衆国憲法が制定施行された。そして翌一七八九年四月、ジョージ・ワシントンがニューヨーク証券取引所（NYSE）の斜め向いにある旧市役所で宣誓のうえ初代大統領に就任し、ここに合衆国政府が発足した。(3)

右憲法制定時にいわゆる権利の章典規定を明示するかにつき争いがあり、第一修正ないし第一〇修正の諸規定は一七九一年に憲法修正として付加（The Articles in Addition to, and Amendment of, the Constitution）されることになった。これが当初のいわゆる憲法修正条項一〇箇条であり、権利の章典（Bill of Rights）と呼ばれているものである。その後、市民（南北）戦争を契機として、一八六五年から一八七〇年にかけて第一三修正ないし第一五修正の市民戦争修正条項（Civil War Amendments）が成立する。一八六八年成立の第一四修正は「いかなる州も、法の適正な手続によらずに、人の生命、自由または財産を奪うことはできない。またその管轄内にある何人に対しても法の平等な保護を拒んではならない」と定める。この第一四修正のいわゆるデュー・プロセス条項および平等条項は、第一三修正の奴隷制度廃止および第一五修正の黒人への選挙権の保障とともに、アメリカでの人権保障の促進に重要な役割を果たすことになる。

一七九一年の合衆国憲法第五修正は「何人も法の適正な手続によらずに、生命、自由または財産を奪われることはない」と規定しているが、それはあくまでも連邦政府への規制にとどまる。これに対し一八六八年（明治元年）に制定付加された第一四修正のデュー・プロセス条項は「いかなる州も法の適正な手続によらずに、何人からも生命、自由または財産を奪ってはならない」と規定し、州政府をも規制する。しかし合衆国最高裁はその後も従前の連邦主義の観念に固執し、州の刑事司法への合衆国憲法による介入を認めず、ほぼ六〇年間にわたり州の刑事手続における個人の権利侵害の申立てをすべて退けてきた。このような〝石器時代〟の幕引きの先駆けとなり、現代の憲法的刑事手続法（the modern law of constitutional criminal procedure）の到来を告げたのが「第一四修正のデュー・プロセス条項は州の刑事手続における弁護人依頼権を含むと解した」一九三二年のパウエル判決[4]である。

パウエル判決[5]は「第六修正の弁護人の援助を受ける権利は、少なくとも死刑事件においては、第一四修正のデュー・プロセス条項の保障する基本的権利の一つ」であるとするにとどまったが、一九六三年の【25】ギデオン判決[6]は、すべての重罪事件の被告人への国選弁護人選任権の保障は第一四修正のデュー・プロセスの要求するところであると判示した。合衆国最高裁は他方、一九六一年の【24】マップ判決[7]で、連邦法上の排除法則は「憲法に淵源を有し、第四修正の本質的要素を構成する」ものであるから「各州に強要できる」とし、一九六四年のマロイ判決[8]で、第五修正の自己負罪拒否特権はデュー・プロセス条項を介して州をも拘束する旨判示した。そして一九六五年のポインター判決[9]で、第六修正の自己に不利益な証人との対面を保障する対審条項は弁護人依頼権や自己負罪拒否特権と同様に「基本的な権利であり、第一四修正を介して州をも拘束する」とし、一九六七年のワシントン判決[10]

で、第六修正の自己に有利な証人の強制的喚問を保障する手続条項も同様に第一四修正のデュー・プロセス条項を介して州をも拘束する旨判示した。第六修正の迅速な公開裁判を受ける権利、陪審による裁判を受ける権利については、一九四八年から一九六八年にかけての各判決[11]で、いずれも第一四修正のデュー・プロセス条項の具体的内容であることが明らかにされた。第五修正の二重の危険については一九六九年のベントン判決[12]で、第八修正の残虐な刑罰の禁止規定については一九六二年のロビンソン判決[13]で、いずれも第一四修正のデュー・プロセス条項を介して州にも適用されることが確立する。

このように合衆国最高裁は一九六〇年代に、わが憲法三一条に相当する第一四修正のデュー・プロセス条項を活用し、第五修正の大陪審により起訴される権利を除き、権利の章典に定められている刑事手続に関する諸権利の州への適用を肯定し、まさに「デュー・プロセス革命」というにふさわしい積極的な展開を示すに至ったのである。権利の章典はデュー・プロセス条項を介して州に適用されるかについてはいわゆる編入理論（incorporation theory）と選択的吸収理論（selective absorption theory）との争いがあったが、もはや両者に実質的差異はない。合衆国憲法修正条項の権利の章典が定める諸権利はすべて州にも適用されることが確立しており、各州は合衆国最高裁の憲法解釈に最小限拘束されるため、その限りにおいて刑事手続に関する統一的なアメリカ法が形成されている。したがって、「憲法的刑事訴訟法」の萌芽は一九三二年のパウエル判決に見られるものの、それが見事に開花したのは一九六六年のミランダ判決に代表されるウォーレン・コート下のことであり、わが法が制定施行された当時においては、アメリカでも憲法とのかかわりが必ずしも十分に認識されていなかったのである。

（3）　小早川義則『ＮＹロースクール断想』（成文堂、二〇〇四年）二三一頁、二五九—二七三頁参照。
（4）　Comment (Martin Bahl) The Sixth Amendment as Constitutional Theory: Does Originalism Require that Massiah be

Abandoned ?, 8 2 J. Crim. & Criminology 424, at 425-426 (1991).

(5) Powell v. Alabama, 287 U.S. 45 (1932).

(6) Gideon v. Wainwright, 372 U.S. 335 (1963).

(7) Mapp v. Ohio, 367 U.S. 643 (1951).

(8) Malloy v. Hogan, 378 U.S. 1 (1964).

(9) Pointer v. Texas, 380 U.S. 400 (1965).

(10) Washington v. Texas, 388 U.S. 1 4 (1967).

(11) In re Oliver, 333 U.S. 257 (1968). Klopfer v. North Carolina, 386 U.S. 213 (1967). Duncan v. Louisiana, 391 U.S. 145 (1968).

(12) Benton v. Maryland, 395 U.S. 784 (1969).

(13) Robinson v. California, 370 U.S. 660 (1962).

第二節　権利の章典と編入理論

合衆国憲法修正条項の規定する一〇箇条（論者により最初の八箇条）は第一四修正のデュー・プロセス条項の具体的内容として州にも適用されることが確立しているが、アメリカでは早くから権利の章典の諸規定はデュー・プロセス条項を介して州にも直接適用されるかにつきこれを肯定するいわゆる編入理論をめぐり激しい論争があった。今日では歴史的事実にすぎず実益に乏しいとはいえ、アメリカ法の特色である連邦制の問題にもかかわるだけに、ひとまず論争の推移を概観しておく。

権利の章典と第一四修正のデュー・プロセス条項とのかかわりについては、権利の章典の起草者であったジェイムズ・マディソンを記念して一九六一年三月二五日、ニューヨーク大学ロースクールで開催されたブレナン合衆国最高裁判事の講演記録[14]が分かりやすい。またブラック合衆国最高裁判事は一九六〇年二月二七日、やはり同ロースクールでマディソン記念としての初回講演を行い、「第一四修正によって最初の一〇箇条の修正条項は州にも適用されるとの一九四七年のアダムソン判決（Adamson v. California, 332 U.S. 46）における反対意見をなお維持する」として従前の見解を繰り返した[15]。ブラック裁判官の右反対意見は、フェアマン教授の一三五頁に及ぶ論文[16]で史実に反するとして徹底的に批判されたが、この批判を採用したのがハーラン裁判官である。そしてこの争いは一九六〇年代後半においてもなお続いていた。例えば、合衆国最高裁は一九六八年のダンカン判決[17]において第六修正の陪審による裁判を受ける権利はアメリカの刑事司法にとって基本的なものであるから第一四修正のデュー・プロセス条項を介して州にも適用されると判示したが、ブラック裁判官はかねてからの見解を同調補足意見において詳論し、これに対するハーラン裁判官の反対意見は、本件においても編入理論は相当でないとしたのである。

いわゆる〝編入理論〟、すなわち第一四修正は権利の章典のすべてを州に適用することを意図していたとの理論は、早くも一八九二年の段階で合衆国最高裁判事の一部から強力に支持された。この見解は一九四七年のアダムソン判決（前出）における有名な五六頁に及ぶブラック裁判官の反対意見によって支持された。ブラック裁判官は、第一四修正の起草者は権利の章典をその中に含める意図を有していたのは明らかであると主張した。他の三人の裁判官はこの見解に与したが、最高裁の多数の支持を取り付けることはできなかった。しかしながら、編入理論の否定は、権利の章典の州への適用に対する第一四修正の門戸をすべて閉ざすものではなかった。最高裁は第一四修正のデュー・プロセス条項を介して門戸を開放し、次第に権利の章典の州への適用を承認するに至ったからである。

編入理論の是非をめぐる争いは、第一四修正の立法趣旨に関する理解の相違もさることながら、デュー・プロセスは発展的概念であるから、各州の相異なる具体的状況下において個別的に判断し、当の手続が基本的公正を欠くとき、あるいは当の行為が良心にショックを与えるようなときに限り、デュー・プロセス違反を肯定すべきであるかをめぐる争いである。その背景には、ある州の試みを新たな一つの実験にすぎないと捉えて、その成否を見守り続けるのが連邦制の利点であり、各州の独立性を尊重する趣旨にも適うといえるかをめぐる見解の対立がある。

今日においては、編入理論の是非を論ずる積極的意義はないが、アメリカ特有の連邦制に伴う連邦と州との適正な権限配分をめぐる争いでもあり、アメリカでは「連邦の刑事訴追は連邦および州裁判所での全刑事訴追事件数のわずか約〇・四%[18]」を占めるにすぎず、刑事事件の大半は州レベルで処理されている以上、なお今日的意義を失っていない。

(14) William J. Brennan, Jr.,The Bill of Rights and the States, 3 6 N.Y.U. L. Rev. 761, at 761-762 (1961).
(15) Hugo L. Black, The Bill of Rights, 3 5 N.Y.U. L. Rev. 865, at 867-868 (1960).
(16) Charles Fairman, Does the Fourteenth Amendment Incorporate the Bill of Rights ?, 2 Stanford L. Rev. 5 (1944).
(17) Duncan v. Louisiana, 391 U.S. 145 (1968).
(18) Ring v. Arizona, 122 S.Ct. 2428, 2449 (O'Connor J. dissenting) (2002).

第三節　デュー・プロセス条項の実効性

南北市民戦争の終結を契機として一八六五年から一八七〇年にかけて相次いで成立した第一三修正ないし第一五

修正は、いずれも明文で「連邦議会は、適当な立法（appropriate legislation）によって本条の諸規定を執行する権限を有する」と定めている。これを受けて連邦議会は一八六六年、第一三修正の奴隷制度廃止条項を執行するために、市民的権利に関する法律（Civil Rights Act of 1866）を可決し、契約する権利、訴訟の当事者となる権利、財産を所有・譲渡する権利を含め、諸活動の主人となる〝白人の市民〟と〝同一の権利〟を解放黒人すなわちアフリカ系アメリカ人に保障した。連邦議会は翌六七年、さらに人身保護令状法を制定し、州の権限下に拘束されている者に連邦裁判所に直接、身柄拘束の合憲性を争う法的資格を与えた。このような一連の制定法の最後に登場したのが、法の平等保護を否定して憲法上の権利を剥奪するコンスピラシーを連邦刑事罰とする一八七一年のいわゆるクー・クラックス・クラン法（Ku Klux Klan Act）であった。この総合的制定法は、南部諸州の民間人や法執行官等による南北戦争後のいわゆる再建計画（Reconstruction）への広汎な抵抗に対する連邦議会の対応であり、それ以前の制定法とは異なり、連邦裁判所に直接提訴する道を開くことを意図していた。(19)

クラン法は、グラント大統領の一八七一年三月二三日付け議会へのメッセージに応じたものであった。すなわち、同大統領は〝わが合衆国の若干の州では生命や財産が保障されず、郵便の配達や税金の徴収が危険となるような……憂慮すべき状態にあります。これらの害悪（evils）を匡正する能力は州当局の手に余るものであり、合衆国の現行法の下での行政権限で現在の緊急状態に十分対処できるかは明らかでありません。〟と述べ、合衆国のすべての地域で生命、自由および財産を効果的に保障するような緊急立法を議会に要請し、「南部での無法状態」や「クランの暗躍ぶりと州政府がそれに対処できない」ことを示す六〇〇頁もの報告書を提供した。クラン法が制定されたのは「州の救済が利用不能であったからでなく、法を平等に実施できない州があった」からであり、「州に法を実施する能力のないこと（their lack of enforcement）」、これが問題の核心であった。(20)しかし、同法は一八七一年の制定直後から長い冬眠期（a long period of dormancy）に入った。自由や財産等の利益は主として州法によって創造され保障されたものであり、合衆国憲法によって新たに創造ないし是認されたものではないと考えられていたからである。[21]

人種差別撤廃の動きが本格化したのは、一九五四年五月一六日のブラウン判決[22]以降のことである。合衆国最高裁は、就任後初の開廷期に臨んだウォーレン首席裁判官執筆の全員一致の法廷意見で、公立学校での人種別学制度は第一四修正の平等保護条項に違反すると判示した。同事件は先の開廷期に口頭弁論が行われたが、最高裁裁判官の要請によって口頭弁論をやり直すことになり、その間の一九五三年一〇月五日、前カリフォルニア州知事アール・ウォーレン（Earl Warren）がアイゼンハワー大統領の指名により最高裁長官に就任した。ウォーレン長官は早速、一八九六年のプレッシー判決（Plessy v. Furguson, 163 U.S. 537）で確立していた「分離すれども平等（separate but equal）」の法理の変更に難色を示していた四人の裁判官を説得し、黒人は白人に劣ることを前提にするプレッシー判決での法理は受け入れられないとして、人種別学制度は憲法に違反することを明らかにした。ウォーレン執筆の法廷意見は憲法事件の分岐点（watershed）となり、合衆国最高裁はその後の一連の判例で相次いで画期的な判断を下すことになる。ウォーレンは「経済分野においては司法抑制（judicial restraint）の見解に従ったが、市民的自由の事案においては権利の章典をより積極的に実施すること（more active enforcement）が必要である」と考えた。保守派の人たちは、ウォーレンの司法積極主義および権利の章典の広い解釈に反対したが、ブレナンがスーパー長官（Super Chief）と呼んだウォーレンにとっては「先例よりも原理がはるかに重要だった（principle was more compelling than precedent.）」のである。[23]

このように市民戦争修正条項の規定を受けて制定された一八六六年の市民的諸権利に関する法律や一八七一年のクラン法も実効性がなく、ウォーレン・コート初期に出された一九五四年のブラウン判決で初めて人種差別禁止の動きが本格化する。とりわけ一九六〇年代になると、ブラック、ダグラス、ブレナンの三裁判官がウォーレン長官の積極的姿勢を受け入れ、そしてクラーク、ゴールドバーグ、あるいはフォータスの各裁判官が交互に五人目の同調者（a changing fifth member）となった結果、最高裁の多数派がここに完成するに至る（completed the majority）。[24] そして合衆国最高裁は、平等保護条項とともに第一四修正の定めるデュー・プロセス条項を活用して、権利の章典の州への適用を積極的に推し進め、「デュー・プロセス革命」を確立するに至るのである。

（19） Michael G. Collins, Section 1983 Litigation（Third Ed.）, at 3~5（2001）.
（20） Monroe v. Pape, 365 U.S. 167, at 172~176（1961）.
（21） Collins, *supra* note *19*, at 46~8.
（22） Brown v. Board of Education, 347 U.S. 483（1954）.
（23） Dawn P. Dawson, 3 Encyclopaedia of the U.S. Supreme Court 1005~1008（Salem Press Inc., 2001）.
（24） David J. Bodenhamer, Fair Trial, at 111（Oxford University Press, 1992）. 本書の紹介として、小早川義則「公正な裁判――アメリカ史における被告人の権利」名城ロースクール・レビュー三四号（二〇一五年）、後に『デュー・プロセスと合衆国最高裁Ⅶ（完）』［付録］所収。

第三章　不任意自白とデュー・プロセス

合衆国最高裁は当初、自白の信用性を重視するコモンロー上の原則に従い虚偽自白のおそれある不任意自白だけを排除してきたが、その後、被疑者の自由な意思決定の有無を自白の任意性の判断基準とするに至る。連邦事件ではこの間、被逮捕者を直ちに裁判官の面前に引致せず違法な身柄拘束中に採取された自白を排除するマクナブ＝マロリー法則が確立する。そして一九六四年五月の【27】マサイア判決では弁護人を選任して起訴後保釈中の被告人から弁護人のいないところで秘かに採取した自白を公判で用いることは第六修正の弁護人依頼権に違反するとされ、同年六月の【29】エスコビード判決ではこれを拡大適用して被疑者の弁護人との接見要求を無視しかつ黙秘権等の告知なしに採取した自白がやはり第六修正違反を理由に排除された。そして一九六六年のミランダ判決において黙秘権等の告知なしに逮捕後の被疑者から獲得した自白につき第五修正の自己負罪拒否特権違反を理由に排除するに至るのである。

そこで以下、まず自己負罪拒否特権に関する一九〇八年の【A】トワイニング判決から一九六四年の【F】マーフィ判決までの合衆国最高裁にやや詳しく言及し、次いで一八八四年の【1】ホプト判決から一九六四年の【29】エスコビード判決に至る主要な判例の概要に触れた後、一括してその内容を判文に即して詳論することとしたい。

第一節　自己負罪拒否特権

日本国憲法第三八条第一項は「何人も、自己に不利益な供述を強要されない」と規定する。このいわゆる憲法上の黙秘権の保障が「何人も、刑事事件において自己に不利益な証人となることを強制されることはな〈い〉」と規定する合衆国憲法第五修正のいわゆる自己負罪拒否特権に由来すること、そして自己負罪拒否特権は一六世紀後半から一七世紀にかけてのイギリスにおいて形成されコモンローで一般に認められるようになったものであり、これが合衆国憲法（および各州憲法）に継受されたものであることは疑いない。ただ、アメリカではわが国とは異なり、自己負罪拒否特権は供述以外の一定の行為についても及ぶものと解されてきたのは第五修正の文言上は「不利益な証人」であるため「不利益な供述」よりやや広く解される余地があったことによる。

この問題に関する重要な先行研究は石丸清見『英米における自己負罪拒否の特権』（法務研究報告書第四〇集三）とごく最近の松倉治代「刑事手続における Nemo tenetur 原則」（立命館法学第三三五〜三三八号）であろう。前者は、むろん時代の制約はあるが、当時の英米法の状況をほぼ正確に把握しており、とりわけ被告人の証人適格とのかかわりに関する記述は、昨今急浮上してきた立法課題としての被告人の証人適格をめぐる積極説との共通意識が顕著であるだけに誠に興味深い。また後者は、ドイツにおける展開を中心としたものであるが、わが国における Nemo tenetur 原則の展開を明治初期の拷問廃止論議から現行刑事訴訟法第一九八条第二項の被疑者の供述拒否権の告知に関する規定が改正された一九五三年刑事訴訟法までの議論状況を踏まえているだけに有益である。もっとも、右二書は、憲法第三八条第一項の母法である第五修正の自己負罪拒否特権については当然とはいえ全く触れていない。

ところで筆者は、当時話題となった「被告人の証人適格（案）」の問題点を明らかにするため一書[1]をものした際に第五修正の自己負罪拒否特権を検討するうえで不可欠なトワイニング、パルコ、アダムソン、およびマロイの四判決を紹介し、そしてウルマン、マーフィ両判決については別途紹介[2]した。いずれも、後に触れるように、ミランダに至るアメリカ判例法の動向を精査するうえで欠かせないので[3]、ひとまず各判示を時系列的にやや詳しく紹介しておく。

【A】トワイニング自己負罪拒否特権州適用否定判決（一九〇八年一一月九日）

本判決（Twining v. New Jersey, 211 U.S. 78）は、州の銀行局検査官を欺罔するために信託銀行の経営状態に関する虚偽の報告書を提出したとして起訴された同銀行の頭取らが公判では一切証言せず第五修正の自己負罪拒否特権は第一四修正を介して州にも適用されると主張したにもかかわらず認められず有罪とされた事案につき、連邦法上の自己負罪特権は州に適用されることはないと判示したものである。

【判　示】　いかなる合法的手続によっても強制的証言からの免除、すなわち自己に不利益な証人としてわが身をさらすことを強制されないということは、その正確な範囲や限界に関して相違はありうるけれども、アメリカ法において普遍的である。アメリカ連合の成立時に何人も自己に不利益な証人となることを強制されないという原理はコモンローにおいて具体化されていた。それは当時、価値ある特権であり、有罪者への隠れ家であるけれども無実の者を保障し、不注意な根拠のないまたは圧政的訴追に対する防禦装置と一般的に考えられていた。当初の英領東部一三州植民地の中で五州はそれを憲法または権利の章典の中に取り入れることによって立法府または司法による変更から保護した。メリーランド州はその憲法（一七七六年）で〝何人も自己に不利益な供述（give evidence）を強制されない〟と規定していた。これら以外の州においてもそれが判例によって是認されていたことに疑いはない。

本件で争われている問題は二度にわたりわれわれの前に提示されたが未解決のままに放置された、いずれの事件も他の理由で処理されたからである。

しかしこの特権は、アメリカ市民の基本的権利の一つであると主張されている、とりわけ第一四修正によって州の行動に対し保護されている〝最初の八箇の修正条項によって全米の行動（national action）に対し保障されている基本的な個人の権利を含むと主張されているのである。このような主張は目新しいことではないし、それに対する答えは当裁判所の判決の中に見い出される。第一四修正の中で用いられている〝合衆国市民の特権〟という文言の意味は早くも一八七三年のスローター・ハウス事件（Slaughter-House cases, 83 U.S. 36）において検討された。ルイジアナ州法は、会社を設立し一定の区画内で家畜飼育場と食肉処理場を設置し維持する排他的な権限を長期にわたり一部のニューオリンズ市民に与えていた。この制定法は、それ以外の者は一定の価格でこれらの施設を利用できるとし、それ以外の場所での動物の飼育や処理を禁止していた。この法律によって独立したビジネスから排除された人々が同法の有効性を否定する訴訟を起こしたのである。同事件でとりわけ争われたのは、この制定法は第一四修正の各規定に違反するかであった。当裁判所の多数意見は、〝合衆国市民と各州市民との区別は明確に是認されており、合衆国市民と異なりかつ個々的に異なった性格ないし状況に依拠する州市民が存在するのは明らかである〟としてその有効性を肯定した。

この判決についての批判は完全には終っていないないし、当裁判所のメンバーによって普遍的な同意も得ていない。しかし、スローター・ハウス事件の少なくともこの判示部分は、当裁判所によって確実に引用されている。(at 96.)

しかし被告人（複数）は、自己負罪の意味につき陪審への説示を強制するのはデュー・プロセスの否定であると主張する。正確な理解をするのにこれほど捕えどころのない（so elusive）法の文言はほとんどない。当裁判所は、それに抱括的な定義を与えることを常に拒否し、その完全な意味はそれらが持ち出される事案の判断の過程での包含と排除の過程によって次第に確認されるべきであると考えてきた。しかし若干の一般的原理はある。この〝デュー・プロセス〟という言葉はいかなる自由民も……同輩の合理的判断によるか国の法（〝the law of the land〟）によらなければ投獄、追放……されない〟と規定するマグナ・カルタの中に含まれている〝国の法〟という言葉に相当すると主張するのである。

強制的な自己負罪を拒否する特権は、具体的に保障されている合衆国憲法の成立以前にそれとは別個独立して、デュー・プロセスの要求とともに証拠法の他の原理が形成されるにつれて裁判所での公判過程において形成されたことは明らかである。この特権はマグナ・カルタ以降も数百年もの間夢想だにされていなかったのであり、マグナ・カルタで保障された〝国の法〟の中にそれが含まれていたということはありえない。

われわれは、本件で提示された問題は自己負罪拒否特権の侵害であったかという当面の問題について判断したにすぎない。しかしニュージャージ州裁判所は、本件で不服が申し立てられている法のルールを採用する際に、それは特権自体と一致しておりそれの否定ではないと考えた。この問題に関する判例には争いがある。われわれはこの争いについて判断しない、すでに述べたように、州の裁判所での自己負罪拒否特権は連邦憲法のいかなる部分によっても保障されていないと考えるからである。

［B］　パルコ二重の危険州適用否定判決（一九三七年一二月六日）

本判決（Palko v. Connecticut, 302 U.S. 319）は、第一級謀殺罪で起訴され第二級謀殺罪で有罪とされて終身刑が言い渡されたにもかかわらず被告人の自白を排除した点において検察側に不利であった等の理由で裁判のやり直しが認められ被告人は再度有罪と認定されたうえ死刑を言い渡された事案につき、同一の犯罪につき第五修正の二重の危険にさらされたことを理由に第一四修正のデュー・プロセスに違反するとした被告人の主張を退けたものである。

【判　示】　上告人の主張によると、第五修正によって禁止されていることはいかなることであっても第一四修正によっても禁止されている。州ではなく単に連邦政府のみに言及する第五修正は二重の危険にさらされない特権（immunity from double jeopardy）を規定し、何人も〝同一の犯罪について重ねて生命身体の危険にさらされる〟ことはないとする。他方、第一四修正は〝いかなる州も法の適正な手続によらずに証人から生命、自由、または財産を奪ってはならない〟と規定する。一通の正式（大陪審）起訴状でかつそれだけであるにもかかわらず、被告人を再度裁判にかけるのは、その訴追が合衆国に有利なものであれば、第五修正に違反して二重の危険にさらすことになると主張するのである。三五年前に類似の問題が当裁判所に提示されたが、当裁判所の判断に不必要であるとしてその主張の是非（merits）について検討することなしに判決が宣告された、そしてこの問題が今ここに提示されている。

一方または他方にある判例を急いで分類すれば、判例の流れは揺れ動いて不安定であるように見えるかもしれない。熟慮して分析すると、それとは違った合理的な原理が浮かび上がってくる。陪審による裁判を受ける権利や大陪審による起訴を除いて訴追されない特権（immunity）は価値があり重要であるのは確かである。たとえそうだとしても、それらは秩序ある自由の枠組の本質ではない。たとえそれらを廃止しても、〝われわれの人民の伝統および良心の中に根付いているため基本的なものとして位置付けられている正義の原理〟に違反しない。陪審による裁判や大陪審による起訴について真実であることは、強制的な自己負罪禁止特権についても真実であり、このことを判例が示している。【A】トワイニング判決。これもなくなるかもしれない、しかしそれでも正義はなされうる。実際、過去におけると同じく今日においてもわれわれの刑事司法制度の研究者（students）の中には、この特権を利益というより有害（mischief）であるとしてその範囲を限定したりそれを全面的に廃止しようとする者がいる。むろん、物理的であると精神的であるとを問わず、拷問に対する保護を提供する必要はなお存在する。しかしたとえ被告人に秩序正しい取調べ（orderly inquiry）に応ずることを義務付けたとしても、正義はなくならない（not perish）。州の行動に対して保護されるこれらの特権の排除は、恣意的でも思いがけない（arbitrary or casual）ことでもなかった。それは、自由の意味自体、その本質の意味の研究によって命じられてきたのである。

連邦の権利の章典の初期から取り入れられてきた吸収の過程（a process of absorption）によって第一四修正の中に持ち込まれた特権に目を向ければ、われわれは異なった社会的道徳的価値の平面に到着する。これらはその当初において連邦政府に対してのみ効力を有していた。もし第一四修正がそれらを吸収していたのであれば、その吸収の過程は、それらが犠牲にされれば自由も正義も存在しないであろうという考えにその源を有していることになる。

[A] トワイニング判決九九頁。このことは、思想や言論について真実であることが示されている（for illustration）。

われわれの判例を精査すれば、それらの間の分割線（dividing line）は、その道のりは完全に確固としたものではないにしても、統一的原理の大部分に対し真実であるとの指摘を正当化するのに役立つ。被告人によってなされた主張をこのラインのどちらの側に位置付けるのが妥当かが次の検討課題であり、そしてこれが最後の検討課題でなければならない。制定法が被告人に課している種類の二重の危険は極めて重大でショッキングであるためわれわれの政体（polity）はそれに耐えられないか？　それはわれわれの市民的政治的諸制度のすべての根底にある自由と正義の根本的原理に違反するか？　その答えは明らかに〝ノー〟でなければならない。われわれは、われわれの面前にある制定法だけを問題としている。この制定法は、多くの公判を伴う多くの事件において被告人を疲弊させていない。州（訴追側）は単に、重要な法律上の過誤の腐蝕のない公判が行われるまで彼に不利な主張をしているにすぎない。このことは全く残虐なことではないし、法外なまでに（in any immoderate degree）彼を苦しめるものでもない。被告人に不利な過誤のあることが判明すれば、彼の要求によって再公判（retrial）が開始されることになろう。司法の殿堂は以前より大きく聳えているのである。（at 328.）

上告人の有罪判決は合衆国の市民として彼に属するいかなる特権をも損なうもの（derogation）でない。

〔C〕　アダムソン自己負罪拒否特権州適用再否定判決（一九四七年六月二三日）

本判決（Adamson v. California, 332 U.S. 46）は、被告人が証人台に立って起訴事実につき説明も弁明もしなかったため検察官が州法の規定に従って被告人の前科に言及した事案につき、五対四で第五修正の自己負罪拒否特権の州への適用を否定したものである。ブラック裁判官の有名な長文の反対意見が付されている。

【判　示】　自己に不利益な証人となることの強制を禁止し個人を保護する第五修正の条項は、証言の強制からの自由は全国市民（national citizenship）の権利である、あるいはそれは連邦憲法によって保障されている個人の特権（privilege or immunity）であるとの理由に基づいて、州の行動に対する保護として第一四修正によって効力を有するものでないことは確立した法である。

このような結論に導かれる理由は、権利の章典が採用されたときそれは連邦政府の侵害に対して個人を保護するためのものであり、その規定は州によってなされた類似の行為に対して適用されないという疑う余地のない前提とともに始まる。第一四修正の採用とともに、その最初の文言――合衆国において出生または帰化しその管轄権に服するすべての人は、合衆国およびその居住する州の市民である――によって是認された二重の市民権（dual citizenship）は、州の市民の当初の特権に対する連邦の保護が市民に対して確保された（secured）ことを示唆していた。ところがスローター・ハウス事件（前出）は、このような示唆とは異なり、これらの権利は州の市民の特権として州政府の唯一の保護の下にあると判断した。当裁判所は、裁判所の面前での争点に関する反対の見解を明示することなしに、この判断を是認した。州の公判において自己負罪から自由な被告人の権利（power）は、(1)トワイニング判決によって第一四修正の特権条項の範囲を越えていると明確に判断されたというのである。このような連邦憲法の解釈は今まで当然のかつ論理的解釈として当裁判所の多数の賛同を得てきた。それは、全国の市民に固有であるものを除き、その責任を州に委ねることによって憲法上の連邦主義の原理と一致する。それはまた、第一四修正の採用に導いた目的に現代的な意味を与えてきた裁判官による修正（条項）に関する解釈である。このような解釈は、全国（連邦）の権限と州の権限とのバランスを維持する際の機能的要素としてわれわれの連邦制度の中に埋め込まれてきた。われわれは、自己負罪拒否に対する保護（protection against self-incrimination）は全国の市民の特権ではないとの【A】トワイニング判決および【B】パルコ判決の結論を再確認する。（at 51–53.）

【ブラック裁判官の反対意見】　Ⅰ　本判決は、トワイニング判決において明確にされた憲法理論を再び断言する、一定の時期に〝文明化された品位〟および〝基本的な自由と正義〟を構成するのは何かに関する当裁判所の考えに一致する憲法上の基準を継続的（periodically）に拡大し構築する無制限の権限が自然法（natural law）の下で憲法によって当裁判所に与えられているというのである。トワイニング判決のルールを援用する際に当裁判所は、連邦裁判所では証言へのコメントは第五修正に違反するけれども州裁判所では同一のコメントは今日の文明化された品位の基準に違反しない、それ故、修正された連邦憲法によって禁止されていないと結論する。

私は、トワイニング判決が再確認されるのであれば、それによって導かれた法理に従うのは正当であることに同意する。しかし私は、トワイニング判決の判断を再確認しようとは思わない。同判決およびそれが依拠する〝自然法〟の理論は、権利の章典の憲法上の保護装置を格下げ（degrade）すると同時に憲法によって認められていない広範な権限を当裁判所に付与するものであると考えるからである。トワイニング判決の判断を生き返らせる（revivitalized）べきでないと考える私の理由付けは、同判決の前後になされた憲法や司法等に関する歴史に言及することで最もよく理解されうる。（at 70.）

最初の一〇箇の修正条項が提案され採用されたのは、個人の貴重な自由に政府が不当に介入することが危惧されたからである。（アメリカの）人民は、権利の章典が彼らの憲法に書き込まれることを希望しかつ要求した。権利の章典を具体化する各修正条項は修正条項の及ぶすべての分野――立法、行政、および司法――における連邦政府のすべての部門を制限することを意図していた。第五、第六、および第八の各修正条項は、とりわけ刑事事件の公判で用いられる手続において裁判所や裁判官による権利行使を明確な枠組みの中で制限することを目的としていたのは明らかである。過去の歴史は、これらの手続上の修正条項が採用されるに至った懸念に対する十分な根拠を提供して、それらの採用の分別（wisdom）を立証している。恣意的な裁判所の行動のおそれは、主として言論、出版および信教を抑圧するために刑事罰を科すという裁判所の過去の使用から生じた。それ故、裁判所の権限に関する憲法上の制限は、憲法制定者の見解において第一修正――それ自体、すべての人民が相異なる政治的、宗教的その他の見解を信じ、かつ表現することを広範囲にわたり保護することを意図していた――の不可欠な補遺（supplement）であった。

第一四修正で最高潮に達した歴史的出来事、およびその提案と文言に反対した人たちと同様にそれを提案し賛成した人たちの説明を精査した結果、私は、第一四修正の最初の第一節の規定が個別的にかつ全体として成し遂げようとした主たる目的の一つは権利の章典を州に適用することであったことを確信するのである。

Ⅱ　証言の強制を禁止する第五修正も権利の章典のいかなる規定も州に適用されないと【A】トワイニング判決において到達された結論を裏付けるために同判決で依拠された判例を精査すると、このような有益な実務（salutary practice）からの説明のつかない逸脱（unexplained departure）があるのは明らかである。当裁判所はさらに、提案されている憲法修正条項や法案に関して上院議員のような個人がどのような意見を開陳していようとも、そのことは正しい解釈への確固とした理由付けを提供するものではないし議会のメンバーがその採用に賛成したことの説明としても重要でないとした。

当裁判所は［A］トワイニング判決の法廷意見において、第一四修正の第一節は権利の章典のいくつかの条項を州に適用する意図であったという歴史的証拠を重視することを明確に退けた。当裁判所は、それ故、第一四修正第一節の意図された範囲に関する歴史的証拠を評価することを退け、そして本日またそれらを退けている。当裁判所はその代わりに、第一四修正を起草し唱導し採用した一つの目的が権利の章典の州への適用であることを示している証拠を一切分析していない従前の判例に依拠したのである。

私見によれば、第一四修正の第一節の文言は、全体としてみれば、その提案（submission）に賛成する人々によって、かつその提案に反対する人々によっても、その後いかなる州もその市民から権利の章典の特権の保護を奪うことはできないことを明示に保障することを決定的に示している。過去の判断に照らし第一四修正が達成を意図していたことの全てを当裁判所は有効とすべきであるかは、本件での判断に必ずしも不可欠ではない。しかしそうであるとしても、［A］トワイニング判決を含む従前の判例は、少なくともそれが州に適用できるという範囲で犯罪で有罪とされた被告人に供述の強制を禁止する第五修正の全面的保護を命じている。私はさらに、当裁判所が本判決での結論に達する際に用いている〝自然法〟の公式は憲法に関する不調和な贅肉（incongruous excrescence）として廃棄すべきであると考える。そして私の考えは、第一四修正採用後の少なくとも最初の二〇年の間に当裁判所が表明した見解と一致しているのである。（at 73-75.）

Ⅲ　第一四修正が採用された四年後の一八七二年にスローター・ハウス事件（前出）が当裁判所に提示された。同事件において検討された州法は独占権を認めたことについて争われたにすぎない、争点は権利の章典の特定の規定とのかかわりではなく、州の独占法は仕事をして自己の職業に従事する〝人の自然権〟を侵害すると主張されたにすぎない。このような自然法の主張は現在のデュー・プロセスの前提を示唆するが、スローター・ハウス事件において多数意見によって正面から否定された。第一四修正の特権条項は合衆国市民であるとの理由で人が有するそのような権利の州による侵害から保護することだけであると判示された、要するに同事件は、当裁判所が本日考えている自然法の公式を退けたのである。

トワイニング判決は、州は権利の章典の特定の条項に従う必要はないと判示すると同時に、州法、そしてたとえ連邦法であっても、デュー・プロセス条項の下でそれらを無効とするためのより広汎な基礎付けを据えることによって当裁判所が有すると考えられてきた権限を強化した。最初の八箇の修正条項への敬意を含まない（includes non-regard）トワイニング判決の下において何が〝基本的権利〟で〝品位の基準〟に一致するかは、トワイニング判決で述べられ、かつ本日再確認されているように、独立して〝裁判所の行動によってその時々に確証される〟というのである。

以前の危険だけにかかわる判例である【B】パルコ判決において当裁判所は、第一四修正を解釈する際にトワイニング判決以降に旅を重ねてきた道程（path）を改めて吟味した。トワイニング判決において当裁判所は、最初の八箇の修正条項で列挙された権利は州の侵害に対して一切保障されないと宣告した、それらは権利の章典の中に組み込まれていないからであるというのである。しかし、当裁判所はパルコ判決において、八箇の修正条項はすべてより慎重な文言（more guarded statement）で適用されるとの主張に対し、〝そのような一般的ルールはない〟と答えた。それ故、パルコ判決において当裁判所は、第一四修正は〝第一修正が議会による侵害に対し保障している言論の自由……または出版の自由、または信教の自由な行使、または平穏な請願の権利、……または弁護人の援助を受ける犯罪の被告人の権利などの州法による侵害を違法とすることができる、……これらの状況その他の状況において個別の修正条項の特定の誓約（pledge）によって連邦政府に対し有効である特権は、秩序ある自由の観念の中に黙示されていると認めた、それ故、第一四修正を介して州に対して有効となると述べた〟のである。

Ⅳ　トワイニング判決での当裁判所の法廷意見および同判決での反対意見は、連邦憲法にかかわる限り、自白の強制を全く自由に州に委ねることを最高裁は意図していたことを明らかにした。しかし、同判決後の一連の判例において当裁判所は、州であると連邦であるとを問わず、強制された自白に基づいて被告人を有罪とすることを第一四修正は禁止していると判示した。【6】チェインバーズ判決、【10】アシュクラフト判決一五四－一五五頁。第五修正があるから連邦裁判所はそのようにすることができないというのである。【3】ブラム判決五四二頁、五六二－五六三頁。そして州裁判所がそのようにすることができないのは、あれこれの形式で（one formula or another）第五修正の原理が第一四修正を介して州に適用できるとされているからである。それ故、当最高裁自体、それが再確認しようとするトワイニング判決自体を破壊ないし少なくとも徹底的に縮小（drastically curtails）している。

権利の章典は、トワイニング判決の法廷意見が考えたように、時代遅れの一八世紀の拘束服であると考えることはできない。その規定は時代遅れの抽象的概念として考えられていたかもしれない。それらは古い害悪に対処することを意図していたのは確かである。しかしそれらは、過度の権限が多くの人の犠牲の下で少数者によって占められ何世紀にもわたり生じてきたのと同一種類の人間の害悪（human evils）である。私見によれば、われわれのような権利の章典が残されておりかつその基本的目的に対する不断の保障が人民に提供されている限り、いかなる国の人民も彼らの自由を失うことはありえない。私は、権利の章典を解釈しそれを実行する際に、その出発点として権利の章典の文言をそれ自身の品位や基本的正義の概念に取り換える当裁判所の実務への影響を危惧する。その選択が権利の章典のいくつかを適用するパルコ判決の選択的過程（selective process）か、それともそれらを一切適用しないとするトワイニング判決のルールかのどちらかでなければならないのであれば、私はパルコ判決の方を選ぶであろう。しかし、それらの選択のどちらかを選ぶことよりも、第一四修正の当初の目的であると私が考えていることと——すべての人民に権利の章典のすべての保障を拡大することに、私は従いたい。権利の章典のどの規定が強行されうるかを当裁判所は判断できると判示するのは、成文憲法の大きな意図を挫折させることになる。

自然法の概念を権利の章典に取り替えることによって権利の章典を改善するのは今では十分に賢明かつ可能であることを当裁判所は認めているが、その可能性は余りにも推測的であるのでそのようなコースを選ぶことに同意できない。それ故、私は、強制による証言を禁止する第五修正の全面的保護は本件においてカリフォルニア州によって提供されなければならないと判示したい。

マーベリ対マディソン判決（Marbury v. Madison, 1 Cranch 137）が言い渡されて以降、よかれあしかれ、裁判所は、憲法に違反する議会の制定法を排除できることは十分に確立している。むろんこの過程は解釈を含んでおり、そして言葉は多義的であるので、解釈によって憲法の規定の当初の目的を縮小したり拡大する結果をもたらしうる。しかし、権利の章典や憲法のそれ以外の部分において列挙されている特定の基準に目を向けることによって制定法の合憲性を解釈するのは一つのことであり、憲法によって明確にされていない〝自然法〟を適用することによって制定法を無効とするのは他の一つのことであり、両者は全く異なる。（at 90-91.）

ダグラス裁判官はこの意見に加わる。（at 92.）

【Murphy裁判官の反対意見】（Rutledg 裁判官同調）　（略）

［D］　ウルマン免責法合憲再確認判決（一九五六年三月二六日）

本判決（Ullman v. United States, 350 U.S. 422）は、スパイ行為等により国家の安全を害する問題を捜査していたニューヨーク州大陪審の下に出頭したウルマンがそのような活動および共産党への参加にかかわる質問を受けて自己負罪拒否特権を行使して答弁を拒否したところ合衆国検事が裁判官の要求に従って同人の証言は合衆国の公益にとって必要である旨の宣誓供述書を提出して証言を強制したにもかかわらず答弁をなお拒絶したため法廷侮辱罪に問われた事案につき、一九五四年免責法の合憲性を確認したうえでウルマンに対する法廷侮辱罪の有罪を維持したものである。一八九二年のカウンセルマン判決（Counselman v. Hitchcock, 142 U.S. 547）は刑事免責が有効とされるためには関連犯罪を含めた将来にわたる絶対的な免責が付与されなければならないとした。これを受けて制定された「一八九三免責法」の合憲性を五対四で肯定したのが一八九六年の【2】ブラウン判決であり当時の冷戦下に「一九五四年免責法」の合憲性を七対二で肯定したのが本判決である。

【判　示】　本件上訴によって四つの主要な問題が提示されている。すなわち、(1)当該制定法によって提供された免責は自己負罪拒否特権によって与えられた保護に代替するほど十分に広範であるか？　(2)制定法の要件が憲法に合致しているとしても、当該制定法は大陪審によってなされた関連質問への答弁を証人に要求する命令への適用を退ける裁量（権）を地裁裁判官に与えているか、もしそうであれば、同裁判所はそのことによって司法権限（judicial power）でない権限を行使することを要求されるか？　(3)議会は犯罪に対する州の訴追からの免責を提供しているか、もしそうであれば、議会はそのような権限を有しているか？　(4)第五修正は、免責法の範囲いかんにかかわらず、そうでなければ（otherwise）自己負罪となる証言の強制を禁止しているか？　このような問題が提示されているのである。

第五修正の自己負罪拒否特権に言及する際にその精神を正確に定義することが重要である。第五修正の命令（〝何人も自己に不利益な証人となることを強制されない〟）は、われわれの自由の展開における重要な進歩――〝自らを文明化する人間の闘争における画期的な出来事のひとつ〟――を示している。この保障が向けられた害悪からの保護はもはや必要でないとする時代は未だ到来していない。この憲法の保障は敵対的ないし不承不承の精神で解釈されるべきではない。余りにも多くの人は、十分に賢明とされる人であっても、この特権を悪人の避難所と考えている。彼らは余りにも容易に、それを援用する人々は犯罪の有罪者であるか、あるいは特権を主張する際に偽証を犯していると考えている。

むろん、憲法上の特権が時として真の犯人を彼の当然の報い（his just deserts）から救うことはあるかもしれない。特権は、たとえそれらほど残酷なものでないにせよ、はるかに大きな害悪――糺問的な異端者弾圧と星室裁判所の再来――を防ぐことを目的としていた。より大きな害悪の防止がより小さな害悪の発生よりも重要であると考えられたのである。権限を濫用する傾向にある人間の性質に関する数多くの経験を積み重ねた後で、わが国の創始者は、法執行機関による同じような将来の濫用へのドアを閉じようとしたのである。

第五修正に違反するとして免責法を攻撃するのは目新しいことではない。六〇年前に当裁判所は【2】ブラウン判決において、一八九三年二月一一日法に類似する制定法の合憲性を検討した。鉄道会社の監査役であったブラウンは、同社幹部が州間通商法に違反したとして告発されていた事件を捜査していた大陪審の面前で証言するために召喚された。彼は自己負罪拒否特権を援用して、鉄道会社の業務およびリベート政策に関する若干の質問に答えることを拒否した。ペンシルバニア州西部地区合衆国地方裁判所の面前でその理由を明らかにせよとの命令に従わなかったとして彼は法廷侮辱罪に問われた、そこで彼は一八九三年免責法は違憲であるとして当裁判所に上訴した。

当裁判所はブラウンの主張を検討し、証人に証言を強制しても彼の暴露（disclosure）によって直接・間接に促進された刑事訴追を禁止し証人を保護している制定法は第五修正の自己負罪拒否特権に違反しないし、一八九三年法はそのような保護を明らかに提供していると判示し、その主張を退けた。〝問題の憲法の規定は市民の最も価値ある特権の一つとされているのは確かにその通りであるが、その目的は制定法の免責によって十分に達成されている。それ故、われわれは、証人は答弁を強制されるという意見である……〟と判示したのである。

申立人（X）は、しかし、ブラウン判決と本件とを区別しようとする。本件はブラウン判決とは異なる、連邦および州の当局によって課せられた国民生活一般への影響力――仕事の喪失、労働組合からの排除や資格剥奪など

――は、極めて苛酷であるので当該制定法は真の免責を彼に与えていないと主張する。何らの影響なしにその翌日には仕事を再開できるブラウン判決での監査役の証言の効果とは大いに異なると主張するのである。しかし、当裁判所が度々判示してきたように、〝第五修正の命令（interdiction）は証人が自己負罪を要求されるときにのみ、換言すると、それは彼を刑事訴追にさらす証言をする場合にのみ機能する。犯罪性がすでに取り払われてしまったのであれば、第五修正は適用されない。〟本件での免責法は答弁を強制された証人を憲法上の免責の範囲で保護しているから、彼はもちろん、求められている特定の制裁が彼に科せられようとしているとき、それは性質上犯罪である（criminal in nature）と主張する権利を有している。

申立人はまた、【2】ブラウン判決との差異は認められず、同判決が支配的であるとするのであれば、同判決自体が再検討され変更されるべきであると主張する。彼はまた、第五修正の文字通りの解釈（literal reading）に〝復帰〟することをわれわれに要求する。当裁判所は四年前のカウンセルマン判決（前出）において全員一致で従前の一八九三年の制定法は〝憲法上不十分である〟と認めた。付与された免責は単になされた証言の使用を禁止するにとどまり、強制された証言から獲得された知識や情報に基づいた将来の訴追から証人を保護していない点で不十分であるというのであった。このような背景の下に完全な訴追免責を付与する一八九三年法が制定され、ブラウン判決で判断が下されたのである。ブラウン判決での判断がそれ以降に争われたことは一度もないし、そのことを宣言した解釈はホウムズ裁判官やブランダイス裁判官によって執筆された意見においても一貫して決定的なものとして取り扱われている。「一八九三年制定法はわれわれの憲法組織の一部となったのである。」

われわれは本件において、曖昧で定義不能かつ勧告的な憲法の規定を問題としているのではない。自己負罪拒否特権は特別な規定であり〝歴史の一頁が万巻の書に値する（a page of history is worth a volume of logic）〟ほどのものである。われわれはブラウン判決を改めて確認するので、申立人によって提示されている他の争点を繰り返す必要はない。

【E】　マロイ自己負罪拒否特権州適用肯定判決（一九六四年六月一五日）

本判決（Malloy v. Hogan, 378 U.S. 1）は、賭博罪で有罪答弁をして保護観察中に証言を命じられたマロイが逮捕時の状況等に関する質問につき自己負罪のおそれを理由に答弁を拒絶した事案につき、第一四修正のデュー・プロセス条項を介して第五修正の自己負罪拒否特権は州による自己負罪拒否特権の侵害に対しても適用されることを初めて明示したものである。【F】マーフィ判決と同じ日に言い渡された。

【判　示】　われわれは本件において、自己負罪拒否特権は第一四修正によって州の行動に対する防禦装置でないとする従前の判断の再考を求められている。【A】トワイニング判決、【C】アダムソン判決。なお、これら両判決での問題は、州の訴追において自己自身の防禦のために証人台に立たなかった被告人についてのコメントが特権に違反したかどうかだった。連邦犯罪に対する連邦の訴追でのそのようなコメントは第五修正の条項に違反しないことが前提とされていたが、そのように判示されなかった。われわれは、第一四修正は申立人に第五修正の自己負罪拒否特権の保護を保障していると判示し、適用される連邦の基準の下で州最高裁がこの特権は適切に援用されなかったと判示している点で誤っていると判示する。（at 1-2.）

最初の八箇の修正条項で列挙されている権利に対する州の侵害を第一四修正が阻止する範囲は、一八六八年に同修正条項が採用されて以降、当裁判所において多くの事件で検討されてきた。多くの裁判官（一〇名）は第一四修正は八箇条の修正条項のすべてを含むと考えていたけれども、これまで支配的であった見解は、公共の使用に供するための個人財産に対する正当な補償をデュー・プロセス条項は要求していると判示した一八九七年の判決に遡る。当裁判所が一九〇八年のトワイニング判決において、最初の八箇の修正条項によって国（Nation）の行動を禁止することに対して保障されている個人の権利のいくつかは州の行動に対する安全装置でもあるということは可能であり、それらの否定はデュー・プロセスの否定でもあると述べたのは、先例（authority）に基づいていた。

憲法制定者がわれわれの憲法に第一四修正を付加したとき、彼らによって考えられていた基本的自由の保持にそれほど中心的な役割を果たさない過去の判例を第一四修正に従って再吟味することを当裁判所は躊躇しなかった。それ故、当裁判所は一九二二年になっても〝第一四修正も合衆国憲法のそれ以外のいかなる規定も‵言論の自由、……に関する制約を州に課していない〟と述べたけれども、その三年後のギトロウ判決（Gitlow v. New York, 268 U.S. 652）が一連の判例の出発点となった、そして今日では、貴重な心や精神の権利に対する第一修正の保護――言論、出版、信教、集会、結社、および苦情の処理を求めて請願する権利――は州からの侵害を受けないと判示されている。例えば、ギトロウ判決六六六頁（前出）（言論および出版）、NYタイムズ対サリバン判決（New York Times Co. v. Sullivan, 376 U.S. 254）等。

一九三七年に言い渡された【B】パルコ判決は同様に、〝第四修正は［州の］役人の個々の不法行為に対し保護されないと判示した一九一四年のウィークス判決（Weeks v. United States, 232 U.S. 383, 398）を引用して第四修正によって保障された権利は州の行動に対し保護されないことを示唆した。しかし一九六一年になると当裁判所はその後の判例に照らし、第四修正のプライバシーの権利は第一四修正のデュー・プロセス条項を介して州に執行できることは確立していると判示した……。〟【24】マップ判決六五五頁。当裁判所は再び一九四二年の【8】ベッツ判決四七一頁において、非死刑犯罪に対する州の訴追での〝弁護人の選任は基本的権利ではない〟と判示したけれども、先の開廷期にこの判決は再検討された、そしてすべての刑事事件において弁護人の（援助を受ける）憲法の規定は、公正な裁判にとって不可欠である基本的権利であり、それ故、第一四修正を介して州を義務付けていると判示したのである。【25】ギデオン判決三四三―三四四頁。

われわれは本日、第五修正の自己負罪拒否特権も第一四修正によって州による侵害を受けない権利を保障していると判示する。【A】トワイニング判決および【C】アダムソン判決以降の当裁判所の判例は、これらの判例において明示されたそれとは異なる見解から出発している。われわれはまず最初に、州の刑事訴追において強制された自白の使用を禁止する判例を検討する。

【2】ブラウン判決は強制された自白を被告人に不利に用いることをデュー・プロセス条項は州に禁止していると当裁判所が判示した最初の事件だった。当裁判所は同判決において、トワイニング判決に照らすと、自己負罪拒否特権とはかかわりがないと結論するのはやむを得なかったと述べた。〝自白を引き出すための拷問による強制とは異なる問題である〟というのである。しかしこのような相違は間もなく放棄された、そして今日、州の刑事訴追での自白の許容性は、【3】ブラム判決において当裁判所が〝何人もいかなる刑事事件においても自己自身に不利益な証人となることを強制されないことを命じる合衆国憲法第五修正の規定によって支配される〟と判示した一八九七年以降に連邦裁判所で適用されているのと同一の基準によって判断される。この基準の下での憲法上の吟味は、自白を獲得した際の州の職員の行為はショッキングであったかどうかではなく、その自白は〝自由で任意〟であったかによる、すなわち［それが］何らかの脅迫または暴力によって引き出されたか、あるいは直接的または間接的な約束によって獲得されたものでないとしても、いかに僅かなものであるにせよ、何らかの不当な影響の行使（exertion）によって引き出されたものであってはならない。〟換言すると、人は自己自身を罪に陥れることをおよそ強制されてはならないというのである。われわれは、自白するまで彼の妻に電話することを認めないという程度の軽い仕打ち（mild a whip）によって獲得された自白であっても、状況いかんによれば、許容されないことがあると判示した。【26】ヘインズ判決。

州の事件での連邦基準の明確な転換（marked shift）は、被告人の〝自白か否認かそれとも答弁拒否かの自由な選択〟について当裁判所が述べた【7】ライゼンバ判決とともに始まった。【10】アシュクラフト判決、【22】スパーノ判決、【26】ヘインズ判決等を見よ。〝この転換は、アメリカの刑事訴追制度は弾劾的であって糺問的でない(accusatorial not inquisitorial)ことの是認を反映している。〟それ故、政府(訴追側)は、州と連邦とを問わず、独立しかつ自由に獲得された証拠によって有罪を立証することが憲法上要求されているのであり、被疑者への告発を強制することによって被告人自身の口からその有罪を立証することはできない。第一四修正は、〝嘘をついて喚起された同情心を介して獲得した自白〟【22】スパーノ判決三二三頁、その他類似の〝拷問による強制とまではいえないとしても誘因による自白〟を州に禁止している、ましてや本件におけるように、彼を罰に陥れることにもなりかねない質問に答えることを投獄に訴えて強制することも第一四修正は禁止している。第一四修正は、州の侵害に対し第五修正が連邦の侵害に対し保障しているのと同一の特権を保障しているのである。

この結論は、われわれの【24】マップ判決でのわれわれの最近の判断によって強化されている、同判決は、〝州の犯罪に対する州裁判所での訴追において第一四修正は不合理な捜索・逮捕押収によって獲得された証拠の許容を禁じていない〟と判示したウルフ判決(Wolf v. Colorado, 338 U.S. 25)を変更した。マップ判決は、第五修正の自己負罪拒否特権はそのような事案において第四修正を満たし(implemented)ている、そしてこの二つの人身の自由の保障は、排除法則を州への義務(obligation)とするために第一四修正の中で結合していると判示した。われわれは第四修正と第五修正は〝ほとんど併走している〟として、〝家屋に押し入り箱や引き出しを開けるというのは極めて不快な出来事である、しかし、犯罪で彼を有罪としたり彼の所持品を没収するために人の証言や彼の個人的な書類を無理矢理に引き出したりするのは、これら非難の範囲内であると判示したのである。そして、われわれはマップ判決において、一八八六年に言い渡された偉大なボイド判決(Boyd v. United States, 116 U.S. 616)に依拠して次のように述べた、すなわち、

〝われわれは、連邦政府に関しては第四修正と第五修正、そして州に関しては法外なプライバシーの侵害からの自由と強制による自白に基づいた有罪判決からの自由、これらは〝長年にわたる闘争後に［獲得された］人間性および市民の自由の原理〟の不朽性（perpetuation）において〝密接な関係〟を享受してきたことを認める。各修正（条項）と各自由の哲学は、独立したものではないけれども、相互に補完（complementary）し……少なくともそれらが各領域において保障しているのは、何人も憲法に反する証拠に基づいて有罪とされるべきではないということである〟と述べたのである。

それ故、特権は〝自由な政府の原理〟の一つであるとするボイド判決の見解に戻りマップ判決は、〝普遍的な正義の変更不能の原理としてではなく便法（expedient）であることが経験によって立証されたものとして最もよく弁護できる〟単なる証拠のルールにすぎないとして特権を考えるトワイニング判決の特権の概念を、当然に非難したのである。

被上告人である保安官はその上告趣意（brief）において、われわれの判例とりわけ強制された自白にかかわる判例の下で〝弾劾制度はわれわれの社会機構（fabic）の基本的部分となっている、それ故、州に対し強制できる（enforceable）ことを認めている、しかし、州の取調べを受けている証人への連邦の特権の利用可能性は連邦の手続で適用される基準よりも厳格でない基準によって判断されると主張する。賛成できない。第一修正の保障、ギトロウ判決（前出）、第四修正の不合理な捜索押収の禁止、および第六修正によって保障されている弁護人の（援助を受ける）権利、【25】ギデオン判決、これらのすべてにおいてわれわれは、連邦の侵害を受けない個人の権利を保護するのと同一の基準に従って第一四修正の下で州に対し強制できると判示してきた。同一のおそれある訴追に基づいている特権の主張の有効性を、州の裁判所で主張されたのか連邦の裁判所で主張されたのかに依拠して、異なった判断基準によって判断することは首尾一貫（incongruous）しないことになろう。それ故、同一の基準を適用して被告人の州裁判所または連邦裁判所における沈黙が正当化されるかを判断しなければならないのである。

〔F〕マーフィ自己負罪拒否特権各法域一律適用判決（一九六四年六月一五日）

本判決（Murphy v. Waterfront Commission, 378 U.S. 52）は、ニュージャージ州での労働者のストライキに関しニューヨーク州港湾委員会によって行われた審問手続で喚問されたマーフィらが自己負罪を理由に証言を拒否したため免責が認められたにもかかわらず連邦法の下で罪を問われかねないとして証言を拒絶し続けたため法廷侮辱罪で有罪とされた事案につき、第五修正の自己負罪拒否特権は第一四修正を介して州にも適用されることを初めて認めた一九六四年六月一五日の〔E〕マロイ判決を引照したうえで、連邦制度の下で一つの法域は、免責規定がない限り他の法域で負罪的供述となる証言を強制できないとしたものである。なお、法廷意見の執筆はゴールドバーグ裁判官である。

【判 示】 免責の付与は、それが自己負罪拒否特権の範囲と一致する場合にのみ有効である。われわれは今、免責規定がなければ、連邦組織の中にある一つの法域は他の法域の下で罪に問われかねない証言を証人に強制できるかという基本的な憲法問題を決定しなければならない。その答えは、もちろん、そのような特権の適用は、そのポリシーおよび趣旨を推進するかそれとも破壊するかによらなければならない。

Ⅰ　特権のポリシー　自己負罪拒否特権は、われわれの自由の発展における重要な進展を示しており――それは自らを文明化しようとする人類の闘いにおける偉大な画期的事件の一つ――である。(4)ウルマン判決四二六頁。それはわれわれの基本的価値および極めて高貴な大望の多くを反映している、すなわち犯罪の被疑者に自己告発か偽証かそれとも法廷侮辱かの残酷な三すくみ（cruel trilemma）に陥らせることをわれわれが好まないこと、刑事司法の糺問制度より弾劾制度の方をわれわれが好むこと、非人道的取扱いと濫用によって自己負罪供述が引き出されることをわれわれが懸念すること、〝州と個人との公正なバランス〟を命ずるわれわれのフェアプレイ感覚……人間の個性および各個人の権利の不可侵性に対するわれわれの尊敬……自己非難供述に関するわれわれの不信、および特権はときには〝真の有罪者の隠れ場〟ではあるが、しばしば〝無辜に対する保護物〟であるとのわれわれの考えを反映しているのである。

これらのポリシーや趣旨（purposes）のすべてではないにせよ、その大半は、たとえ憲法上の自己負罪拒否特権がそれぞれに適用されるとしても、証人が州法および連邦法の両者の下で自己の罪を認めるように追い込まれると き損なわれる。このことは、連邦政府と州政府が多くの犯罪活動への共同戦線を組む〝協同的連邦主義（cooperative federalism）〟の時代においてとりわけ真実である。

しかし、被上告人は、憲法上の自己負罪拒否特権は一つの法域における証人を他の法域において有罪とするために使用できる証言の強制を禁止していないという〝確立したルール〟に従うべきであると主張する。この〝ルール〟は三判決の局面（facets）を持つ。すなわち、①マードック判決（United States v. Murdock, 284 U.S. 141）は、連邦政府は州法の下で負罪的となりうる証言を証人に強制できると判示した。②ナップ判決（Knapp v. Schweitzer, 357 U.S. 371）は、州政府は連邦法の下で負罪的となりうる証言を証人に強制できると判示した。そして③フェルドマン判決（Feldman v. United States, 322 U.S. 487）は、州によってこのように強制された証言は連邦裁判所において証拠として提出できると判示した。

本日の［E］マロイ判決はこのルールの再検討を必要とする。当裁判所の先例およびイギリスの先例を再吟味すれば、①マードック判決は相当な権威でなくその後の判例によって弱体化しており、さらに③フェルドマン判決と②ナップ判決での法的前提はそれ以降に退けられていることは明らかである。（at 57.）

Ⅱ　初期のイギリスとアメリカの判例（略）

Ⅲ　最近の合衆国最高裁判例

当裁判所は一八九六年の【2】ブラウン判決において初めて連邦の免責法の合憲性を確認した。同事件において上告人はとりわけ、〝証人は連邦政府によって免責（immunity）を付与されているけれども、州裁判所においてそのような訴追免除を付与されていない〟と主張した。しかし当裁判所は、適用される制定法は州または連邦の裁判所のいずれにおいても訴追を禁止していると解釈した。

当裁判所は、被上告人が主として依拠する①マードック判決を一九三一年に言い渡した。被上告人はある種の情報を連邦税務官に提供しなかったとして大陪審により起訴されていた。連邦および州での自己負罪のおそれがあるので答弁拒否は正当化されると彼は主張した。これに対し政府は、本件記録が裏付けているのは連邦上の自己負罪でなく州の自己負罪だけであり第五修正は州での自己負罪の主張を保護していないと主張した。被上告人は、後者の主張には答えず答弁拒否をする彼の主張はいずれの事案においても州の自己負罪と同様に連邦の自己負罪を根拠としていると答えた。これに対し当裁判所は、被上告人の答弁拒否は専ら州での訴追を危惧したことに基づいていると判断し、次いで短い一節において、そのような危惧は連邦係官によってなされた質問に対する答弁拒否を正当化しなかったと結論したのである。

当裁判所は一九四四年の③フェルドマン判決において、州の免責付与の下で州によって強制された証拠が［連邦］政府によって利用され連邦訴追で提出される状況に直面した。これは当裁判所が生じるとは考えていなかった状況であったにもかかわらず当裁判所は四対三の判決でこの実務（practice）を支持したが、当裁判所によってもはや受け入れられていない原理の判例（authority）に従ってそのようにしたのである。

フェルドマン判決以降に当裁判所によって言い渡された関連判例は二つに分類される。連邦の免責法にかかわる判例――アダムズ判決（Adams v. Maryland, 347 U.S. 179）がその典型例（exemplified）――において当裁判所は、第五修正は法廷侮辱の威嚇の下で連邦政府によって獲得された証拠を州が使用することを禁止していると示唆した。そして州の免責法にかかわる判例——②ナップ判決がその典型例——において当裁判所は本日退けられたルールを適用して第五修正は州に適用できないと判示した。

アダムズ判決（前出）において申立人は、犯罪を捜査している合衆国上院委員会の面前で証言した、そして彼の証言は後に州の犯罪で彼を有罪とするために用いられた。当時の連邦制定法は、議会の調査において証人によってなされた証言は〝いかなる裁判所での彼に対する刑事手続でも用いられない〟と規定していた。当裁判所は七人の裁判官が加わった法廷意見で次のような重要な指摘をした、すなわち、〝異議申立てにもかかわらず強制された自己負罪的証言の使用から証人を保護するいかなる制定法も必要でない。制定法がなくても第五修正はこのことに留意（take care）しているというのである。この指摘は、【E】マロイ判決での本日の判断に照らして読むと、①マードック判決でのそれと反対の指摘がなお有効であるかに疑問を投げかけている。

②ナップ判決は、州の免責付与の下で答弁すれば連邦において訴追のおそれがあるとの理由で各質問に答えることを証人が拒否したため州の法廷侮辱罪で有罪とされた事件に関係があった。申立人は〝第五修正は州の政府であると合衆国の政府であるとを問わず［連邦法］違反に彼を巻き込むのに役立つ証言を拒否できる特権を彼に与えている〟と主張した。当裁判所は、当時存在していたルールを適用して申立人の主張を否定した、すなわち〝［第五修正が］州による行動を制限することを考えていないのは、私人の行動を制限することを考えていないのと同じである。第五修正の自己負罪拒否特権の唯一の目的は、連邦政府の権限の行使から個人を保護することである……〟と判示したのである。

以上のことから、われわれの連邦組織の中にある一つの法域は他の法域での犯罪で彼を有罪とするために利用可能な証言を証人に強制できるとするルールにはもはやその法的有効も歴史的正当性もないのは明らかである。

Ⅳ　結論

自己負罪拒否特権の歴史、ポリシーおよび目的に照らし、われわれは今、イギリスの裁判所によってそしてマーシャル首席裁判官およびホウムズ裁判官によって特権に与えられた解釈を受け入れる、われわれは、①マードック判決および③フェルドマン判決において当裁判所によってごく最近採用された［第五修正の］解釈からの逸脱を歴史またはポリシーの裏付けがないので無効として退ける。憲法上の自己負罪拒否特権は州法と同様に連邦法の下でも州の証人が負罪的供述を強制されないことを保障し、連邦法と同様に州法の下で連邦証人は負罪的供述を強制されないことを保障していると判示する。

われわれは今、この判示が現存の州の免責立法に関しどのような効果をもたらすかを決定しなければならない。カウンセルマン判決（前出）において当裁判所は司法手続によって当事者または証人から獲得された……証拠は〝いかなるものであっても合衆国の裁判所において彼に不利益に用いられ〟ないと規定する連邦証拠法を検討した。この制定法にもかかわらず自己負罪拒否特権を主張する申立人は、連邦大陪審の面前での若干の質問に答えることを拒否した。これに対し当裁判所は、立法府は憲法上の特権を侵害（abridge）することはできない、立法府は少なくともその範囲および効果において同一の広がりをもつものでない限り、それに代わりうるものを提供できないと述べた。そしてこの原理を同事件の事案に適用して当裁判所は同制定法を根拠にした上告人の答弁拒否を支持したのである。

自己負罪拒否特権は連邦の訴追に対し州の証人を保護し、そして〝連邦または州の訴追での［証人の］沈黙が正当化されるかは同一の基準で判断されなければならない。〟というマロイ判決一一頁の判示を本日のわれわれの事案に適用してわれわれは、強制された証言およびその果実が彼に対する刑事訴追とのかかわりでいかなる方法によってもおよそ連邦官憲によって用いられない場合を除き、州の証人は連邦法の下で負罪的となる証言を強制されることはない、これが憲法上のルールであると判示する。われわれはさらに、このような憲法上のルールを実行し犯罪を捜査し訴追する州および連邦の政府の利益と調和させるために連邦政府は強制された証言およびその果実をそのように使用することを禁止されなければならないと結論する。この排除法則は、効果的な法執行のために必要な情報を州に確保することを認める一方で、証人が州の免責付与なしに特権を主張したのと本質的に同一の立場に証人と連邦政府をおくのである。

以上のことから、本件での申立人は彼らに提示されている質問に答えることを強制されることになるが、しかし彼らが答弁を拒否した当時、当裁判所の③フェルドマン判決における判断を根拠として、連邦当局が連邦訴追とのかかわりでその答弁を彼らに不利に利用するかもしれないという合理的懸念があった。われわれは今、フェルドマン判決を変更したのであるから連邦政府は答弁をそのように使用することはできないと判示する。したがって、法廷侮辱罪の判断を無効とし、本件をニュージャージ州最高裁に差し戻すこととする。

（1）　小早川義則『デュー・プロセスと合衆国最高裁Ⅳ――自己負罪拒否特権、（付）セントラルパーク暴行事件（成文堂、二〇一四年）。

（2）　小早川義則『デュー・プロセスと合衆国最高裁Ⅵ――刑事免責、実体的デュー・プロセス』（成文堂、二〇一五年）。

（3）　この六判決については、澤登文治「自己負罪拒否権の歴史的展開（一――二・完）――合衆国憲法修正五条の意義――」法制理論（新潟大学）第二四巻第二号一五三頁、第二五巻第一号一二四頁（一九九一――九二年）で詳しく紹介されている。右論稿は「黙秘権をイギリスにおいて不動の基本権として確立させたと言われている、ジョン・リルバーンの裁判を振返ることのみに研究の範囲を限定せざるを得ない」と「はしがき」で断ったうえで、「多くの場合、これは特権の一つと考えられているかのように、自己負罪拒否特権（privilege against self-incrimination）と呼ばれるが、本稿では、これを権利の一つと捉えることを明確に示すために、自己負罪拒否権とした。」これは、レヴィーの言うように、自己負罪拒否は、憲法的には言論の自由、陪審裁判を受ける権利、弁護人の援助を受ける権利など、権利章典の他の権利と同じ地位を占めているからである。また、特権とは「政府により譲与された取消しのできる利権」を意味するが、人民の権利は政府に由来するのではなく、憲法自身に由来するもので、自己負罪拒否に特権という名称を付すことは、権利と捉えられている他のものより一段低い保障しか与えられていないかのような印象を与えることも考えられるためである。（Leonard Levy, *The Right Against Self-Incrimination: History and Judicial History*. 84 Pol. Sci. Q. 3, note 9）（1969）」と注記している。

ちなみに筆者は、早や四〇年前になるが、Leonard W. Levy, Origins of the Fifth Amendment. The Right of Against Self-Incrimination, Oxford University Press（1968）を法学雑誌二二巻四号八九頁（一九七六年）で紹介したことがあるだけに特権ではなく権利であるとのレヴィーの主張を改めて想起した次第である。右論稿は、先に触れた【A】トワイニング判決から【F】マーフィ判決までの第五修正の「自己負罪拒否権」に関する判例理論を第一章で詳論した後、第二章で一六世紀のイングランド司法制度を、そして第三章で「自己負罪拒否権」の成立過程を辿り「終わりに」で次のように、まとめている。

以上のようにして、自己負罪拒否権は、最終的にリルバーンにより、イギリス法の内に確固たる礎を置かれたのである。この権利が果した役割は単に、無実の者を有罪に陥れることを防ぎ、あるいは有罪の者にも内心の尊厳を確保させたことのみではない。リルバーンの一六四九年の裁判が明らかに示したように、この権利は、刑事手続の公正を確保するための重要な手段として、弁護人の援助を受ける権利、自己に有利な証人を召喚する権利などと相互補完の関係にあって、デュー・プロセスの一部をなし、当事者対等の弾劾主義裁判手続を、根底から支えているものであると考えられる。（中略）

また、一六三八年のリルバーン裁判を概観して明らかになったように、自己負罪拒否権確立の端緒は、「何人も自己を告訴する要なし」という原理に基づいて、公判以前の予審段階での尋問を拒否したことにあった。従って、少なくとも当初は、被告人は刑事手続のいついかなる段階においても、自己を不利に導くいかなる供述も行なう必要はないという意味に、同権利は捉えられていたのである。従って、ミランダ判決が、捜査段階でも同権利の存在を認めたのは、その後一旦見失われた権利の再確認にすぎない。

以上を総合して自己負罪拒否権は、歴史的にも内容的にも、自己の内心の自由を保障して個人の尊厳と人格の自由な発展を守る、最も基本的かつ普遍的な人権の一つであると結論するとまとめている。

第二節　主要関連判例の検討

合衆国最高裁はコモンローの不任意自白排除から次第に第一四修正のデュー・プロセス違反を理由として自白を排除するが、そのことだけで憲法に違反すると判示したことは一切なく、いわゆる事情の総合説の手法に従って取調べ方法が余りにも不公正であるとか被告人の自由な意思決定を侵害するなどしたときに限り、当該自白を排除してきた。そして筆者もその結論については幾度となく触れたことがあるが、ごく一部のものを除き、前提となる事実関係の記述が完全に欠落しているため、その意味内容が必ずしも判然としない。例えば、いわゆる事情の総合説についても、内容の具体的検討を欠いたままでの表面的な紹介にとどまっていた。このことは先に指摘したとおりである。

以下、主要な関連判例をほぼ網羅的に取り上げ、事実関係を詳述しつつ、時系列的に詳しく紹介することにした次第である。

【1】ホプト不任意自白許容否定判決（一八八四年三月三日）

本判決（Hopt v. Utah, 110 U.S. 574）は、死体発見現場のワイオミング州の鉄道駅で刑事に逮捕されて自白した事案につき、自由で任意になされた自白は最も信用できるとしたうえで、誘因も約束もなしになされた本件自白の許容性を肯定したものである。

【判　示】　自白は、自由で任意になされたものであれば、最も満足できる性質の証拠である。初期の権威ある著作者は、そのような証拠のまさにそのような性質からそれは注意深く吟味され用心して受理されなければならないとしつつ、慎重で任意の有罪の自白（a deliberate voluntary confession of guilt）は、法における最も効果のある立証方法であり、それをした当事者に最も不利な証拠となる。しかし、そのような証拠に付与される前提、すなわち無実の人であれば真実でないことを供述することで自己の安全が脅やかされたり自己の利益に反するようなことはしないであろうという前提は、当の事件の処分に関し権限のある人によって提供された一時的な性質の誘因の結果として、またはそのような人によって（by one in authority）、またはその面前における脅迫や約束によって当該自白がなされたときには消滅する。

このような前提によって吟味すると、被告人の本件自白を排除する理由はない、けだし、そのような誘因や脅迫、または約束の存在は、それ（自白）がなされた情況に関する供述によって否定されているからである。（at 585.）

【2】ブラウン刑事免責付与証言拒否有罪合憲判決（一八九六年三月二三日）

本判決（Brown v. Walker, 161 U.S. 591）は、A鉄道会社が違法な割引き運賃で石炭を輸送したうえリベート等を得ていたという事件を捜査中の大陪審に証人として喚問された同社監査役が「一八九三年免責法」による免責付与にもかかわらず自己負罪を理由に証言を拒否した事案につき、上記免責法の合憲性を肯定したうえで答弁拒否はA会社幹部への証人喚問の楯になることを意図したものにすぎないとして法廷侮辱罪に当たるとして五ドルの罰金を支払うよう命じられて上記質問に答えるまで身柄を拘束されたものである。合衆国最高裁は一八九二年のカウンセルマン判決（Counselman v. Hitchcock, 145 U.S. 547）において刑事免責法が有効とされるためには関連犯罪を含めた将来にわたる絶対的な免責が付与されていなければならないとした。この全員一致の判決を受けて制定された「一八九三年免責法」の合憲性を五対四で肯定したのが本判決である。

【判　示】　何人も自己を罪に陥れる義務はない（Nemo tenetur seipsum accusare）という格言は、ヨーロッパ大陸の制度や一六八八年のイギリス王朝（English throne）において古くから存在していた被告発者（accused persons）を糺問的でかつ明らかに不当な方法で尋問するという当時の慣行に対する抗議にその起源を有する。そして恣意的権力の行使を防止するための付加的障壁の建設はイギリスでも珍しいことではなかった。被告人（the prisoner）の自白は任意かつ自由にされたとき、それは負罪的証拠の秤の中で常に高い地位を占めていたけれども、証人が捜査中の犯罪とのかかわりを説明することを求められて彼がおどおど（timid）したりためらったりすると証人に不当な圧力をかけ威圧（browbeat）してコーナーに追い込み罠にかけて虚偽の決定的な矛盾供述を引き出す誘因が生ずる、彼への質問はこのような糺問的（inquisitorial）性格を有すると考えられた。このことはピューリタンの牧師ユーダル（Udal）など初期の痛ましい公判で有名となった、そしてこのような制度が憎悪され完全な廃止が要求されるに至ったのである。この点におけるイギリスの刑事手続の変化は、制定法や裁判所の意見によるものではなく人民の要求に裁判所が次第に応じた（a general and silent acquiescence of the courts）ことによる。しかし、どのような経緯で採用されたにせよ、それはアメリカにおけると同様、イギリスの法制度（jurisprudence）に確固として根付いている。古い制度の非道性（iniquities）はイギリス領植民地のアメリカの人々の心の中に深く刻まれていたので、被疑者（the accused）を取り調べる権利の否定をアメリカの各州はその基本法の一部とした、したがって、イギリスにおいて単なる証拠法則にすぎなかった格言は、この国において確固とした憲法上の地位を付与されたのである。

合衆国憲法の最初の八個の修正条項の目的は、母国の法制度（jurisprudence）において完全に定着していた自然的正義（natural justice）の原理を基本法の中に具体化することだったので、イギリスの裁判所によってこれらの原理に与えられた解釈は、彼らが何を確保し何を制限しようとしたかを示す有力な（cogent）証拠である。

訴追免除を証人に保障するという本件で問題とされている制定法は、一般的な大赦でありイギリスやこの国において珍しくはなかった。大赦（general pardon）と恩赦（pardon）には事実上の差異はない。連邦議会の全能

(omnipotence) を考えると、このような制定法を解釈するイギリス裁判所の判例は本件ではほとんど価値はないけれども、この国と類似の制定法の下でなされたこのような判断はその合憲性を支持 (in favor of) しているというのがわれわれ全員一致の見解である。

この点に関し、「証人は連邦政府によって訴追免除を付与されているけれども、州の裁判所での訴追免除を付与されていないと主張されている。われわれは、この主張の説得力 (force) を評価することはできない。確かに憲法は、州の裁判所において証言する証人には機能しない、最初の八個の修正条項は連邦議会と連邦裁判所の権限のみを制限しているので、第一四修正が適用される場合を除き、それらは州に適用されないとわれわれは判示してきたからである。」しかし、連邦法の適用可能性に関しそのような制限はない。一七八八年の合衆国憲法第六条は、「この憲法、これに準拠して制定される合衆国の法律、および合衆国の権限に基づいて締結されまたは将来締結されるすべての条約は、国の最高法規である。各州の裁判官は、各州の憲法または法律中に反対の定めある場合といえども、これに拘束される」と宣言しているからである。

本件において州間通商違反の告発、とりわけ甲石炭会社の石炭を運送するA鉄道会社が違法な割引き運賃で石炭を運送していたうえリベート等を得ていたと告発された事件を捜査中の大陪審面前に同社の監査役であったブラウンが証人として喚問された。そして彼は同社の運送部門の会計簿の監査をしており、甲石炭会社に有利なそのような差別的運賃 (discriminating) について知っているかと尋ねられた。答えれば罪を問われかねないとの理由で彼は証言を拒否した。

禁止されているこのような契約をして金を受け取りそれを払い戻したりする権限がブラウンになかったのは明らかである。しかし、たとえそのような権限があるとしても、彼は法律に違反する当該犯罪の最高責任者 (the chief) でなかったし、彼の主張する特権は鉄道会社幹部に波及する規定違反の告発を防ぐ楯 (shielding) とするものであった。付与された免責にもかかわらずこれらの質問に答えることによって彼は不名誉にさらされるとの主張を容れるのは、制定法の文言を曲解することになろう。憲法上の規定は市民の最も価値ある特権の一つと考えられているが、その目的は制定法上の免責によって十分に達成されている。それ故、われわれは、証人は答弁を強制されるという意見である。

【3】ブラム不任意自白許容性否定公海船上殺人事件判決（一八九七年一二月一三日）

本判決（Bram v. United States, 168 U.S. 532）は、公海上で発生したアメリカ船での殺人事件で逮捕された船員ブラウンが目的地のハリファックス港に着く前に他の船員ブラムが船長を殺害するのを見たと供述したためハリファックス警察による事情聴取後にブラムが自白したためボストンで大陪審起訴され、訴追側証人になることに同意したブラウン証言以外にブラムに不利な決定的な証拠はなかったにもかかわらず有罪とされたという複雑奇怪な事案につき、ブラムの自白は任意でないとして六対三で原判決を破棄差し戻したものである。

【事　実】　アメリカ船フラー号が木材を積んで一八九六年七月二日にボストンから南アメリカの港へ向けて航行中の公海上で本件殺人事件が発生した。被告人は同船の一等航海士で被害者は同船の船長等だった。殺人に至る本件事実の概要は、次のようである。

同船には船長チャールズ・ナッシュ、被告人ブラム、二等航海士ブロンバーグ、一人の司厨員と六人の船員、そのほか船長の妻ローラ・ナッシュと乗客モンクが乗っていた。

同船は七月一三日から七月一四日夜にかけて目的地の港に向けて航行していた。その夜一二時に当直時間が終了した二等航海士は被告人ブラムと交代した。船長、その妻、乗客モンクおよび一等航海士ブラムと二等航海士は全員、船室後方にある別々の部屋にいた……他の船員と司厨員は前方の部屋で寝ていた。

当直が深夜に交代したとき、被告人ブラムは甲板に出た。船員ローヒックとペドロックは見張番で前方に出かけた。ブラウンが舵手となり（took the wheel）ローヒックと交替する二時ころまでそこにいた。二等航海士ブロンバーグは自分の部屋に行き、その他の船員は深夜二時までそれぞれの部署についていた。明け方まで彼らを再び見かけたという証拠はなかった。

夜明けまで船長が寝ていた海図部屋とナッシュ夫人が寝ていた部屋に通じるドアを開けたままで自分の部屋にいた乗客モンクは、午前二時ころ金切声とごろごろした異様な音（gurgling sound）で目が覚めた。彼はとび起きて船長の部屋に駆け付けると、部屋は引っくり返され船長がその近くに横たわっていた。船長に話しかけたが返事はなかった、手を船長の身体の上に置くと湿気があり濡れていた、そこでナッシュ夫人の部屋に行くと彼女の姿はなくベッド上に黒い汚点があったので何か悪いことが起ったに違いないと思い、甲板上に出かけてブラムを呼び船長が殺害されていると告げた。モンクとブラムの二人は下に降りて主船室に掛けられていたカンテラを降ろし、少し火をともして上に掲げながら船長の部屋を通り抜け乗客（モンク）の部屋まで行った。モンクはそこでシャツとズボンを身に着けた。彼らはそれから甲板に戻り、ブラムはその途中しばらく彼自身の部屋にいた。ブラムとモンクは夜明けまで甲板上で話し合った。そして司厨員を呼び、起ったことを話した。この時まで二等航海士ブロンバーグは呼ばれなかったし、誰も彼の部屋を訪れなかった。その後に船長ナッシュ、彼の妻、およびブロンバーグの全員が死亡しているのが発見された。三人はいずれも斧のような鋭利な道具で殴られ何か所かの傷を負っており、それが頭蓋骨と脳の大部分を貫通していたためそれが死因だった。二等航海士は足を十字に組みベッドで仰向けに横たわっていた。ナッシュ夫人は彼女の部屋のベッドの後方で、そしてナッシュ船長は先に述べたように彼の部屋で見つかった。

夜明けまたはそのころに乗組員全員が呼び出され船長らの死亡について知らされた。死体は船室から移動され、小型ボートに乗せられた。そのボートはハリファックスへ引かれていった。船室は施錠され、ブラムが鍵を受け取り、そして船はハリファックスに到着するまで施錠されたままだった。

殺人事件発覚の当初、船はどこに向かうべきかに若干ためらいがあった。被告人の提案でフランス領ギアナのカイエンヌに向って一旦出航したが、計画は変更されノバスコシア（カナダ南東部）のハリファックスに向け進路を取り、船は七月二一日にそこに到着した。そして同船は合衆国総領事の要求で地元当局によって占有された。

殺人事件の発覚後に指揮を任せられていたブラムは、ブラウンを一等航海士とし、ローヒックを二等航海士とした。船上にいた人やその衣服から血痕や血痕の跡は発見されず、その誰に対しても直接の嫌疑はなかった。

一、二日してブラウンに関し嫌疑が生じたので、船員はブラムの指揮下に彼を捕えて手錠（irons）をかけた。火曜日にハリファックスに到着する前日の日曜日までブラムが船を操縦していた、そしてノバスコシアの陸地が視界に入った直後にブラウンが仲間の船員の何人かに船の右舷前にある船室の窓越しにブラムが船長を殺害するのを見たと話した。ブラウンのこの供述の結果、司厨員に先導された船員がブラムを取り押さえて手錠をかけた、彼は抵抗しなかったが無実を訴えた。ブラムとブラウンの二人は手錠をかけられたままハリファックスまで連行された。

船がハリファックスに到着したとき被告人（ブラム）とブラウンは、同地の警察署長によって身柄を拘束された、そのような拘束中に被告人は刑務所（prison）から刑事の私室に移されて取り調べられた。このような出来事の後で航海士と乗組員は全員、アメリカ総領事の面前で取り調べられ、それぞれ詳細な供述をした、その供述は書面に記載され、彼らはそれに宣誓した。彼らはその後、アメリカ総領事の要請でボストンに送られた、そして被告人はそこでナッシュ船長、ナッシュ夫人、および二等航海士ブロンベルグ殺害の嫌疑で大陪審起訴され、公判で有罪とされた。本件で破棄原因として主張されている誤りは数にして六〇以上あるが、被告人の弁護人によって以下のように、すなわち、(a)公判前の予備審問手続で生じた問題、(b)公判中に生じた問題、(c)新公判の申立てに関連して生じた問題に分類されている。

【判　示】　われわれはまず最初に、提示されている中で最も真剣に検討する必要があると思われる誤りについて吟味する。被告人を取り調べたパウア刑事は、ハリファックスでの彼自身と被告人との会話に関して証言するために訴追側証人として証人台に立った。被告人と同刑事とで当時交わされた会話について、次のような記載が残されている。

政府（訴追側）によって喚問されたハリファックス警察のニコラス・パウア刑事は、今まで三二年間ハリファックスの警察部門とかかわりがあり、その最後の一五年間は刑事として働いた、船がハリファックス港に到着した後でブラウンと交わした会話の結果、ハリファックス市役所にある同証人の事務室で被告人ブラムを取り調べた、そのときブラムと同証人以外には誰も立ち会っていなかった。同証人は、いかなる方法でもブラムに対し強迫（threats）はしていないし、いかなる誘引（inducement）も彼に提供されたことはないと証言した。

それから同証人は、〝あなたは彼に何を言って、そして彼はあなたに何を言ったのですか〟と尋ねられた。

これに対し被告人の弁護人は異議を唱えた。裁判所がその異議申立てに関して判断を下す前に同証人を反対尋問することが同弁護人に認められた。そして同証人は次のように述べた、すなわち警察官によって彼の事務室に連行されてきた被告人ブラムとの会話が交わされました、その時まで被告人はハリファックス警察に身柄を拘束されており、警察の本部長オサリバンの拘束下にありました、同証人は被告人を取り調べるために彼の事務所に連れてくることを求めました。彼の事務所で彼は被告人を裸にしてその衣服を吟味しましたが、彼のポケットまでは吟味しませんでした、彼は被告人に検査（examination）に応ずるべきであると告げ、被告人を捜索しました、被告人はその当時身柄を拘束されており証人が彼に命じたことをすべて行いました、証人は公的資格で行動する警察官でした、被告人の面前で起こったことはすべて合衆国領事によって吟味されました。

証人は裁判所による質問に対し、次のように答えた、すなわち、

Q. あなたは、約束や利益を期待するような方法で彼を誘因することはしなかったと言うのですね？

A. 全くありません。

Q. 提供したことは（held out）？

A. 全くありません。

Q. 彼が言わなければ不利になる（suffer）――もっと悪くなるかもしれない――そのような遠回し（suggestion）の方法でも何も言わなかったのですか？

A. はい、そのとおりです。何も言っていません。

Q. あなたが（取調べに）かかわっていた限り、それは全く任意だったのですか？

A. 任意です。本当に。

Q. 彼にあれこれ説得するように働きかけることはなかったのですか？

A. 全くありません、本当に全くありません。

被告人はそれから、ブラムと証人との間でどのような会話が交わされたかの質問に対する異議申立てを、次のような理由で再び始めた、すなわち、

被告人がハリファックス警察署長による身柄拘束下にあった当時、公的資格を有していた証人は警察当局に被告人を彼の私室に連行することを命じた。その警察官は彼を裸にした、被告人は自分は被疑者（prisoner）であり、同証人が命じたすべての命令と指示に従わなければならないと考えていた。このような情況下に弁護人は、身柄拘束中に被告人によってなされた供述は法によって定められている（described）自由かつ任意な供述とはいえず、その意味で彼の権利に介入するものであるとして、この点に関する彼の供述は許容できないと主張した。

この異議申立ては一旦退けられたが、被告人が上述の理由で異議を申し立てると、この異議申立ては認められた。

同証人は次のように答えた、すなわち

ブラム氏が私の事務所にやって来たとき、私は彼に〝ブラムさん、われわれはこの怖ろしい誠に不思議な事件(this horrible mystery)を解決しようとしています〟と言いました。あなたの立場はかなりまずいものです。私はブラウン氏をこの事務所に呼んでいます、そして彼はあなたが殺人を犯したのを見たという供述をしています。［と言ったところ］〝彼は私を見ることはできない、彼はどこにいたのですか?〟と彼は言いました。私は言いました〝彼は舵手(wheel)だったと言っています。〝そうですか、彼はそこから私を見ることはできなかったのです〟と彼は言いました。そこで私は言いました〝さあ、これを見て下さい。ブラムさん、私はブラウンから聞いたすべての事情から、あなたが船長を殺したことを確信しています。しかし、あのような犯罪をすべてあなた一人ですることはできないと考えている人もわれわれの中にいます。もしあなたに共犯者がいるのであれば、あなたはそのように言うべきです、このような怖ろしい犯罪の責任をあなた一人で負う必要はありません。〟〝そうですか、この船に乗り込んでいる他の多くの人はブラウンが殺人犯人であると考えていると私は思っています。しかし、私はそのことについて何も知りません〟と彼は言いました。彼の返答は短すぎた(rather short)のです。

Q. このことで外に誰かがあなたに何か言っていましたか?

A. いいえ、このことに関してこれ以上に言われたことは何もありません。

この証人の直接尋問は、証人と被告人ブラムとの間のインタビューに限定されていた。

証人パウアの反対尋問で彼は、前述の尋問時に被告人のものであったズボンつりを所有していたこと、そして彼らがボストン――航海士と乗組員は全員ハリファックスで投獄されボストンには被疑者として送られていた――に来るまで同じものが彼の事務所で保管されていたこと、それらはハリファックス警察本部長に被告人の他の持物と一緒に渡されたと証言した。(at 537-540.)

被疑者が何らかの脅迫や約束の影響下にある場合、その自白は証拠として用いることはできない、けだし法はその場合に用いられた影響を測ることはできないし、被告人へのその効果を判断することもできない。それ故、少しでもその影響下に引き出されたのであれば、その自白は排除される。

このような法の概要は、英米の著名な著者によって明らかにされてきた原理と一致している。これらの著者は、数多くの英米の判例の結果を明らかにしているにすぎないが、このようなルールの叙述は当裁判所の判決と全く同一である。一八八三年の【1】ホプト判決、一八九六年のウィルソン判決(Wilson v. United States, 162 U.S. 613)等を見よ。

一八八六年のボイド判決(Boyd v. United States, 116 U.S. 616)において、自己に不利に証言することを強制されないことを被告人に保障する第五修正の規定と不合理な捜索押収を受けないことを保障する第四修正の規定との密接な関係(the intimate relation)が注目された。そして同判決において、これら修正条項の両者は、憲法上の規定を用いることによって、母国において長年の闘争後に獲得された、人道主義と市民的自由の原理をその全体的な効果において、不朽のものとすることが示されたのである。(at 543-544.)

同一の問題に関して【2】ブラウン判決五九六頁で次のように述べられている、すなわち、

何人も自己自身を罪に陥れる義務はない(Nemo teneter seipsum accusare)という格言は、ヨーロッパ大陸の制度や一六八八年のイギリス王朝において古くから存在していた被告発者を糺問的でかつ明らかに不当な方法で尋問するという当時の慣行に対する抗議にその起源を有する。そして恣意的権力の行使を防止するための付加的障壁の建設はイギリスでも珍しいことではなかった。被告人の承認や自白は任意かつ自由にされたとき、それは負罪的証拠の

秤の中で常に高い地位を占めていたけれども、証人が捜査中の犯罪とのかかわりを説明することを求められて彼がおどおどしたりためらったりすると証人に不当な圧力をかけ威圧してコーナーに追い込み罠にかけて虚偽の決定的な矛盾供述を引き出す誘因が生ずる、彼への質問はこのような糺問的（inquisitorial）性格を有すると考えられた。このことはピューリタンの牧師ユーダル（Udal）など初期の痛ましい公判で有名となった、そしてこのような制度が憎悪され、その完全な廃止が要求されるに至ったのである。この点におけるイギリスの刑事手続の変化は制定法や裁判所の意見によるものではなく、人民の要求に裁判所が次第に応じたことによる。しかし、どのような経緯で採用されたにせよ、それはアメリカにおけると同様、イギリスの法制度に確固として根付いている。古い制度の非道性はイギリス領植民地のアメリカの人々の心の中に深く刻まれていたので被疑者を取り調べる権利の否定をアメリカの各州はその基本法の一部とした、したがって、イギリスにおいて単なる証拠法則にすぎなかった格言は、この国において確固とした憲法上の地位を付与されたのである。

　われわれの［英国からの］独立のはるか前から、犯罪で人を告発するのに自己に不利な証言を強制してはならないという法理は自然的正義に基づく最も偉大なものとしてその体系の中に埋め込まれたことに疑問はあり得ない。

(at 541–545.)

　以上の概観から、被告人による自白に関するルールは第五修正の採用時にかつそれ以前のイギリスにあることが明らかである。

　そこでわれわれは、次にアメリカの判例（American Authorities）に移る、当裁判所において自白は自由かつ任意になされたものでなければならない、すなわち希望や不安の誘因によってもたらされたものであってはならないという一般的ルールが先に言及した判例によって確立している。当裁判所においてもまた、被告人が逮捕されている間に警察官にした自白であるという事実だけでは必ずしもその自白を不任意としないことは確立している。【1】ホプト判決。そして当裁判所によって確立しているこの最後のルールは、州の裁判所によっても是認されているのである。(at 557-558.)

そこでわれわれは、任意にされたことが立証されたかを判断するために自白を取り囲む状況および自白の存在を確定した事実の検討に移る。本件犯罪は公海上で行われた、殺人発覚後に嫌疑を受けたため逮捕されたブラウンは、船員によって逮捕された。船が陸の見えるハリファックスに近付いたとき、船員の嫌疑はブラムに向けられ彼は船員によって逮捕された。港に近付くとこの二人の被疑者（ブラウンとブラム）はハリファックス警察当局に連行され、そこで合衆国の正式の告発と裁判を判断する権限のある合衆国総領事の行動を待つこととし身柄を拘束された。その判断が下される前に刑事はブラムを刑務所から彼の私室に連行した、そして刑事一人しかいないところで彼は衣服を脱がされた、そして彼が裸にされている間にまたはその後に、自白したとして提出された会話が始まった。刑事は、彼が裸にした被告人に言ったことを次のように繰り返した、すなわち、

〝ブラムが私の部屋に入って来たとき私は彼に言いました。ブラムさん、われわれはこのおそろしい不可解な事件を解明しようとしています。あなたの立場は難しい。このオフィスにはブラウンがいた、そして彼はあなたが殺人を犯したのを見たという供述をしている。するとブラムは〝彼は私を見ることができない、彼はどこにいたのですか〟と言った。彼は舵手だったと言っていると私は言いました、すると〝そうですか、あそこから私を見ることはできなかった〟と彼は言ったのです。

とすると、自白であるとして証拠提出された被告人のこの言葉は、ブラムの共同被疑者（co-suspect）が当の犯罪で彼を非難しているという刑事の供述に対する返答として彼によって用いられたものである、この答弁は否定の形をとっているけれども、それは疑いもなく自白として提出された、否定の文言ではあるが、それは有罪の含み（implication of guilt）を意味すると考えられるからである。しかし、被告人の立場、そして刑事によって彼になされ

たコミュニケーションの性質は、刑事への彼の答弁は純粋に任意の精神的行動の結果と考えられうる示唆（any possible implication）を当然に破壊する（overthrow）ものであるから任意の自白とはいえない。すなわち真実とのかかわりを考慮して当時の情況をすべて検討すると、この供述は任意であるという主張を覆すだけでなく、それは希望または不安のどちらか又はその両者が彼の精神に作用した結果に違いないという印象が不可避的にもたらされるのである。

もう一人の被疑者が彼を当の犯罪で非難しているという供述が被告人に示されたときに置かれたその被告人の立場に立って考えると、もし彼が黙秘を続けるとそれは有罪の承認と考えられるであろう、それ故、裁判で殺人を犯した有罪犯人とされるであろうと彼が考えることに疑問がない、そして否定することによって彼からの疑惑を除去する希望（hope）があるというそれとは反対の印象もまた当然に生じないであろうとも考えられない。そしてこれが当の自白がなされたとき被告人のような立場の人が置かれたに違いない立場である（the adverse）というのであれば、彼が完全に任意であった情況下に求められた彼の答弁が希望や不安の力によって影響されたものではないと、どうして理論的に（in reason）言うことができるのか？　このように結論することは、原因と結果（cause and effect）の当然の関係を否定することである。（at 561–563.）

さらに被告人の置かれた状況と刑事によって彼にされたコミュニケーションから生ずる当然の結論を除外して考えると、会話がもたらしたのは、判例（authorities）によって確立されているルールの範囲内で当の自白を不任意とする明らかな脅迫である。さらに刑事によってどのようなことが言われたのか？　〝さて、これを見て下さい、ブラムさん、私はブラウンから聞いたすべてのことからあなたが船長を殺害したことを確信しています。しかし、あなたは一人であんな犯罪をすることはできないと考える人がいます。あなたに共犯者がいるのであればそう言うべきです。このような怖ろしい犯罪の非難をあなた一人で負うべきではありません〟と言われたというのである。われわれはこの会話を〝単に抽象的ではなく会話が始まったときの被告人の精神にもたらした効果に照らして考えるべきである。このように検討すると、この会話によって引き出されたと考えられる負担（weight）は、犯罪に関する若干の利益（benefit）と供述することから生ずるその処罰（不利益）を示唆を示していると考えられるのである。

このことは、その文言に先行した言葉（words）——すなわち、ブラウンは自分が殺人を目撃したと供述した、そして刑事は被告人が有罪でかつ共犯者がいると信じていると述べていた——を検討することによって大いに強められる。それ故、事実上、被告人に共犯者を明らかにすることを求めることによって、そうでなければ——明らかにしなければ——確実に科せられる犯罪に対する処罰を減軽されるであろうことを被告人に理解させようとしていることになる。われわれは本件において、被告人への影響力は行使されたのであり、自白は任意であったかどうかに関する疑いは被告人に有利に判断されなければならないと認めるので、記録によって明らかにされた本件情況下に自白を許容した公判裁判所は誤りを犯したという結論を回避できないのである。（at 564-565.）

【4】ブラウン強制自白許容デュー・プロセス違反殺人事件判決（一九三六年二月一七日）

本判決（Brown v. Mississippi, 297 U.S. 278）は、黒人被疑者を木に縛りつけ笞打ちを続けて殺人に関する自白を獲得した事案につき、州の捜査官によって暴力的に引き出された自白に依拠した有罪判決は合衆国憲法第一四修正の要求するデュー・プロセスに違反するとしたものである。

【事　実】　中立人ブラウン（X）らは、一九三四年三月三〇日に死亡したスチュアート殺害で大陪審起訴された。Xらは四月四日に起訴され、裁判所によって弁護人が選任された。公判がその翌朝に始まり、次の日に有罪と認定され、Xらは死刑を言い渡された。自白を除くと事件を陪審に委ねるに足りる証拠はなかった。本件は、被告人の弁護人の要求に従って、強制により獲得された自白に関し、それらは真実ではないと陪審が合理的な疑いを抱いたのであれば、それらは証拠として許容されるべきでない、という説示の下で陪審に委ねられた。被告人は州最高裁への上訴で自白の許容性の誤りを主張したが有罪判決は維持された。

そこで被告人は、Xらに不利な証拠は裁判所および地区検事によって周知の強制と残虐行為（coercion and brutality）によって獲得されたものであり、かつ被告人は合理的な方法で弁護人と相談する弁護の機会を否定されたことを理由に判決の停止（arrest）を求めるとともに、自白の使用とその主張する弁護人による代理の否定は合衆国憲法第一四修正のデュー・プロセス条項に違反するとして公判手続の誤りを争った。州裁判所はこの主張を容れ連邦問題を検討し、二人の反対意見はあったが、被告人に不利な判断をした。これに対し合衆国最高裁は上告受理の申立てを容れ全員一致で原判決を破棄した。なお、法廷意見の執筆はヒュージ（Hughes）首席裁判官である。

州裁判所は当の自白が獲得された情況に関する証拠を明らかにしていなかったが、自白が強制により獲得されたことは疑い得ない証拠によって確立している。この証拠に関する争いはない。そしてこのことは、グリフィス裁判官（Judge Griffith）の反対意見（アンダソン裁判官同調）において自白を引き出すための極端な残虐行為および州当局の関与が明確かつ適切に述べられている。われわれはこの反対意見をそのまま以下に引用しておく。

全員貧しい黒人である被告人（Xら）が告発された犯罪は、一九三四年五月三〇日（金曜日）午後一時ころ発覚した。当夜ダイアルという名の保安官補（P）が被告人の一人であるエリングトン（Y）の家を訪れ、故人（スチュアート）の家に同行するよう求めた、そこには多くの白人男性が集まっており、彼らはYを非難し始めた。Yが否認すると、彼ら白人男性はYを捕まえ、Pも参加して彼をロープで木の大枝に縛りつけ、そして彼を引きずり下し再び彼を木にぶら下げた。そして二度目に彼を下ろしたとき彼（Y）がなお無実であると抗議したところ再び木に縛りつけられ笞で打たれた。それでも彼は自白せよとの要求に応じなかったので最終的に釈放された、そしてやっと家に戻ったが苦痛にもだえていた。証言記録は、彼の首に残されていたロープの跡はその後のいわゆる公判でも明確に見えていたことを示している。その一―二日後に前述の保安官補（P）らは被告人の家を訪れ彼を逮捕し隣接する郡刑務所に向ったが、彼が自白するまでむち打ちを続けると言いながら再び被告人（Y）を激しくむちで打った。そして被告人は、保安官補が口述するように自白することに同意し、そして現にそのようにした。その後に彼は刑務所に連れ戻されたのである。他の二人の被告人ブラウン（X）とシール（Z）も逮捕され、同じ刑務所に連行された。一九三四年四月一日（日曜日）の夜、同じ保安官補が何人かの白人男性――その一人は捜査官だった――と刑務所の看守を伴って刑務所にやって来た。そしてX、Zは裸にされてむちで打たれ……やはり先の保安官補から自白だけでなく細部に至るまで彼らが要求するように自白するまでむち打ちを続けると告げられた。このようにしてX、Zは自白したのである。

〝これら助けのない被告人ら（prisoners）が受けた残虐行為の詳細をさらに述べる必要はない。まるで中世の話であるかのような記述が記録に残されているということで十分だろう。

〝これらが行われたのはすべて翌日、すなわち被告人（XとZ）が受けた拷問から少し回復する時間を与えられた四月二日（月曜日）のことだった、その時、二人の保安官――一人は殺人が行われた郡の保安官――が何人かの保安官を含む数人とともに、彼らが閉じ込められていた刑務所にやって来て、これらの悲惨で貧しい被告人から自由かつ任意の自白を聴取した。犯罪が行われた郡の保安官は、むち打ちを耳にしたことを認めていたが、それは直接経験したことではないと主張した。被告人の一人が自白のために彼の前に引致されたとき、足を引きずっており歩くことができないほどだった、もう一人の被告人の首にはロープの跡がはっきり残っており、それは誰が見ても明らかだった。それにもかかわらず、他の二人の保安官とこの時出席していたもう一人の保安官が三人目の証人となり、自由で任意の自白の茶番劇（solemn farce）が行われた、そしてその自白は証拠として許容され、そのいわゆる三人の証人がした証言はいずれも記録に残された。それ故、これらの自白が自由で任意によるものでないことを裁判所に知ってもらうために初めて提出されたとき、それらは合理的な疑いを越えて自由で任意にされたものでないことが裁判所に十分に知られていたのである。そしてこれらの自白を裁判所が排除しなかったのは、従前に明らかにされていたいわゆる手続上のルールの下でも、原判決を破棄するのに十分だった、それ故、それ以外の申立てによる異議申立てをここで新しく吟味する必要はない。

〝前述の四月二日（月曜日）に行われた茶番劇でその余の自白が獲得されたので裁判所は翌四月三日（火曜日）、その翌日の一九三四年四月四日午前九時に大陪審を新たに招集することを命じた、そして当日朝にその大陪審は被告人を殺人罪で起訴した。

〝被告人（複数）は翌四月五日朝、郡の裁判所に引致され、そのいわゆる裁判が始まった。そして翌日の一九三四年四月六日に結審し、死刑を伴う有罪判決が言い渡された。有罪判決が言い渡された根拠となった証拠はいわゆる自白だった。被告人は証人台に立った、そして彼らの証言によって、事実および自白が彼らに強要された（extorted）方法の詳細が明らかにされた、そして記録によれば、同一の保安官補――その指導と参加の下で自白を強要するための拷問が実行された――が裁判所での執行官代理（a court deputy）の義務の遂行を積極的に果たした。

〝この執行官代理は証人台に立ち、むち打ちを認めた。被告人エリングトン（Y）のむち打ちに言及した証言において、彼がどれほど激しくむち打ちされたかの調査に関する答弁の中で〝黒人に対しては大したむち打ちではなかった〟と述べていることを指摘するのは興味をそそることである。これらのむち打ちに参加した他の二人も証人としてそのことを認めていた――誰一人としてそれを否定していなかった。このような事実は争われなかっただけでなく、公判にかかわりのある州の検察官や公判裁判官を含めたすべての人が十分に知っていたのである。〟

【判　示】　1．州（検察側）は、【A】トワイニング判決での〝州の裁判所での強制的な自己負罪からの免除（exemption）は連邦憲法のいかなる部分によっても保障されていない〟という文言、およびスナイダー判決（Snyder

v. Massachusetts, 291 U.S. 97, 105）での〝自己負罪拒否特権を使用せずに（withdrawn）被告人は州側証人として証人台に立つことができる〟との文言を引用する。しかし自己負罪拒否特権は本件にかかわりがない。自白を引き出すためになされた拷問による強制は、それとは全く異なる問題である。

州は、それ自身のポリシーの概念に応じて、そのことをする際に〝われわれの人民の伝統や良心の中に常に根付いている若干の正義の原理を傷つける〟場合を除き、裁判所の手続を自由に定めることができる。州は陪審による裁判を廃止できる、州は大陪審起訴をなしにして、それを検察官起訴（information）に代えることができる、しかし、そのポリシーを確立する際における州の自由は、立憲政治（constitutional government）の自由であり、デュー・プロセスの要求によって限定されている。陪審裁判なしですませることができるからといって州はそれを神判（ordeal）に代えることはできない、被告人の証人台を拷問部屋（rack and torture chamber）に代えることはできない、州は弁護人の援助を被告人に拒否することはできないのである。これらデュー・プロセス条項は、われわれの市民的政治的伝統の根底にある自由と正義の基本的原理に合致する行動を州に要求する。これら被告人三人の自白を獲得するために用いられたような法と正義の感覚に反する方法を見い出すことは難しい。有罪と量刑の根拠としてこのようにして獲得された自白を使用するのは明らかにデュー・プロセスの否定であった。

2．本件において公判裁判所は、自白が獲得された方法につき争いのない証拠によって十分に知らされていた、有罪と量刑の基礎となった証拠はそれ以外にないことを知っていたにもかかわらず、裁判所は、被告人を有罪と認め刑を宣告する手続を進めたのである。有罪および量刑は、デュー・プロセスの不可欠な要素を欠けば無効である、それ故、無効とされた手続は、どのような相当な方法においてであれ争うことができる。州最高裁は争いを認め、それ故、提示された連邦問題を検討した、しかし申立人の憲法上の問題を推し進めることに応じなかった（declined to enforce）のである。それ故、同裁判所は十分に確立しかつとくに提示され主張されていた連邦上の権利を否定したことになる。原判決を破棄しなければならない。

【5】第二次ナードン違法盗聴会話排除アルコール飲料密輸入事件判決（一九三九年一二月一一日）

本判決（Nardone v. United States, 302 U.S. 379）は、電話の違法盗聴から判明した証人の証言につき、初めて〝毒樹の果実〟という言葉を用いて一九二〇年のシルヴァーソン木材会社判決（Silverthorne Lumber Co. v. United States, 251 U.S. 385）を再確認しつつ、排除法則に〝稀釈法理〟の例外のあることを明示したものである。なお、法廷意見の執筆はフランクファータ裁判官である。

【事　実】　アルコール飲料の密輸等で起訴された被告人ナードン（X）らは、連邦捜査官が電話盗聴によって入手した会話を主たる証拠として合衆国地方裁判所で有罪とされ、控訴審もこれを維持した。しかし、合衆国最高裁は一九三七年の第一次ナードン判決（Nardone v. United States, 302 U.S. 379）で、一九三四年の連邦通信法第六〇五条違反を理由にこれを破棄差し戻した。訴追側は新公判で、盗聴によって入手した被告人らの会話内容それ自体でなく右会話から判明した知識、すなわち同一内容の証人の証言を証拠として提出し、これが決め手となり被告人は再び有罪とされた。控訴審はこれを維持し、連邦通信法第六〇五条の範囲を第一次ナードン判決での局面に限定し「違法盗聴の利用によってアクセス可能となった証言」をも排除するのは議会の意図ではないとした。このような情報を明らかにするのは、盗聴された電話会話を明らかにすることではないというのである。これに対して合衆国最高裁はその誤りを認め、七対一で原判決を破棄した。

【判　示】　われわれは本件で、一定の方法での証拠獲得をとくに禁止する問題を取り扱っている。下級審の結論によれば、第六〇五条の適用範囲は禁止された盗聴によって傍受された言葉だけが排除され盗聴の派生的利用はすべて（every derivative use）認められることとなる。このような第六〇五条の解釈によれば、第一次ナードン判決の基礎にあるポリシーは大部分台無しになろう。同判決は単なる技術的な文言の細かな解釈の産物ではない。シルヴァーソン判決で指摘されたことは、異なる文脈ではあるが、本件にも当てはまる。すなわち、〝ある方法による証拠の獲得を禁止する規定の本質は、単にそのようにして獲得された証拠は裁判所の面前で用いられてはならないということだけでなく、それはおよそ用いられてはならないということである。〟

本件でも、同判決におけると同様、不当に獲得された事実は〝神聖にして近よるべからざるものとなる〟わけではない。〝もし、それらの（事実）に関する知識が独立の源から得られるのであれば、それらは他の事実と同様に立証されてよい。しかし、訴追側自身の違法行為によって得られた知識は〝単にそれが派生的に用いられるという理由だけで訴追側はこれを用いることはできない。〟手の込んだ複雑な議論によって、違法な盗聴によって得られた情報と訴追側の立証との因果関係が立証されるかもしれない。しかしながら、良識の問題としては、そのような関係が極めて稀薄なためその汚れが除去されていることもありうる。このような状況に対処する賢明な方法は、経験ある裁判官の権限に委ねられるべきである。むろん、盗聴は違法に行われたことを公判裁判官の満足するまで立証する責任はまず被告人側にある。一旦これが立証されると――本件で明白にされたように――公判裁判官は被告人に、被告人に不利益な証拠の重要部分は毒樹の果実（a fruit of the poisonous tree）であることを立証する機会を与えなければならない。このことは他方、訴追側の証拠は独立の源を有することを公判裁判所に納得させる十分な機会を訴追側に与えることになる。

【6】チェインバーズ不任意自白許容肯定デュー・プロセス違反殺人事件判決（一九四〇年二月一二日）

本判決（Chambers v. Florida, 309 U.S. 227）は、男性白人を被害者とする残虐な強盗殺人事件に関し近隣の多数の黒人を無令状で地引網的に連行し執拗な取調べでその数人から自白を獲得した事案につき、全員一致で第一四修正のデュー・プロセス違反を肯定したものである。

【事　実】　一九三三年五月一三日(土曜日)夜九時ころ、フロリダ州の郡都(county seat)フォートローダデイルからおよそ一二マイル離れた小さな町ポンパーノで白人男性R・ダーシィが強盗に襲われ殺害された。それは極めて残虐な強盗殺人事件で、地区住民の当然の怒りをかった。殺害後の午後九時三〇分から一〇時の間に中立人デイヴィズが逮捕され、次の二四時間から二五時間の間に同地区に住んでいるウィリアムソン、チェインバーズ(X)およびウッドワード(Y)を含む四〇人の黒人が令状なしに逮捕され、フォートローダデイルにあるB郡刑務所に収容された。事件の当夜、囚人監視人(convict guard)ウィリアムズが参加して殺人犯の追跡が始まった。自白が獲得されXらが判決を言い渡されるまで彼は突出した役割を果たした。午後一一時ころから翌五月一五日(月曜日)まで保安官とウィリアムズはウィリアムソンとXを含む収監中の黒人の何人かをマイアミにあるD郡刑務所に連行した。保安官の証言によると、暴徒による暴行のおそれがあり〝すべての囚人を保護したかった〟ので同刑務所に連行したという。Xらの供述によると、マイアミへ向かう途中でオートバイに乗った警察官が彼らの乗った車に近付いたとき保安官は、〝暴徒から逃れるために黒人をマイアミまで連行中である〟とその警官に告げた。この供述は保安官の証言で否定されていない。そしてウィリアムズは一切証言しなかった。ウィリアムズの命令でウィリアムソンはD郡刑務所の死刑囚独房に収容された。それ故、マイアミに連行されたXらはその翌日(火曜日)フォートローダデイル刑務所に戻されたのである。

州およびXらの供述によれば、五月一四日(日曜日)から五月二〇日(土曜日)まで三〇人から四〇人の黒人の被疑者(suspects)(刑務所に一晩いた数人を除く)が取調べを受けたのは明らかである。五月二〇日(土曜日)の午後から二一日(日曜日)の明け方まで、Xらと多分それ以外の一人または二人は繰り返し執拗な取調べを受けた。フロリダ州最高裁は、取調べ(questioning)は〝自白が獲得される以前の数日間昼夜にわたり続けられた、そして最終日の夜は徹夜で続けられた〟と述べている。連続の取調べ手続を監視していた保安官は、〝平日は毎日〟囚人を取り調べたが、五月二〇日（土曜日）の夜は、連日の取調べで疲れていたので彼らを取り調べなかったと証言した。州側の他の証拠によると、刑務所の係官は平日ほぼ連続してその刑務所でこれらの少年や本件とかかわりのある他の少年を取り調べた。逮捕後、そして彼らの自白が五月二一日の明け方に最終的に州検事によって受け入れられるまで、彼らの仲間の囚人はその独房から取調室に移されて簡単に質問され、そして順番がくると彼らの独房に移された。この間、囚人は一度も弁護人や友人または縁者に相談することは認められなかった。独房から移されて取調べを受けたとき、彼らはいずれも一人であった。刑務所の四階の部屋には四人から一〇人の男性、郡保安官、その各保安官補四人、監視人、その他の白人の係官がおり、地区の市民に囲まれていた。

四人の囚人全員（Xら）が絶えず脅かされて物理的に虐待され、遂に絶望的になり生命に危険を感じて五月二〇日夜明け後の日曜日の朝、遂に自白したかに関する証言には争いがある。しかし、争いがあるとしても、五月二〇日（土曜日）ころには五日間に及ぶ連続した取調べでも自白を引き出せなかったことは確かである。集中的な取調べは土曜日午後の二時三〇分ころに始まったその時から、主として保安官と囚人監視人ウィリアムズが担当した。ごく短時間の食事と取調官――彼らは全員夜通し寝ないでいた――の休憩を除き、彼らは行ったり来たりしてXらが自白するまで取り調べた。その間に刑務所のコックが、囚人を厳しく取り調べている（grilled）男たちにコーヒーとサンドウィッチを運んでいた。

五月二一日（日曜日）早朝、多分午前二時三〇分ころウィリアムズおよび保安官らの連続した一五分から二〇分の取調べ後に、ウッドワード（Y）が突然〝自白した（broke）。〟州検事が電話で呼び起され、刑務所に来るよう求められた。彼はやって来たが、その時に書き取ったYの自白に満足しなかったのでこの書面を破り捨てるようにと言った。これは私が望んだようなことではない、何か価値あるものを入手したと電話で言ったのではなかったのかと警察官に質したのである、(脚注7)同じ州検事は巡回区裁判所で州の主張立証として自ら証人となったが、Yのそのいわゆる最初の自白になぜ満足しなかったのかに関して証言しなかった。しかしながら保安官は、次のように証言した、すなわち

A．いいえ、それは嘘ではありませんでした。その一部は本当でした。その一部はそうではありませんでした。州検事（Mr. Maire）は十分ではないと言いました。それは明らかに十分ではありませんでした……。

Q．それは当時任意にされたのですか

A．はい、そうです。

Q．あなたはそれを十分とは考えなかったのですか？

A．検事さん（Mr. Maire）が。

Q．検事さんがあなたにそれは十分ではないと言った？　それであなたは、最初の問題に含まれていなかった他の問題について彼が自由で任意の自白をするまで彼に質問を続けたのですか？

A．いいえ、そうではありません。われわれは彼に質問をしました、そして彼が嘘をついているのに気付きました（we caught him in lies）。

Q．それらがすべて嘘であることに気付いたのですか？

A．その夜、彼らはすべて嘘をついているのに気付いたのです。

Q．彼らは嘘をついていると彼らに言ったのですか？

A．はい、そのとおりです。

Q．どのようにして彼らは嘘をついていると言ったのですか？

A．このようにあなたに話しているようにです。

Q．君（Jack）は彼らに嘘をついていると言ったのですか？
A．はい、そのとおりです。
一週間有罪を拒否し続けた後で中立人は遂に〝自白した（broke）のである。〟

（脚注7）一定の問題について証言した地区警察官は、一部次のように証言した、すなわち
Q．検事さん（Mr. Maire）がやってきて初めてウッドワード（Y）に話しかけたとき、あなたはそこにいましたか？
A．はい、おりました……
Q．彼の自白を書面に書き留めましたか？
A．はい、……
Q．彼が自白をしたとき、あなたはなぜそのことに関して質問を続けたのですか。事実問題として、そのとき彼が言ったことは、あなたが彼に言ってほしかったことではなかった、そうですか？
A．われわれはそれをすべて嘘であるとは思いませんでした。
Q．どの部分が正確ではないと思ったのですか。あなたは彼が当時そこで話したことは自由かつ任意にされたというのですか？
A．はい、そのとおりです。
Q．彼が自由で任意に自白をした、そして何をあなたに話したのですか、それはあなたが望んでいたことではなかったのですか？
A．彼が私たちに話したことの中に本当ではありえないことがありました。
Q．当時そのことについて検事さんは何と言ったのですか。そのとき検事さんが〝この書類を破りなさい、君が私に電話したとき、何か価値あるものを獲得した、あるいはその趣旨のことを言ったときに私が望んだことではなかった〟と検事さんが言ったことを聞きましたか？
A．何かそのようなことを。

Q．そのようなことが当夜起った？
A．はい、そのとおりです。
Q．それはYのいるところだった？
A．はい、そのとおりです。
そしてウッドワード（Y）はこの点に関して次のように証言した、すなわち
A．私は二〇日の夜、何度も外に出されました、それでもなおそれを否定しました……。彼は私に嘘を述べているので徹夜で寝ずに取調べを続けると言いました。そして彼は疲れたので私が自白（came across）しないと日の出を見ることができないと言いました……。それから私は独房に連れ戻されました……、そして間もなく彼らは戻ってきました。その後間もなく、二〇分か二五分経ってからですが、私を外に連れ出しました。……私は州検事を呼んでくれれば、彼は私が述べることを書き留めることができるので彼を呼んで欲しい、そうすれば私の知っていることを話すと告げました。そこで彼は土曜日の間に、夜中の一時から二時ころで深夜をすぎていたと思います、検事さんを呼んでくれました。私は当時その検事さんを知りませんでした。しかし今では彼の顔を見たので分かります。……
　彼がやって来ました、そこでこの少年が私に話したいことがあると言っているのですかと聞きました、そしてウィリアムズが、そうです、彼はあなたに話す用意ができていると言いました。検事さんは私が話すことを書き留めるペンとノートを持っていました、しかしタイピストはいませんでした。だから彼が要旨だけを書き留めたのかどうかは分かりません、しかし、彼はペンで書き留めました。
Q．そのとき検事さんは何と言ったのですか？
A．彼は、これはよくないと彼らに言いました、……遅かったので彼は帰って寝なくてはなりませんでした。
Q．検事さんが立ち去ってから、部屋に戻されるまでどのくらいありましたか？
A．二～三時間だったと思います、部屋に戻ったとき日の出近くだったからです。
Q．当夜少しは寝れましたか？
A．一晩中、ずーっとではありませんが、歩き回っていました、しかし、当夜の一時期を除き、寝る時間がなかった

わけではありません、……

Q．検事さんが［再び］やってきたとき昼（daylight）をすぎていましたか？

A．はい、そのとおりです。

Q．なぜあなたはその朝、部屋に戻された後で彼らに話したのですか？

A．怖かったからです。〟

夜明け前に、州の捜査官は、Xらから検事が〝望んだこと〟〝価値ある〟何かを手に入れた。再び検事は電話で呼ばれやって来た。徹夜の取調べをした人たちの面前で、彼は質問をしてXらの答えは速記者によって記録された。それはXらが死刑判決を言い渡された判決を獲得するために利用された自白だった。

その二日後にXらは大陪審により起訴され、罪状認否手続でウィリアムソンとウッドワード（Y）は有罪の答弁をした、チェインバーズ（X）とデイヴィスは有罪ではないと答弁した。その後、ウィリアムズを伴なった保安官は、デイヴィスを弁護するために選任された弁護人にデイヴィスは有罪ではないとの答弁の撤回を希望していると伝えた。この撤回は認められ、デイヴィスは有罪の答弁をした。チェインバーズ（X）が審理されたとき、彼の有罪は彼の自白とそれ以外の三人の自白者の証言に依拠していた。四人監視人（ウィリアムズ）と保安官は〝裁判所の法廷の椅子に座っていた。〟逮捕から死刑判決に至るまでXらは——刑務所であれ法廷であれ——一貫した監視、身柄拘束、および執拗な圧力で獲得された日の出前の自白の影響から解放されたことは一度もなかった。

【判　示】　第一四修正の範囲と機能はわれわれの憲法史において実に多種多様な論争の源だった。しかしながら、この第一四修正のデュー・プロセスの保護は——第五修正におけるそれと同じく——権限を有する人々によって犯罪で告発され又は嫌疑を受けた人々を保護するために、適切で相当な手続的基準を保障することを意図していたことについてはほとんど疑問とされていなかった。圧政的政府（tyrannical governments）は、弱者や無力の政治的、宗教的または人種的少数者や専制的政府に従わずそれに抵抗する人々の身代わり（scapegoats）とするために大昔から専制的（dictatorial）刑事手続と処罰を利用してきた。そのような政府の装置（instruments）は、主として二つあった。それが行われたとき無実（innocent）であった行為がその後に立法なしの布告（fiat）によって刑事上処罰できるとされた。そして自由を愛する人々は、相当な立法上の行為がすでに〝各邦（land）の法〟によって禁止されていない限り、刑事処罰はできないという原理を獲得した。しかし、それ以上のことが必要とされた。各邦の法を侵害する違法な拘束、拷問および自白の強要に対する国民の憎悪のため、公開の裁判所において公正に告発され公正に審理されるまで刑事罰とすることは同法に違反するという基本的原理が発展したのである。

それ故、古くからの弊害（ancient evil）を防ぐ保障として、われわれの国は、その基本法において、とりわけ犯罪で非難（accused）された人々の生命、自由または財産の剥奪はデュー・プロセスの手続的保護が順守されるときにのみ行われるという要件を取り入れたのである。

被告人（accused）の手続的デュー・プロセスの権利を保障するという決意は、大部分、犯罪者とされる被告人の権利は秘密の糺問的手続（secret inquisitorial process）に委ねるだけでは安全に確保（safely entrusted）されないという歴史的真実を知ることから発したのである。そして秘密で専制的な手続の犠牲は、ほとんど常に、貧しい人、無知な人、孤独で権利のない人々である。

この要件――刑事裁判での基本的基準を実施する――は、第一四修正により州に対し効力を有するとされた。物理的虐待の結果として数人の被告人の一人が足を引きずり法廷に現れた事案で陪審が自白に依拠して被告人を殺人で有罪とした【4】ブラウン判決において当裁判所は、最近、次のように宣言した。すなわち〝これら申立人の自白を獲得するために取られた方法ほど正義の感覚を傷つけるものを見い出すことは難しい、そしてこのように獲得された自白の使用は明らかにデュー・プロセスの否定である〟と宣言したのである。

記録によれば、本件では、物理的暴力および虐待に関し争いがある、しかし令状なしに被疑者を地引網的に逮捕されたこれら無知で若い黒人の小作人が州の官憲その他の白人市民によって友人や助言者または弁護人もなしに取調室で執拗に取り調べられ、最も強い抵抗力さえも打ち砕かれる情況下において取り調べられたことに関し争いはない。【4】ブラウン判決でのわれわれの判断と全く同様、本件で認められたやり方は、強要により供述が獲得されたという判断を当然とするものである。

Xらの五日間の取調べは五月二〇日（土）の徹夜で頂点に達した。五～六日間以上も彼らは一貫して自白を拒否し有罪を認めなかった。彼らの拘束中の監視とその絶え間ない質問は、恐怖と恐ろしい不安を彼らに与えるのに十分だった。このようにして獲得された自白に基づいて人の生命の剥奪を認めるのは、憲法上のデュー・プロセスの要求を意味のないシンボルにすることになろう。憲法は目的いかんにかかわらず、そのような無法な方法を禁止している。そしてこのような方法は、すべての人間はアメリカの正義の法廷の前で平等でなければならないという基本的原理を軽蔑することになる。われわれの憲法によって保護されているデュー・プロセスは、いかなる被告人であれ本件で明らかにされたような方法で死刑にしてはならないことを命じているのである。

【7】ライゼンバ自白許容デュー・プロセス違反否定妻殺害事件判決（一九四一年一二月八日）

本判決（Lisenba v. California, 314 U.S. 219）は、保険金目当ての妻殺し事件に関し一一日間におよぶ本件取調べはデュー・プロセスに違反しないとしてその間に得られた自白の許容性を肯定したものである。ただ、事実関係が錯綜しており最終的に最高裁が上告受理を容れた経緯も余りにも複雑であるため必要と思われる範囲でそれらに言及することとし、最も重要なデュー・プロセスと州法とのかかわりに関する判示については極力そのまま紹介しておく。

【事　実】　中立人ライゼンバ——彼は通常ロバート・ジェイムズという名前で知られているのでそのように呼

ぶこととする――とホープなる男が一九三六年五月六日、前年の一九三五年八月五日にジェイムズの妻を殺害したとして大陪審起訴された。ホープは有罪を答弁して終身刑を言い渡された。ジェイムズ（X）は有罪でないと答弁したため、裁判に付され有罪とされ死刑を言い渡された。裁判は長期に及び、Xはその中で種々の異議申立てをしたため多くの州法上の問題が生じたが、われわれはそのことに関心はない。われわれは専ら、本件での憲法問題にかかわりのある証拠についてのみ言及することとする。

州の主張（theory）によると、Xは事故を装って生命保険金を獲得するためにメアリーと結婚することにした。彼は自分の経営する理髪店のマニキュア師としてメアリーを採用し、一か月後に彼女と結婚式を挙げた。Xにはその妻がいたのでその結婚式は合法的なものでなかったが、彼らは婚約中にジェイムズを受取人とする彼女の生命保険をかけていた。先の結婚が無効とされると直ちに合法的な結婚式が挙げられた。生命保険書が発行されたときメアリーは彼の合法的な妻ではなかったとしても、彼女にかけられた保険は無効とはならないことをジェイムズは確信していた。

州の申立て（allegation）によると、ジェイムズ（X）は、メアリーを殺害し彼女の保険金を受け取り分配するコンスピラシーにホープなる者の協力を得た。ホープの証言によると、Xの教唆（instigation）でガラガラ蛇を購入してメアリーを咬ませて殺害することにした、メアリー殺害のためにはガラガラ蛇の毒では十分ではないと思われたが、ホープは結局、さらに別のガラガラ蛇を買ってそれをXに送り届けた。Xは一九三五年八月四日に、彼女を布で目隠しをしたままテーブルに結びつけた、そしてホープは蛇の一匹を部屋に入れ、その蛇に彼女の足を咬ませようとした。その当夜、蛇は彼女の足を咬んだが思い通りの効果はなかったとXはホープに話した。そして翌八月五日早朝、Xはホープに妻を溺れさせる（drown）つもりだと語った。後にXはホープに〝それでいく（That is that）〟と話し、その後さらにXの要求に応じて、ホープはメアリーの死体を庭に運ぶ手伝いをした、そして死体の表面を池の端に沈め、頭と肩を水に入れた状態で池に沈めた。

ジェイムズ（X）は八月五日、理髪店にいた、その日の夕方、彼は二人の友人を夕食に誘った。彼らが到着したとき、家は暗くて誰もいなかった、地面を見ると、彼の妻の死体が先に示した位置で発見された。検死によると、肺はほとんど水で一杯だった。左足の親指には刺し傷（puncture）があり、左足は腫れ上がりほとんど真っ黒だった。死因の捜査は一切なかった。

Xは二つの保険金を受け取ろうとした。保険会社は支払いを拒否した。訴訟が始まり、その一つは解決した。このような活動の結果、メアリー・ジェイムズの死因について新しい捜査が始まった。一九三六年四月一九日に、捜査官は近親相姦（incest）の罪でXを逮捕した。刑務所に送られた彼は五月二日と同三日に、検察官に彼の妻の死亡に関する供述をした。

公判ではホープの証言に加えて、死体の発見と状態に関してXを彼女の死と結びつけるそれ以外の証拠、および左足の状態はガラガラ蛇の咬み傷と考えられうるとの専門家証言が提出された。ホープによる蛇の購入については、彼と何人かの証言によって立証された。証人の一人は、二匹の蛇をホープに売ったと証言し、その一人は、ホープがその蛇でメアリー・ジェイムズを咬ませたと述べていたと証言した。二匹の蛇は法廷で顕出された、その証人はホープに売ったのと同一の蛇であると証言した。

ジェイムズの供述は証拠として提出された。それらは任意ではないとする異議が申し立てられたので、それらが証拠として許容される前に、公判裁判官は、この争点に関し州と弁護人によって提供された証言を聞いた。彼（裁判官）は、自白は許容できると決定し、それらは証拠として受理された。

州は他方、一九三二年に死亡したジェイムズ（X）の前妻に関する証拠を提出した。P地を二人がドライブ中、彼らの車が道路から脱輪した。Xが助けを求めた。人々が駆け付けると、Xの妻は頭を強打しており車の後部座席には血の付いたハンマーがあった。Xは無傷と思われた、その女性（Xの妻）は間もなく回復したがその後間もなく、Xが一時的に借りていたコロラド州スプリングの家の風呂で溺れているのがXともう一人の男によって発見された。Xは、彼女の死亡により保険会社から生命保険金を受け取っていた。この保険は、Xが彼女と結婚したその数か月後に契約したものだった。この証拠は被告人の異議申立てにもかかわらず証拠として認められた。そして州側の立証終了時に被告人の弁護人は休廷（adjournment）を求め、コロラドでの証人の証言録取書をとるように要求した。裁判所は十分な立証に欠けているとしてこの要求を退けた。

第一四修正に依拠した申立人ジェイムズ（X）の主張は、次のとおりである、すなわち、検察側係官および警察官の行為は、彼に法の平等保護を否定している、彼の有罪判決はデュー・プロセスなしに彼の生命を奪うものである、けだし、共犯者ホープの証言は、カリフォルニア刑事法典が要求するように補強されていない。そして、コロラド州で発生した事件は本件犯罪との結びつきが全くない、ガラガラ蛇の法廷での顕出は専ら陪審を焚きつける（inflaming）ものであったというのである。これに対し裁判所は、次のように判示した。すなわち

(1)　州側の捜査官の違法行為は法の平等の保護を奪ったというジェイムズの主張は取り上げるに足りない。

(2)　ホープの証言は補強されていないという主張にも注目する必要はない。第一四修正は、州裁判所が共犯者の供述に関してそれぞれの州のルールを適用することを禁止していないからである。

(3)　ジェイムズの前妻の死に関する証言は許容された。第一四修正は、関連法の採用を各州の判断に委ねている、裁判官が裁量権の行使を濫用したかを判断する権限を第一四修正はわれわれに与えていない。

(4)　州の主張立証の一部は、ホープが蛇を買ってコンスピラシーに従ってそれを申立人に渡したというのである。二匹の蛇は法廷に顕出され、それらをホープに売ったと述べた証人によって同一であることが確認された。申立人によると、蛇の法廷への顕出の唯一の目的は、彼に偏見を抱かせることであり、そして陪審を含めて法廷にい

た人々は、その結果、パニックになった。そこで彼は、当日の新聞などを引用する。記録によると、蛇の法廷での顕出は被告人の要請によるものだった。証拠の許容性に関する裁判官の行動の相当性をわれわれは判断することができない。

(5)　本件での最も重要な問題は、自白の利用により申立人ジェイムズ（X）の有罪判決はXからデュー・プロセスなしに彼の生命を奪うことになるかである。関連事実の引用は、その判断に不可欠である。

Xはほとんど正規の教育を受けていないが、知性があり事業経験もある人物である。彼は一九三六年四月一九日に近親相姦の廉で逮捕され隣の家に連行され、そこに設置されてあるディクタフォーンを見せられた。彼は、地区検察官事務所に連行され捜査局（Bureau of Investigation）で宿泊した。彼はそこで二、三日留め置かれたが、質問はされなかったという。彼は地区検事のいる事務所に連行され近親相姦の告発に関しライト（Miss Wright）がしたという供述書を見せられ、それについて何か話すことがあるかと尋ねられた。彼は、それについて話すつもりはないと答えた。彼は一時間ほど質問され、妻の死について尋ねられたという。出席していた他の者はこのことを否定している。

彼は五時から六時まで地区検事の部屋（suite）で留め置かれ、そしてコーヒーを与えられ、彼は隣家に連行され七時か七時三〇分ころに到着した。さまざまの警察官がそこで一晩中、彼の妻の死について順次質問した。彼は服を着たまま椅子に座り、眠ることはなかった。月曜日の朝、彼は朝食のために外に出された、そして捜査官らと出かけたときA通り九丁目の家を指し示した。その後に彼は隣家に戻され、そして質問が再開され火曜日朝三時ころまで続けられた、そのとき彼はぐったりしていた、そこにいた他の人によると、彼は眠っていたという。そして七時か八時ころまで眠った。朝食後に彼は刑務所で所定の手続をすませ（booked）、治安判事の前で罪状認否手続をした後で近親相姦の嫌疑で拘束された。

ジェイムズ（X）の証言によると、四月二〇日（月曜日）午後一〇時ころ捜査官が彼を殴り始めた。彼の身体は青黒くなった。殴られたので聴覚に支障が生じヘルニアの原因にもなった。当日夜、検事補が彼を取り調べた、そしてその苦しみ（ordeal）のため彼は気力をなくした（collapsed）という。一人の捜査官（S）が当夜彼を平手打ち（slap）したことは認められている。これはXが彼の妻に関して述べた無礼な発言の結果といわれている。彼はそのような発言をしたことを否定している。Xの証言の裏付けとして二人の証人は、刑務所にいた間に彼の耳の一つまたは両方がはれあがっているのを見たと述べた。この証言は、Xは繰り返し日曜日の夜から火曜日の朝まで執拗に取り調べられていたという点を除き、多くの訴追側証人によって否定された。一回の平手打ちを除き、誰もXに手をかけなかった、いかなる誘導尋問や脅迫もなかった、彼は質問に理性的に答えていた。彼は落ち着いており冷静だったというのである。彼が地区検事の事務所に拘束されていたとき誘因や脅迫、虐待などは一切なかったことはXも認めている。S捜査官が彼を平手打ちしたとXが他の捜査官に述べた五月二日に地区検事はどのような取扱いをしたのかとXに尋ねたとき、Xは再び先の平手打ちに言及しているのは重要である。いずれの事件においてもXは、それ以外の虐待のあったことを述べていない。四月一九日から二一日までの間、Xは負罪的な承認または自白をしていなかったのである。

ジェイムズ（X）によると、日曜日朝に逮捕されて間もなく彼は、前々から彼の弁護人であったシルヴァーマン（S）弁護士に連絡したいと述べたが拒否された。ジェイムズは四月二〇日（月曜日）に地区検察官事務所で同弁護人と会った（saw）という証拠はある。同弁護士の証言によると、彼は正式逮捕直後にXと会った、彼は四月二九日（火曜日）、そして再び四月二五日に刑務所でXと一緒にいた。希望するとき弁護人といつでも会うことをXは認められなかったことを示すものはない。

四月二一日と五月二日の間に弁護人との接見（interviewing）を妨げるものがあったことは一切示されていない。

その間に弁護人は、妻殺しで起訴されるであろうことをジェイムズ（X）に告げ、弁護人が立ち会わない限りいかなる質問にも答えるべきでないと告げていた。

ホープは五月一日に逮捕されて供述をした。五月二日朝、Xは刑務所の独房から刑務所の礼拝堂（chaplain's room）に引致されホープと対面した。地区検事補は、ホープの供述の概略を話し、Xに何か言うことはないかと尋ねた。これに対し彼は何もない（nothing）と答えた。

彼は正午ころに独房に連れ戻され、裁判所の命令で刑務所から釈放された。彼は二人の保安官補によって彼の以前の自宅に戻された。釈放の目的等に関する記録は明らかでない。彼はそれから地区検察官事務所に連行され、彼に対する取調べ（question）が始まった。彼はS弁護人に来てほしいと伝えた。彼の面前で電話がかけられたが、S弁護士はロスにいないことが分かったので、彼は他の弁護人を要求した。彼によると、他の弁護士が事件の詳細を知るにはかなり時間がかかるとその地区検事が言った。また他の地区検事によると、Xは希望する弁護人の名前を明らかにしなかったのでXが考えている弁護人が誰かを知るには若干の時間がかかると答えたという。そして結局、弁護人は呼ばれなかった。

地区検事は、夕食時まで時々Xを取り調べた。その間にサンドウィッチとコーヒーが与えられた。この取調べ中、ジェイムズは答弁を拒否することはなく、取調べはXが負罪的答弁をする夜中まで続いた。

この間の取調べ（session）がどのようにして終了したかに関し激しい争いがある。ジェイムズ（X）によると、四月二〇日に彼を殴打したS捜査官はその部屋で彼と二人だった、そして彼（S）はXにずーっと嘘をついている、そして本当のことを話さないと家に連れ戻し彼を殴りつけると言ったという。非常に怖かったのでホープが言ったのと同じことをそのまま供述するようベストを尽くすことにXは同意したという。しかしそのようなことはなかったことを示す多くの証拠がある。

ホープの供述によると、毒蛇を使ってジェイムズの妻を殺害する計画を立てたのはジェイムズだった。ところがジェイムズ（X）によると、ホープがメアリー・ジェイムズの殺害を一九三五年に持ちかけたという、そして彼が八月五日に家を留守にしていた間にホープがXの妻を風呂で溺死させた、そしてそのことをXに話したという。

ジェイムズ（X）の供述は、ホープとジェイムズおよびメアリー・ジェイムズがメアリーの死亡するその三日前に大酒を飲み酩酊していたことを明らかにしている点に注目すべきである。このことは、彼ら三人はそれぞれの行動に多かれ少なかれ責任がない（more or less irresponsible）ことを示している。

もしホープの供述が真実であれば、ジェイムズが計画を立てて妻の殺害を実行し彼女の生命保険金を獲得しようとしたことになる。しかし公判でジェイムズは、ホープの証言の本質的部分および蛇の購入に関する彼自身の自白の大部分を否定した。

彼の逮捕時から地区検事への供述に至るまでのジェイムズへの対処と捜査官の行動に関する証拠は、カリフォルニア州法によって要求されている自白の任意性を立証する責任を州が果たしたかを判断するために公判裁判所によって聴取された、そして公判裁判官は、自白は任意になされたものであり許容されると判断した。もっとも、公判裁判官は、被告人の要求に従って陪審に対し、自白は任意である場合を除き、それらはすべて無視しなければならないと説示し、さらに逮捕した捜査官がジェイムズを治安判事の面前に直ちに引致せず日曜日の朝から火曜日の朝まで彼らを拘束したのは、州法に違反すると判示した。

これに対し合衆国最高裁は、結論として七対二でジェイムズの有罪判決を維持した。なお、法廷意見の執筆はロバツ裁判官である。

【判　示】　保安官補が裁判所の命令で被告人を刑務所から彼の従前の家に連行した問題について判断する権限はわれわれにない。五月二日に要求された弁護人と相談する機会を拒否したのは軽罪（misdemeanor）だった。このような被告人の取扱いはデュー・プロセスなしに彼の自由を彼から奪ったものと推定できる。

しかし、このような自白を獲得する過程で行われた違法行為は、地方の法の下でその許容性にどのような効果があるにせよ、われわれが判断すべき憲法問題への回答を提供しない。捜査官の行為の効果は、自白の使用はデュー・プロセスの否定であるかどうかを判断する際にそれ以外の考慮によって評価されなければならない。さらにジェイムズ（X）は、本件手続において公判前のデュー・プロセスの否定に対し救済を求めていないし求めることもできない。彼の主張の主たる理由は、彼の自白の利用は不公平であるというのであり、自白を獲得した際に発生したことはこの争点のみに関連があるにすぎない。

他方、自白が州法の下で最終的に下級審によって決定的に判断されたという事実は、それらがされた情況いかんにかかわらずデュー・プロセスが欠如しているかの問題への回答にはならない。自白はそれが任意になされたものでない限り許容できないというルールの目的は〝虚偽を排除することである。〟供述の誘因を判断するための判断基準は、その自白が虚偽である相当なリスク（fair risk）があるかどうかである（Wigmore, Evidence [3d Ed.] §§822, 824）。この判断基準は若干の州で異なる。当裁判所は、連邦裁判所での公判において支配されるべきルールを公式化してきた。第一四修正は、制定法または判決によって州が希望するようなルールを自由に採用し、それが連邦または他の州裁判所において適用されるルールに一致するかどうかにかかわりなく、カリフォルニア州の自由に委ねている。しかし、州の選択するルールは、一定の事案でのそのルールの適用がデュー・プロセスなしに人の生命または自由を奪うことになるかに関する調査を妨げる（foreclose）ものでない。デュー・プロセスの要求の目的は、虚偽と推定される証拠を排除することでなく、虚偽か真実かにかかわりなく、証拠の使用における基本的不公正を防止することである。この問題の判断基準は、自白の許容性に関する州のルールの属性（appertaining）により異なりうる。

刑事裁判に適用されるそのようなデュー・プロセスの否定は、正義の概念そのものに不可欠な基本的公正を順守しないことになる。その否定を宣告するためにわれわれは、そのような公正の欠如が致命的に（fatally）公判に影響したことを認定しなければならない。不服申立ての対象である行為は公正な裁判を当然に妨げるそのような性質を有するものでなければならないのである。強制された自白が有罪の証拠を獲得する手段として用いられるとき、そのような不公正が存在することになる。デュー・プロセスの欠如を理由に自白に依拠した有罪判決を破棄してきたすべての事案において、われわれはそのように判示してきた。公判裁判所のまさにその面前での物理的拷問によって被告人から強制された証言は、デュー・プロセスと関わりがない。そのようなケースは、法廷で証拠として用いられる公判外自白を拷問により引き出す（induce）のと同じである（stands no better）（【4】ブラウン判決）。州を代表する者による詐欺的行為（fraud）、結託（collusion）、策略（trickery）、そして偽証の教唆（subornation of perjury）によって被告人の公判で彼の有罪がもたらされるのであれば、彼はデュー・プロセスを否定されたことになる。そのようなケースは、同一の工夫によって、自白が獲得され公判で用いられるのと同じである。デュー・プロセスの概念は、裁判所と陪審の面前において脅迫または約束によって被告人が自己に不利益な証言を引き出された公判を無効とする、同一の方法に頼ることによって被告人が自白を誘発されてそれが公判で用いられるのと同じである。すでに述べたように、〝デュー・プロセスはそのようなやり方でいかなる被告人であれ死刑に処さないことを命じているのである。〟【6】チェインバーズ判決二四一頁。

申立人の供述はそのような方法によって獲得されたという主張がなされている場合、われわれは証拠を独立して吟味し、その主張の有効性を検討しなければならない。この義務の遂行は、裁判所の決定または陪審の評決、または両者の認定によっても妨げられない。【4】ブラウン判決二七八頁、【6】チェインバーズ判決二四一頁。この問題にかかわる証拠が矛盾していなければ、州裁判所の認定または評決によって憲法上の規定の適用は妨げられないのである。

本件において裁判官と陪審は、申立人の自白が自由で任意になされたかの問題に関して判断を下した。この問題に回答する際に適用された判断基準（tests）は、デュー・プロセスの否定になるかの質問に対する回答でもあった。そうであるにもかかわらず、そこで提出された争点は、その名のもとに（eo nomine）デュー・プロセスに関するものではなかった。さらに、申立人の主張を判断する際に州最高裁は、第一四修正違反を認めなかった。とすると本件でのわれわれの義務は、二つの裁判所と陪審の認定を破棄し、自白の許容は根本的に不公正であるので秩序ある自由の概念に反しデュー・プロセスなしに生命を奪うことに相当することを証拠は要求しているかどうかを判断することである。

われわれは、争いある証言を検討して、下級審の判断は申立人（X）の物理的暴力、脅迫、黙秘の寛刑の約束の主張に関する限り、誤っているということはできない、二度にわたり一一日間の間隔をおいて、申立人（X）は長期にわたり取り調べられたという争いのない事実は残っている。彼は四月一九、二〇、二一日の取調べで、またはその直後に自己の妻の死に彼を巻き込む承認をしていない。もし、一一日後に自白が出てくれば、自白の許容性にかかわる彼の自白に関する彼の主張を却下するのにわれわれは躊躇しないであろう。

五月二日の取調べは、それ自体で、あるいは彼のそれ以前の経緯に照らし、その自白の使用はデュー・プロセスに違反するか？　われわれはそのように判示すべきであるというのであれば、そのようなやり方はXに関する結果いかんにかかわらず彼の供述は非常に汚れているため、証拠によって明らかにされた他の事実を考慮することなしに、かつ彼の供述は自由で任意であるという下級審の是認できる決定に重きをおき、法律問題としてそれらは彼の公判で許容できないという理由に基づいたものでなければならない。このような判示は、われわれが連邦裁判で行なってきたルールよりも厳しいルールを州裁判所に課すことになろう。カリフォルニア州刑事司法の運営を取り扱う際に、われわれがそのような判示をする理由はない。もし連邦権限を援用して公正な公判をするカリフォルニア州の判断を破棄すべきであるということになると、連邦上の権限が侵害されるのは明らかである。

われわれは、より重大な情況下に強制された自白にそのすべてないしは実質的に依拠した有罪判決を破棄するのに躊躇しなかった。【6】チェインバーズ判決等を見よ。本件はこれらの判例の範囲外である。

カリフォルニア州最高裁と同様、われわれは、申立人（X）の取扱いに関して法違反を認めない、そして外部から隔離された囚人が長期間捜査官による取り調べを受け、弁護人の助言を奪われている場合、彼の自白の利用によって彼は専制的または圧政的な方法によって自由または生命を奪われているかを注意深く記録を吟味する。法執行官は、もし彼らがそのような慣行に従事するのであれば、正義の目的を促進するというよりも結局それを破壊することになる。彼らの無法なやり方は境界線に接している。しかし、われわれが精査した事実に基づきかつ州裁判所の認定に照らし、州裁判所はXらがアレインメント前の弁護人なしの長期にわたる取調べにより五月二日の取調べは自白を強制しXの主張するようにデュー・プロセスを侵害すると判示することはできない。この取調べまたはそれ以前の自白は強迫も約束もなかったことを彼は認めている。物理的暴力も彼に加えられなかったことを申立人は認めているのであり、弁護人には彼に会って忠告する全面的機会が与えられていたのである。

【8】ベッツ非死刑事件公選弁護人選任拒否合憲判決（一九四二年七月一日）

本判決（Betts v. Brady, 316 U. S. 455）は、公選弁護人依頼権の保障は死刑事件以外の重罪事件については特段の事情のある場合に限られるとしたうえで、経済的余裕のない被告人の要請を拒否して公選弁護人を選任せずに有罪判決を言い渡した州裁判所の措置はデュー・プロセスに違反しないとしたものである。本判決はおよそ二〇年後の【26】ギデオン判決によって正面から変更されるが、過渡的なものとはいえ、デュー・プロセス条項と権利章典との関わりについての判示内容は興味深い。

【事　実】　被告人ベッツ（X）はメリーランド州甲郡巡回裁判所で強盗の罪で起訴された。Xは貧困のため弁護人を雇うことができず、罪状認否手続時にその旨裁判官に告げて弁護人の選任を求めたが、甲郡では資力のない被告人に弁護人を選任できるのは殺人と強姦の場合に限られることを理由に認められなかった。Xは止むなく、弁護人依頼権を放棄しないまま無罪の答弁をし、陪審員ではなく裁判官による審理を受けることを選択した。裁判官はXを有罪と認定し、八年の拘禁刑を言い渡した。

Xは服役中に「連邦憲法第一四修正によって保障されている弁護人の援助を受ける権利を奪われたと主張し」メリーランド州乙郡巡回裁判所に人身保護令状の申立てをした。この令状は発付されたが、Xの主張は退けられた。Xは数か月後、以前と同じ理由でメリーランド州最高裁判所（the Court of Appeals）の首席裁判官に人身保護令状による救済の申立てをした。首席裁判官は令状の発付を認めたが、救済の申立てを退けた。これに対し合衆国最高裁は、憲法判断に争いのある重要な裁判管轄権の問題があるとして上告受理の申立てを容れ、六対三で原判決を維持した。

【判　示】　合衆国憲法第六修正は、連邦裁判所での公判においてのみ適用される。第一四修正のデュー・プロセス条項は、それだけでは第六修正の中に見出される特定の保障を具体化していない。もっとも、最初の八個の修正条項の中で特に具体化されている権利を州が否定すれば、所与の事案の下で訴訟関係者（litigant）から第一四修正に違反してデュー・プロセスの保障を奪ったことになりうる。デュー・プロセスという語句（phrase）は、権利の章典の特定の規定の中で描かれている概念ほど厳格でなくより流動的である。権利が否定されたかどうかは、所与の事案における事実の全体を総合的に評価して検討されるべきである。それを否定すれば、ある状況下においては普遍的な正義の感覚にショックを与え基本的公正の否定となり、他の状況下においてはそのような否定にならない（fall short of）ことはありうる。このような概念の適用に際し、その保障を一定の硬直したルールに公式化することには常に危険があり、そのようなルールの適用は所与の事案で明らかにされた限定的な諸要素を無視することにもなりうるのである。

一九三二年のパウエル判決（Powell v. Alabama, 287 U.S. 45）において、無知で身寄りのない黒人の若者が弁護人を確保する手段がないまま、弁護人の効果的な援助を受けずに、死刑適用犯罪で迅速に裁判にかけられた。アラバマ州法は貧困な被告人に弁護人依頼権を保障していたため、被告人の裁判は、公正の原理を全く無視し公平な裁判の前提として州法が要求する原理を無視して行われた。当裁判所は、その結果たる有罪判決の言い渡しはデュー・プロセスの保障なしに行われたものであると判示した。当裁判所は、すべての事実に照らし、公判裁判所が被告人らに弁護人を確保する合理的な時間および機会を提出しなかったことは明らかにデュー・プロセスの否定であると判示したのである。当裁判所はさらに、〝本件状況の下では、弁護人の必要性は極めて重要かつ不可欠であるから、公判裁判所が効果的な弁護人の選任をしなかったことは同様にデュー・プロセスの否定である〟と指摘した、しかし〝他の刑事訴追の下において、又は他の状況下において、そのように言えるかについて判断する必要はない。必要とされる判断はただ、われわれが現に判断するように、死刑事件において被告人が弁護人を雇うことができず、無知、精神薄弱、文盲等のために十分に自己を弁護できない場合には、その要望のあるなしにかかわらず、法のデュー・プロセスの当然の要請として彼に弁護人を選任することは裁判所の義務であること、そして事件の準備および公判での効果的な援助ができないような時間ないし状況下での選任では、かかる義務は果たされたことにはならないということである〟と付加したのである。

「われわれが今判断すべき問題は、すべての刑事事件において、その状況がどのようなものであれ州は貧困な被告人に弁護人を提供しなければならない、そしてこれはデュー・プロセスの要求であるといえるかである。」コモンローおよび各州の憲法上または法律上の規定を概観すると、大多数の州において「弁護人の選任は公正な裁判に不可欠な基本的権利でない」というのが議会や裁判所の熟慮のうえでの判断であったのは明らかであり、この問題は一般に立法政策上の問題（one of legislative policy）とされてきた。このような証拠に照らすと、「第一四修正の中に具体化されているデュー・プロセスの観念は、州自身の見解がどのようなものであれ、このようなすべての事案において州には弁護人を提供する義務があることを要求しているものということはできない。」

本件では、強盗が行われたことに疑問がなかった。検察側の立証は被告人と犯人との同一性を示す証拠から成っていた。被告人は本件犯行時に他の場所にいたことを立証するために証人を喚問しかつ尋問した。本件での単純な争点は、検察側証言が真実かそれとも被告側証言が真実かであった。被告人は無力であったのではなく通常の知性を有し、このように限定された争点の公判において自己自身の利益を守りうる四三歳の男性であった。彼はかつて刑事裁判所に出頭し窃盗罪で有罪の答弁をして刑に服したことがあり、刑事手続に全く経験がないわけではなかった。状況が異なりかつ被告人が何らかの理由で、弁護人がいなかったことで重大な不利益を受けたことが明白であれば、弁護人依頼権が拒否されたことを理由にメリーランド州では有罪判決が破棄されていたであろうことは全く明らかなことである。

上述のように、第一四修正は公正に関する共通で根本的な観念に違反する裁判で人を有罪とし刑を科すことを禁止する。特定の事案において弁護人の欠如によってそのような基本的公正を欠く有罪判決に至ることはありうる、しかし、いかなる犯罪に対しても、いかなる裁判所においても、弁護人の代理のない被告人に対しては公正な裁判を行うことはできない、そして第一四修正はこのような不動の命令を内包しているということはできない。

【9】マクナブ裁判官引致遅延獲得自白排除警察官殺害事件判決（一九四三年三月一四日）

本判決（McNabb v. United States, 318 U.S. 332）は、密造酒売買の現場に踏みこんだ国税庁職員を殺害したとして逮捕された被告人らが裁判官の面前に引致されないまま取調べを受け一四時間後に自白した事案につき、警察官らは連邦法上「被逮捕者を直ちに（immediately）司法官憲の許に引致しなければならない」にもかかわらず直ちに引致することなく違法に身柄拘束中に入手したことを理由に右自白を排除した、連邦議会は明示に証拠排除を要求していないが、「このような証拠を有罪判決の根拠として認めれば、議会の法律制定のポリシーが台無しになる」というのである。右判決に従い一九四六年に、被疑者を「不必要な遅滞なしに（without unnecessary delay）」裁判官の面前に引致すべしとする連邦刑事訴訟規則五条(a)が制定された。そして一九五七年の【19】マロリー判決で、強姦の容疑で逮捕後八時間にわたり裁判官の面前に引致せずに取調べを続けて得た自白を右連邦規則五条(a)違反を理由に排除した。このようにして、逮捕後直ちに被疑者を裁判官の面前へ引致することを要求する法律に違反して違法な身柄拘束中に獲得した自白を、任意性の有無いかんを問わず、一律に排除するいわゆるマクナブ＝マロリー法則（McNabb–Mallory rule）が確立するに至るのである。

【事　実】　一九四〇年七月三一日（木曜日）午後、国税アルコール税徴収班チャタヌーガ事務所にマクナブ一家の何人かが連邦税を払っていないウィスキーを売る計画を立てているとの情報がもたらされた。マクナブ一家はマクナブ租界（McNabb Settlement）として知られているチャタヌーガからおよそ二〇マイル離れた山地に住んでいる。彼らが現に違法な商売に従事している間にマクナブ一家を逮捕する計画が立てられた。四人の国税局係官は同日夕方、政府の情報提供者に案内されてマクナブ租界に赴いた。彼らがマクナブ一家と情報提供者の間で約束されていた会合場所に近付いたとき、係官は車から降りた。情報提供者はそのまま車を走らせマクナブ一家の五人、そのうちの三人——双子の兄弟フリーマンとレイモンドおよび彼らの従兄弟ベンジャミン——が本件申立人である。

他の二人のエミールとバーニィ・マクナブは公判裁判所の命令で無罪釈放された。この捜査官のグループは、アルコールが隠されているというマクナブ一家の墓地近くの場所に向った。ウィスキーの入った缶が車に積み込まれている間に、情報提供者の一人が予め決められていた合図をした。そしてその一人が〝連邦捜査官だ〞と言ったところマクナブ一家は逃げ出した。

捜査官は、マクナブ一家を追跡せずにウィスキーの入った缶を空にし始めた。すると墓地の方向から大きな音が聞こえた、そして間もなく大きな岩が彼らの足下に落ちてきた。リーパという名の捜査官が墓地の中に入っていった、彼は懐中電灯で回りを探したが何も見つからなかった。ウィスキーの缶がいくつか見つかったので彼はその中味をぶちまけた。その後間もなく他の捜査官が一発の銃声を耳にした、走って墓地に駆け込むとリーパが致命傷を負って地面に倒れていた。二～三分後――一〇時ころ――に彼は犯人を特定しないまま死亡した。二発目の銃弾で他の捜査官が傷を負った。墓地を捜索したが実りはなかった、そして捜査官は立ち去った。

そのおよそ三時間ないし四時間後――火曜日朝の一時から二時の間――に連邦捜査官は、マクナブ家に赴き、そこでフリーマン、レイモンド、エミールを逮捕した。フリーマンとレイモンドは二〇歳だった。二人はマクナブ租界で生活していた。二人は小学四年までしか学校に行っておらず、二一マイル離れたヤスパより遠くに行ったことはなかった。エミールは二一歳だった。彼もまた今まで同租界で生活しており、二年次までしか学校に行っていなかった。

逮捕後直ちにフリーマン、レイモンド、およびエミールは、チャタヌーガにある連邦当局に連行された。彼らは合衆国コミッショナーまたは裁判官の下に連行されずに、留置場（detention room）（床以外に座ったり横になるしかできない場所）に拘禁され、そこで火曜日朝三時から夕方五時までおよそ一四時間閉じ込められた。彼らは若干のサンドウィッチを与えられた。彼らは面会しようとしてやって来た親類や友人に会うことを認められなかった。彼らにない。

弁護人はいなかった。彼らが弁護人の援助を求めたりそのような援助を求める権利があることを伝えられた証拠は

地元警察によって木曜日早朝に逮捕されていたバーニィ・マクナブは、当日朝九時または一〇時ころ連邦当局に引き渡された。彼は二一歳で、他のマクナブ一族と同様、その全生活を同租界で過ごし、ヤスパ以外に外出することは一切なく彼が学校に通ったのは三年までだった。バーニィは、彼がしばらく取り調べられた連邦の建物とは別の部屋に留置された。捜査官は彼を殺害現場まで連行した後、再び連邦の建物に戻り、さらに一時間ほど取り調べ、そして最後に三ブロック離れた郡刑務所に彼を戻した。

この間、捜査の指揮は、ケンタッキー州ルイスヴィルに本部のある連邦アルコール収税班の地区監督官であるテイラーによって執り行われた。テイラーは、マクナブ一族によってなされた供述の許容性に関する政府（訴追側）の主要証人だった。火曜日早朝にチャタヌーガに着いた彼は、四人の取調べを始める前に事件の検討に丸一日を費やした。郡刑務所に連行されていたフリーマン、レイモンド、およびエミールは、火曜日午後五時ころの夕方早く連邦の建物に連れ戻された。テイラーによると、彼らの取調べは九時に始まった。しかし他の捜査官は、火曜日の取調べはもっと早く始まったと証言した。B捜査官は、火曜日夜の午後六時に、K捜査官は午後七時に、そしてJ捜査官は〝多分六時か七時ころ〟に始まったと証言した。

取調べは終始、その大半はテイラーによって執り行われ、少なくとも六人の捜査官が同席していた。この間、弁護人、被告人の親類、友人は一切立ち会っていなかった。テイラーは取調べの前に、われわれは政府の捜査官であること、そして何を捜索しているかを彼らに告げ、彼らは供述しなければならない義務はないし、暴力を懸念する必要はないこと、そして彼らがした供述はいかなるものであれ彼らに不利に用いるであろうことを告げ、そして彼らがそのようにすることを希望しない限り、いかなる質問にも答える必要はないことを助言していた。

男たちは一人ずつそして時には一緒に取り調べられた。捜査官の一人が述べているように、彼らは何度も連行されて取り調べを受け、彼らの何人かは、半時間あるいは多分一時間あるいは多分二時間も取調べを受けた。テイラーは、取り調べは午前一時まで続いた、そして被告人は刑務所に連れ戻されたと証言した。[脚注2]

（脚注2）　ここでも再びテイラーの証言は他の捜査官の証言と異なっている。K捜査官は、火曜日の夜の取調べは午後一〇時に終わった、B捜査官は午後一一時に、J捜査官は深夜に終わったとそれぞれ証言した。当日夜の取調べが三時間以下であったと証言した捜査官はいなかった。

取調べは金曜日の朝、多分九時と一〇時の間に再開された。テイラーによると、〝彼らは何度も刑務所から連れ戻されたが、何度であるかは分かりません。彼らは一度に一人ずつ取り調べられ、そして一人の取調べが終わると元に戻されました。そして彼らが述べた事実を一致させ（reconcile）、彼らがした供述を結びつけようとして二つの供述を一緒にするなどしました。……私は彼らを嘘つきと呼んだことはなかったが、彼らは私に嘘をついていると言ったことは確かにあります。……しかし私は彼らを脅かしたことはありませんでした。われわれはただ、誰が仲間の捜査官を殺したのかを見つけようとしただけのことです。〟

本件申立人の三人目のベンジャミン・マクナブは金曜日朝八時か九時ころにアルコール税班の事務所に任意に出頭した。ベンジャミンは二〇歳で今までに逮捕されたことはなかった、彼はマクナブ租界で生活しており、四年次までしか学校に行っていなかった。捜査官が彼を探していると聞いて出頭したが、本件には全くかかわりがないと話した。捜査官はベンジャミンにしばらく服を脱がせた、彼の証言によると〝（脱いだ姿を）捜査官が見たいと言った〟のでそのようにしたという。〝これには本当に驚いた。[脚注4]〟彼は合衆国コミッショナーまたは裁判官の許に引致されなかった。引致せずに捜査官はほぼ五～六時間彼を取り調べた。最後に二発とも撃ったのは彼であるとして彼を非難している供述を突き付けられるとベンジャミンは〃彼らがそのように言って私を非難しているのであれば、すべてを話すから紙と鉛筆を持って来てそのことを書き留めてほしい〃と言った。彼はそれから最初の一発を撃ったことは自白したが、第二発目を撃ったことは否認した。

（脚注４）テイラーの証言によると、ベンジャミンに衣服を脱がせた理由は、森の中を走っているときに傷を負った又は流れ弾で負傷したと聞いたからである。われわれにはこれが真実であるか嘘であるかは分からなかった。そのことを調べるために彼に服を脱ぐことを求めたにすぎないというのである。

〃彼らの供述には若干の矛盾があり、それらを確かめるために〃被告人は金曜日夜九時から一〇時ころの間、郡刑務所から連邦の建物に移動させられた。彼は再び時には個別に時には一緒に調べられた。テイラーの証言によると、われわれは第一回目（金曜日）の夜にはおよそ三時間半フリーマン・マクナブの身柄を拘束していた。時間は覚えていないが彼のことはよく覚えている、彼から何かを引き出すのに苦労したからである。彼は以前に嘘をついていたことを認めて再び話すだろう。私は事件の真相について少し知っていた、そして彼がそれは（真実）だと言う供述を引き出すまでに三時間半かかった。そしてついに真実だと彼がいう供述を入手した。それは彼が述べたその他の供述よりも物的事実および情況に合致していた。満足できる供述を獲得するのに三時間半かかったというのである。

被告人（複数）の取調べは土曜日の朝二時ころまで続いた。そのとき捜査官は〃矛盾がすべて解消した供述（all the discrepancies straightened out）〃を獲得した。ベンジャミンは最初の一発を撃っただけであるとの供述を変えなかった。フリーマンとレイモンドは銃撃時にその現場にいたことは認めたが、彼らが彼（ベンジャミン）に撃つよう促した（urged）とのベンジャミンの主張（charge）については否認した。バーニィとエミール――公判裁判所の命令で無罪放免（acquitted）されていた――は負罪的供述をしなかった。

フリーマン、レイモンド、およびベンジャミンによってなされた自白（admissions）の許容性が彼らに対する政府の主張立証（the Government's case against them）の要であったのは明らかである。したがって、われわれが本件で判断する問題は、先に要約した情況下でなされたこれらの負罪的供述が許容されたのは適切（properly）であったかどうかである。

被告人らは、捜査官としての任務を遂行している国税局アルコール班の捜査官を殺害したとして四五年の拘禁刑を言い渡され、第六巡回区裁判所もこれを維持した。

これに対し合衆国最高裁は上告受理の申立てを容れ、七対一で原判決を破棄した。法廷意見の執筆はフランクファータ裁判官である。

【判　示】　申立人マクナブは、〝何人も刑事事件において自己に不利益な証人となることを強制されることはなく、また法のデュー・プロセスによらずに、生命、自由、または財産を奪われることはないという第五修正の保障に基づいて、憲法自体がこのような証拠を彼らに不利益な証拠として用いることを禁止していると主張する。これに対し政府は、憲法が禁止しているのは不任意（involuntary）自白だけであると反論し、任意性の相当な基準に従って申立人の自白は任意であると判断されたのであるから許容できると主張するのである。

申立人の主張するように、その根拠が憲法によって基本的と考えられている自由を無視して獲得された証拠であれば、その有罪判決は維持できない。そして当裁判所は、憲法上の理由に基づいて、連邦および州裁判所の両者において、〝無知で無学の人を長期にわたり繰り返し取り調べて獲得した〟自白に基づいた有罪判決、【7】ライゼンバ判決二三九頁、あるいは友人や弁護人の援助なしに違法に外部から隔離されて身柄を拘束されている人々から確保した自白に基づいた有罪判決を破棄してきたのである。【4】ブラウン判決、【6】チェインバーズ判決等を見よ。

しかしながら、本件を検討する際にわれわれに重圧をかける（pressed）憲法問題に言及するのは不必要である。州裁判所での有罪判決を無効とする（undo）裁判所の権限は、第四修正によって保障されている自由と正義の基本的原理の施行に限定されており、本件で連邦裁判所により引き出された有罪判決を吟味するわれわれの権限の範囲は憲法の有効性の確認に限定されていないからである。連邦裁判所における刑事司法の運営に関する司法上の監督（judicial supervision）は、文明化された手続と証拠の基準を確定し維持する義務を含む（imply）からである。このような基準は、〝法のデュー・プロセス〟として要約される理性（reason）による裁判を確保するための最小限の歴史的防禦を順守するだけでは満足されない。さらに、刑事司法におけるそれ自身の保障を最も良く促進するのは州の行動についての当裁判所による吟味（review）である、しかしそれは、最も基本的な管轄権の行使における州の慎重な判断への尊敬を要求している。

わが連邦制度において必要な調整をする際における大きなポリシーへの考慮は、連邦裁判所での連邦刑事法の実施のための相当な基準の公式化（formulation）および適用にとって全く関連がない連邦刑事裁判での証拠の許容性を支配する原理は、それ故、専ら憲法に由来するそれらに限定されていなかった。連邦裁判所における刑事裁判の運営に関する監督権の行使において、【5】第二次ナードン判決を見よ、その歴史のまさに最初から、当裁判所は、連邦訴追において適用されるべき証拠法則を公式化してきた。Wigmore on Evidence（3d ed. 1940）pp. 170 等を見よ。そして刑事裁判の証拠法則を公式化する際に、当裁判所は、証拠の関連性の厳格な基準に限定されない正義の考慮によって導かれてきたのである。

それ故、われわれは、憲法から全く離れて、本件で明らかにされた情況下に申立人から引き出された証拠は排除されなければならないと判示せざるを得ない、というのは、申立人（Xら）に対する彼らの取扱いに際し、逮捕した捜査官は、議会が明示に彼らに否定した機能を引き受けた（assumed functions）。彼ら（捜査官）は、捜索し逮捕する捜査官のきわめて重要だが非常に制限されている義務とは全く調和しない手続の圧力を被疑者にかけたのであり、かつそれは刑事手続の廉潔性の土台を削り取るものである。議会が明示に命令したように、何らかの犯罪で告発された人を逮捕したり投獄や保釈の権限を有するマーシャルその他の捜査官は、被告人を最も近い合衆国コミッショナーまたは最も近い司法官（judicial officer）の下に引致することを命じられている。それと同様に、逮捕する権限をＦＢＩに認めている一九三四年六月一八日の制定法は、被逮捕者を直ちに担当官（Committing officer）の下に引致することを命じているからである。

このようなきわめて明確な命令の目的は明らかである。すべての人の尊厳（dignity）に敬意を払うことを中心とする民主的社会は、法の執行過程での濫用を当然に警戒する。犯罪を追跡する際の熱意は、それ自体、判断の冷静を保障しない。法執行における公平は、それだけでは、貴重な自由の無視を防止するものでない。経験は、それ故、専制と同様に、過度の熱心の危険に対する防禦装置が保持されていなければならないことを教えてきた。刑法の怖ろしい装置を、単独の役人（single functionary）に委ねることはできない。それ故、刑事裁判の複雑な過程は、別個の部分に分割され、それぞれの部分が種々の構成員に帰属する責任を果たすのである。

本件での各供述が申立人に不利な証拠として許容された情況は、議会によって連邦捜査官に命じられた義務を明らかに無視している。フリーマンとレイモンド・マクナブは深夜に彼らの家で逮捕された。法が要求するように、彼らの留置（detention）の正当化理由が十分であるかを判断するために合衆国コミッショナー又は司法長官の面前に引致することなく、彼らは荒地の小屋に押し込められ、そこで一四時間留め置かれた。彼らは二日間、捜査官による絶え間のない取調べにさらされた。そしてベンジャミンの自白は、彼を違法に拘束し連続して五時間ないし六時間の取調べによって彼から獲得された。マクナブ一家は、友人の助けも弁護人の利用もなしに、これらすべてに従わなければならなかった。記録によれば、申立人の取調べは彼らを逮捕した捜査官による拘束中に行われたことに疑いはない。議会が命じた手続のこのような目に余る無視（flagrant disregard）を通じて獲得された証拠に基づいた有罪判決は、裁判所それ自体を故意に法に従わなかった共犯者とすることなしに維持することは認められない。このように獲得された証拠の使用を裁判所は明示に禁止していなかった。しかし、このような証拠を連邦裁判所において有罪の根拠とすることを認めるのは、議会が法として制定したポリシーを台無しにすることになろう。

王座部（King's Bench）の裁判官が警察官により拘束されている被疑者（prisoners）の取調べのためのルールを明らかにしたイギリスとは異なり、（脚注9）身柄を拘束されている人から証拠を獲得する際に執行官を規制する特別な規定は連邦法にない。われわれが言及してきた立法以外に特別の制約がないということは、証拠が確保された情況はその許容性を確認するのに関連がないことを意味しない。自白が警察による身柄拘束中に獲得されたという事実は、それだけでその自白を不許容とすることにはならない。【1】ホプト判決等と比較せよ。しかし、本件におけるように、連邦裁判所での刑事裁判の過程において獲得された証拠が法律上の権利に違反して獲得されたことが明らかである場合、そのような証拠の排除の申立てを支持し、本件で行われたように審理を開き、そのような申立てを容れるか否かを判断することは公判裁判所の義務である。【5】第二次ナードン判決で指摘したように〝刑事裁判の文明化された行為は機械的ルール内に限定されない。それは当然、十分に確立した裁判所の裁量の範囲を含む。連邦裁判所において主宰する裁判官に委ねられた限定的な命令の権限（の行使）を要求し上級審での相当な吟味を受けることになる。われわれのそのような制度は、本件で示された限定的範囲において、連邦裁判官の学識、常識、公正および勇気に基づいていなければならない。〟

（脚注9）一九一二年に内務省の要請に応じた王座部の裁判官は〝裁判官の指針のためにルールを発した。これらのルールは一九一八年に修正された。一九三〇年に回状（circular）が、裁判官の認可を得て発せられた。これらのルールは法の効力を有していないけれども、イギリスの裁判所は、警察の拘束下にある被告人（accused persons）によってなされた供述を許容する前に、厳格に順守されるべきであると主張している。

中立人の自白は彼に不利な証拠として不当に許容された。そしてこれらの証拠に基づいた彼らの有罪判決は維持できないと判示する際にわれわれは、刑事事件の公判において連邦裁判所によって公式化され適用された基準の最終審としてのわれわれの機能に限定する。われわれは、正義と自由の守護者としての裁判所の義務への相当な考慮（decent regard）から、本件で明らかにされた情況下に獲得された証拠に基づいて人は有罪とされるべきではないと判示するにとどまる。「自由の歴史の大部分は手続的保護の順守の歴史だった（The history of liberty has largely been the history of observance of procedural safe guards.）。そして刑事司法の効果的運営は、法によって課せられた公正な手続を無視することを要求しないのである。（at 347.）

【10】アシュクラフト強制自白許容デュー・プロセス違反妻殺害事件判決（一九四四年五月一日）

本判決（Ashcraft v. Tennessee, 322 U.S. 143）は、黒人男性に妻殺しを依頼した嫌疑で併合審理された被告人が三六時間にわたり睡眠も休憩も与えられず外部から隔離された状態で自白し有罪とされた事案につき、六対三で強制によるものでありデュー・プロセスに違反するとしたものである。

【事　実】　一九四一年六月五日（木曜日）午前三時ころアシュクラフト夫人がテネシー州メンフィスの自宅から車に乗ってケンタッキー州にいる母親を訪問する旅に出かけた。同日午後遅く彼女の車がメンフィスから数マイルの逆の道路上で停車しており道路から離れて前のめりになっている彼女の死体が発見された。彼女の頭には殴打された傷があり、それが死因だった。二〇歳の黒人男性ウェア（Y）が州裁判所で大陪審によって起訴され、彼女の殺害で有罪と認定された。白人男性で彼女の夫である四五歳のアシュクラフト（X）がYを雇って彼女の殺害を依頼した嫌疑でYと併合審理のうえ事前共犯（an accessory before the fact）として有罪とされた。両者はいずれも州刑務所での九九年の刑を言い渡された。テネシー州最高裁はこの有罪を維持した。

ウェア（Y）とアシュクラフト（X）は上告受理の申立ての際に、そのいわゆる自白は州の法執行官が第一四修正に違反して強制して獲得したものであり、これらの自白を根拠として〝それだけで（solely and alone）〟彼らは有罪とされたと主張した。これに対し合衆国最高裁が、彼らの主張は十分な連邦問題を提起しているとして取り上げたのが本件である。

【判　示】　本件記録によれば、公判裁判所もテネシー州最高裁も実際には（actually）申立人（X、Y）の自白は〝自由で任意になされた〟ものであると判示していない。公判裁判所は陪審の聞こえないところでこの争点に関する証拠を聞いたが、自らはその証拠から自白は任意であると判断しなかった。すなわち〝当裁判所は、法の問題として、合理的な人であれば、このいわゆる自白が任意に獲得されたか否かの問題に関して異なりうるか判示することはできない〟と指摘したのである。そして同様に、そのいわゆる自白の使用に対するウェアの異議申立てを却下した際に、〝二一人の合理的な人が……ウェアの自白が任意であったかに関し異なりうるかもしれない、それ故、それは陪審が判断すべき事実の問題である〟と指摘した。また州最高裁は、自白に関わる証拠を吟味し、そして積極的にそれらは任意であると判示しなかった。

それ故、もし二つの自白の任意性の問題が実際に判断されたというのであれば、それは陪審によって判断されたのであった。そして陪審は、この自白の問題に関して一般的に次のように説示された。すなわち、

〝私は陪審員の皆さんに次のように説示します、被告人によってなされた口頭または書面による自白が自由で任意にかつ処罰の不安や報酬の期待なしになされたことが本件において立証されたのであれば、本件でのそれ以外の事実と情況のすべてを考慮することができます〟と説示したのである。

アシュクラフト（X）のいわゆる自白に関してはこのような一般的な説示が陪審への唯一の説示だった。しかしウェア（Y）の自白に関して陪審はさらに以下のように説示された、すなわち、

〝彼（ウェア）は暴徒の手での暴力をおそれて、かつ彼に対して告発された犯罪について彼の有罪の自白を迫る捜査官をおそれて自白を誘引されたというのが彼（ウェア）の主張です。しかし、そのような自白は虚偽であり、彼はそのことに関して一切かかわっておらず、そのような犯罪は全く知らなかったと主張しています。もし皆さんが被告人ウェア（Y）の主張（theory）を信ずるのであれば、彼を無罪釈放（acquit）するのが皆さんの義務です。〟

州裁判所によるこのような自白の取扱い、自白が陪審に委ねられた方法、および自白を重視する強調は、中立人（X、Y）の主張を〝独立して吟味する〟ことをさらに重要としており、いずれにせよ、われわれにはこのことを吟味しなければならない。【7】ライゼンバ判決一三七―一三八頁。その判断をするわれわれの義務は、〝裁判所の事実認定、または陪審の評決、またはその両者によって妨げられる〟ことはあり得ない。われわれは、それ故、そのいわゆる自白がされた情況にかかわる証拠の検討に進む。

第一、アシュクラフトに関するもの。アシュクラフト（X）はアーカンサス州の農場で生まれた、一一歳のときに彼はその農場を立ち去り、他の人のために働く農場労働者になった。彼は後に建設労働者に引きつけられ最後に熟練した掘削機操作員でかなり有名になっていた。一九二九年に彼は故イーダ・アシュクラフトと結婚した。子供はなく、主としてアシュクラフトの稼ぎで銀行預金を含め蓄財があった。テネシー州最高裁は、アシュクラフト夫妻の生活は総じて幸せだったと認めている。アシュクラフト夫人の悲劇的な死亡以前にアシュクラフトの家に客人として招かれた何人かは、夫婦は二人とも幸せそうに見えたと証言している。

妻の死亡当日の午後六時ころアシュクラフト（X）が仕事から自宅に戻ったとき、捜査官は初めてXと話をした。捜査官によって妻の悲報を伝えられたXは、自動車免許証でしか身元が確認できなかった彼女の死体を確証す

るために死体置き場（an undertaking establishment）に案内された。そこから彼は郡刑務所（county jail）に連行され午前二時ころまで捜査官と相談した。夫婦のメイドやアシュクラフト夫人の友人やX自身を取り調べるなどしたが、何ら貴重な手がかりは得られなかった。犯人の身許を示す物的証拠は入手できなかった。

そこで六月一四日（土曜日）早朝、捜査官はXの家に赴き彼の身柄を拘束した。テネシー州最高裁によると〝彼らは、XをS郡刑務所の五階北西角の部屋に連行した。この部屋にはあらゆる種類の指紋用品、カメラ、その他犯罪や刑事用道具などが整えられている。捜査官は、Xをその部屋のテーブルに留めて彼の頭に光をあてて質問したのは明らかである。彼らは交替で一九四一年六月一六日（月曜日）朝までXを取り調べた。Xは土曜日の夕方七時二〇分から月曜日朝まで五階の殺人課取調室でおよそ九三時間取り調べられたのは明らかである。

捜査官の証言によると、彼らがアシュクラフト（X）を交替で取り調べた理由は、非常に疲れていたので休まなければならなかったからである。しかし、土曜日の夕方七時から日曜日朝までXは休めなかった。ある捜査官によると、彼はXに五分間だけの休息を与えたが、この五分間の休息を除くと、連続した取調べが続けられた。この三六時間の密室での取調べ中に五階の部屋で何が起こったかに関する証言は、通常のパターンで絶望的なまでに争いがある。Xの証言によると、彼が拘束されて最初に聞かれたことは、〝なぜ、あなたは自分の妻を殺害したのか〟という言葉だった。この取調べの過程で彼は種々の方法で脅かされた、そして時間が経つにつれて強力な電灯の光で彼の目は見えなくなり身体は疲労し、彼の神経は耐えられなくなった。他方、捜査官は、取調べ中彼らは親切で思いやりがあったという。捜査官によると、彼らはXが刑務所の建物に引致されてその四時間後に自白するまで殺人についてXを非難することはなかったという、もっとも、そのときから彼らの集中的な質問攻めは、彼が殺人犯人であるとの仮定に基づいていたことは認めている。月曜日朝に連行され三六時間の試練（ordeal）で頂点に達した取調べを目撃した他の人々と同じく捜査官は、Xはその当時冷静で落ち着いていたと述べた。彼の視覚には支障がなく、目は赤く腫れ上がっていなかったし、彼は疲れや眠気のサインは外見上認められなかったという。

アシュクラフト（X）が実際に自白したかに関する証言に争いがある。Xによると、彼を自白に追い込もうとする捜査官との絶え間ない試みにもかかわらず。彼は犯罪への関与に関する知識を一度も認めなかった。そして彼はとりわけ、一緒に時々仕事をした仲間の一人としてウェア（Y）の名前を挙げたにすぎないと主張し、彼がYを非難したという捜査官の供述を否定した。しかし何が起こったのかに関する捜査官の話によると、それは日曜日夜午後一一時ころで、二八時間に及ぶ連続の取調べ後にXが、彼の家でウェア（Y）が彼を打ち負かし（overpowered）、故人（X夫人）を拉致したので、Yがおそらく殺人犯人であるという供述をしたというのである。深夜ころ捜査官はウェア（Y）を発見し身柄を確保した、そして彼らの証言によると、Yは月曜日朝、自己負罪的供述をした、そして五時四〇分ころそれに署名し、その中で妻を殺害させるためXがYを雇ったという供述をした。Yのその自白調書は月曜日朝六時ころXに読み上げられた。そしてXはその真実性を実質的に認める詳細な供述をしたため、それはレポーターによって書き留められた。月曜日午前九時三〇分ころ、Xのしたとされる供述の謄本（transcript）がXに読み上げられた。州によると、Xはその真実性を確認したが、まず彼の弁護人と相談したいと言ってそれに署名することは拒否したという。

アシュクラフト（X）の自白の有効性に関する結論に達する際に、われわれは、刑務所の取調室の中で生じたことに関し争いのある事実やXが実際に自白をしたかなど争いある問題を解決していない。そのような争いは、密室下の糺問的取調べの避けられない結果である。そして密室下での糺問的取調べ（secret inquisition）の内部での詳細を確認する証拠は、常に、被告人に不利に処理（weighted）される。とりわけ、本件におけるように、彼が凶悪な犯罪で起訴されている場合、あるいは多くのそれ以外のケースにおけるように、彼の犯したとされる犯罪が不人気な経済的、政治的、または宗教的な理由にかかわりがあると考えられる場合にそうである。

われわれの結論は、もしアシュクラフト（X）が自白したのであれば、それは任意でなく強制によるものであるという全く争いのない事実に基づいている。評判のよい市民であるXは警察官によって身柄を拘束された。身柄を拘束された刑務所での取調べからXに不利なことは何も明らかにならなかった。近くの人や仕事関係者の取調べも同様、彼の有罪を示す唯ひとつの手掛かりすら明らかにならなかった。逮捕後三六時間、彼は外部から隔離されたまま睡眠も休息もなしに、捜査官や法律家が順番で彼を取り調べた。土曜日の夕方午後七時の取調べの開始から月曜日朝六時までの取調べまでアシュクラフト（X）は自己の妻の殺害へのかかわりを否認した。月曜日午前八時三〇分ころ治安判事面前での有罪の告発に対しXは有罪でないと答弁した。

われわれは矛盾のない証拠によって示されているこのような情況は、内在的に強制的であるので、その存在自体が全面的な強制にさらされている孤独な被疑者（suspect）の精神的自由と相容れないと考える。(脚注9) いかなる裁判所であれ、警察官が交替で三六時間も休息も睡眠も与えずに〝任意〟の自白を引き出そうとして連続して被告人を取り調べることを国民が警察官に認めるとは考えられない。

（脚注9）【3】ブラム判決五六三頁。【6】チェインバーズ判決。ブラム判決での問題は、ブラムは第五修正に違反して警察官によって自己負罪供述を強制されたかであった。そして本件での問題は、アシュクラフト（X）はそれと同様、第一四修正に違反して、そのような供述を強制されたかである。【7】ライゼンバ判決二三六―二三八頁。両者を一緒にすると、ブラム判決とライゼンバ判決は、強制された自白は、州または連邦の裁判所において被告人を有罪とするために用いることはできないと判示している。そしてブラム判決での判断は、アシュクラフトが当の情況下で自白をしたことが認められたその情況は彼が任意に行動したという判示を妨げているのである。

いかなる個人に対しても強制された自白によって有罪とすることの障壁として合衆国最高裁はアメリカの裁判所において屹立している（stands as a bar）。これと反対のポリシーに依拠して犯罪の被疑者（suspected）を無制限に逮捕する権利を有する警察組織によって獲得された証言で個人を有罪とし、秘密の拘束下に物理的または精神的拷問によって無理矢理に自白を引き出す政府は外国にあったし今でもある。しかし憲法がわれわれの共和国の基礎法である限り、アメリカがそのような種類の政府を持つことはない。

第二、ウェア（Y）に関するもの。アシュクラフト（X）とウェア（Y）は併合審理された、そしてXはYを雇って本件殺人を犯したとして有罪とされた。Xの有罪判決が認められたのは相当であるという前提に基づいてYの有罪判決はテネシー州最高裁により維持されたのである。Xの有罪判決を破棄するのであれば、Yの有罪判決も破棄すべきであることが求められている。本件事案を処理する際に、正義の要求するそのような処理をするのはわれわれの義務である。本件での導きの原理を適用すると、われわれはウェアの事案をケンタッキー州最高裁に差し戻すことになる。このような情況下にテネシー州最高裁の判断を無効とし、本件を同裁判所に差し戻すこととする。

【11】ライオンズ反覆自白許容デュー・プロセス違反否定殺人放火事件判決（一九四四年六月五日）

本判決（Lyons v. Oklahoma, 322 U.S. 596）は、逮捕直後の第一自白は違法な強制によるものとして排除されたがその後の第二自白時にも当初の第一自白排除の原因となった違法な誘因の影響が残っているかが争われた事案につき、以前の強制の影響は第二自白以前に消滅していたことを理由に、これを許容しても第一四修正のデュー・プロセス条項に反しないとしたものである。

【事　実】　一九三九年一二月三一日夕方、A夫妻と四歳の子供の三人が自宅で殺害されたうえ家屋とともに焼かれた。間もなく被告人ライオンズ（X）と共犯者ビッセルに嫌疑がかかり、Xは翌四〇年一月一一日、警察官（Pら）によって逮捕された。Xは逮捕直後に甲刑務所で二時間の取調べを受けた。Xは同刑務所に一一日間収容された後、郡検察官事務所で取り調べられた。この取調べは夕方六時三〇分ころに始まり翌朝二時から四時までの間続けられて四つの自白が獲得された後、刑務所長Qによって乙刑務所で第二自白が獲得された。この第二自白の二日後に、Xは乙刑務所の看守に対し口頭による第三自白をした。この第三自白は、異議なく公判で証拠として許容されたため、本件で争われたのは、第一自白獲得時の取調べを理由に第二自白の証拠としての許容性を否定できるかどうかである。

Xは逮捕時、二一〜二歳の既婚者で教育の程度は明らかでないが、第二自白には署名していた。知能の異常を示す証拠はない。Xは鶏泥棒と不法侵入で二度刑務所に入ったことがある。Xの妻と家族は、Xの逮捕と第一自白との間にXを訪れた。一月一一日の逮捕時と最初の取調べ時の警察官による身体的虐待についてはXの証言がある。Xの姉妹は、その後間もなく刑務所にいるXを訪れ、Xの身体への暴行の跡と目のまわりの黒あざに関して証言した。Xによると、右暴行にあわせて、警察官から自白しない限り、さらに身体的危害を加える旨の脅迫が加えられたという。Xらの証言は取調べに参加した警察官によって全面的に否定された。

その一一日後に第二回目の取調べが行われた。ここでも暴行の有無に関して争いがある。一一〜二名の捜査官が一晩中、狭い検察官事務所を出入りした。Xによると、Xは再び暴行を受けたという。郡検察官、検察官補、看守、ハイウェイ・パトロール巡査を除き、Xの非難した関与者はすべて暴行を否認した。利害関係のない証人（複数）が捜査官の供述――それは同人が本件暴行にかかわりのあることを示していた――に関して証言し、そして検察官は、反対尋問で被告人の非難に沿う（gave color）言葉を用いた。取調べは午前二時三〇分まで続けられて口頭の自白が獲得されたこと、そしてXの自白を引き出すために取調官が被害者の遺骨の入った鍋をXの膝の上に置いたことについては争われていない。このときに獲得された自白は証拠として提出されていないので、これらの出来事と本件との関係は、その後に乙刑務所で獲得された自白が不任意であることを立証するのに役立つかどうかである。

一月二三日早朝の口頭による自白後にXは犯行現場に連行され、犯行時に用いた道具についてさらに取調べを受けた。Xは午前八時三〇分ころ刑務所に連れ戻されてしばらく一人で放置された後、保安官補と民間人がXを乙刑務所に連行し、そこで同日午後八時から一一時までの間に獲得された第二自白にXは署名した。この第二自白を証拠として許容することに対し、たとえこの第二自白獲得時に強制力が用いられていなかったとしてもそれ以前の取調べ時に受けた暴力的な取扱いによって植え付けられた恐怖心（the fear instilled）はなお十分に作用するという理由で異議が申し立てられた。公判裁判官は、オクラホマ州の慣行に従って検察官と被告人双方の意見を聴いたうえで、被告人の有罪・無罪の判断を陪審に委ねた。しかし、第二自白は以前に受けた暴力的な取扱いによって生じた恐怖心に由来するとの被告人の主張については触れることはなかった。Xは州地方裁判所で有罪とされ、刑事控訴裁判所もこれを維持した。これに対し合衆国最高裁は上告受理の申立てを容れ、六対三で原判決を破棄した。

【判　示】　本件で自白を獲得するために不当な手段が用いられたが、その自白は公判で用いられなかった。Xは後に他の場所で異なる人物の同席の下で再び犯罪に関する事実を述べた。不任意自白は、もちろん、違法な圧力、暴力または脅迫と同時に、またはそれに引き続いてなされうる。その後になされた自白はそれ自体任意であるかの問題は、それを取り巻く状況から推論しうる強制的行為の影響がなお残存する（the continuing effect of coercive practices）かどうかにかかっている。自白の任意または不任意の性格は、被告人（the accused）が自白をする時点で、疑われている犯罪への加担を自白しまたは否認する〝精神的自由〟を有していたか否かに関する結論に基づいて判断される。

本件争点は、結局、乙刑務所での自白は甲刑務所での出来事の不可避的結果であるのかどうかである。第一四修正は、禁断の誘因を理由として、自己の有罪を一旦認めた被告人に対し、彼のその後の自白はいかなる状況下においても公判で用いられないとするものでない、後の自白の許容性は同一の判断基準――すなわち、それは任意であるか——による。もちろん、以前の供述が強制によって被告人から獲得されたという事実は、後の自白の性格を評価する際に考慮されるべきである。以前の虐待の影響が非常に明白であるため、それが被告人の精神を支配し後の自白は不任意であるという結論以外の推論は禁じられるということはありうる。以前の自白と後の自白との関係が前者の事実によって後者の性格が支配されているといえるほど密接でなければ、推論は事実認定者の役割であり、そのような不確かな状況下での自白は任意のものとして許容されるとの事実認定者の結論はデュー・プロセスを否定するものということはできない。オクラホマ州刑事控訴裁判所は、本件において、以前の強制の影響は第二自白以前に消滅したとの判断は証拠によって正当化されると決定したのであり、われわれは、これに同意する。

われわれの見解によれば、甲刑務所での以前の出来事によって後の乙刑務所での自白は虐待によってもたらされたものであるとの結論が必然的に導き出されることにはならない。乙刑務所での第二自白は最初の供述とはまる一二時間離れている。それはXを保安官の管理から刑務所長の管理に移した後でなされた。甲刑務所での取調べ時に一時同席していた一人が乙刑務所での取調べ時に同席していたのは事実であるが、その人物は甲刑務所での取調べ時にXを虐待したとされる人物の中に含まれていなかった。Xの身柄は刑務所長Qに引き渡されて、供述すれば不利益な証拠として用いられること、そして任意に希望しない限り供述する必要はないことをQから告知された後、Xは何らの強制・脅迫もなしに間もなく進んで（readily）自白したことを示す同席者の供述もあった。Xは同刑務所の以前の在院者として、刑務所長とは面識があった。Xは、そこで虐待を受けるおそれは過去において一切なかったと証言していた。Xは二〜三日後に全く強制のない状況下において、現場検証以来（from his own locality）面識のあった刑務所の看守長に対して明白に殺害を認めたという事実は、自己の有罪をすっかり打ち明けることが賢明であるとXが判断したこと、そしてQへの自白は任意であることを強く示している。

第一四修正は、〝まさに正義という概念に不可欠な基本的公正〟を無視するような方法で行われた刑事裁判を州裁判所で受けることのないよう保障するものである。強制された自白は基本的な正義の基準になじまない（offensive）という理由は、拷問によって獲得された供述は文明化された裁判所（civilized forum）が有罪を推認する前提とはなり得ない。第一四修正は、陪審の評決における単なる誤りを、たとえその誤りが自白の任意性にかかわるものであるとしても、再審査しない。Xの甲刑務所での自白に一部依拠した有罪の推論は公正な裁判を否定するほど極めて非論理的かつ不合理であるということはできないのである。

【12】マリンスキー任意自白許容デュー・プロセス違反肯定警察官殺害事件判決（一九四五年三月二〇日）

本判決（Malinski v. New York, 324 U.S. 401）は、共犯者とともに警察官殺害で起訴され州段階でいずれも死刑が確定した事案につき、被告人マリンスキーの有罪判決についてのみデュー・プロセスに違反するとして破棄したものである。判決文の三倍に相当する反対意見や同調意見が付されているがすべて省略する。

【事　実】　マリンスキー（X）とラディシュ（Y）はインドビーノ（Z）とともに、銀行に納金する劇場のマネージャーを護衛していた警察官フォックスを殺害したとして有罪とされた。強盗殺人犯人を特定できる証人はいなかった。Xは何人かの証人――旧友でシンシン刑務所で三〇年から六〇年の刑で服役中のスピーゲル、Xのガール・フレンド、Xの義兄弟など――によって本件に関係があるとされていた。各証人はいずれも、Xが彼女に犯罪を告白したと証言した。Xのガール・フレンドと義兄弟への告白は犯罪の三時間後になされたもので、単にXは警官を殺害したにすぎないというものだった。スピーゲルへの告白は計画された犯罪の遂行を詳細に明らかにしていた。Xは、これらの告白をしたことを否認した。しかしニューヨーク州最高裁（the New York Court of Appeals）が指摘したように、これらの自白およびその他の訴追側証拠は、もし信用できるとすると、Xの自白を全く度外視しても、Xの有罪判決を裏付けるのに十分である。しかし、後者の自白が獲得された情況は、われわれ

(最高裁)が上告受理の申立てを容れるのに十分で重要な連邦問題を提示していた。

Ｉ　マリンスキー(Ｘ)は一九四二年一月二三日(金曜日)出勤途中で逮捕された。警察は彼をＮＹブルックリンのＢホテルに連行し、午前八時ころ同ホテルに到着した。彼は罪状認否手続に付されず直ちに裸にされ、午前一一時に彼は靴と下着を着ることを認められ、彼の身体を包む毛布を与えられたが、午後六時までそのままの状態だった。Ｘによると、その間に警察官から殴打されたというが、警察はこのことを否認している。打撲傷や傷跡のような明らかな殴打の傷はなかった。そしてＸは、罪状認否手続で裁判官にも、後に拘束された刑務所当局にも不平を訴えていなかった。

一月二三日(金曜日)朝、スピーゲルがホテルに連れてこられた。彼とＸは同日午後しばらく二人だけにされた。彼らが会って間もなく――午後五時三〇分か六時ころ――Ｘは警察官に自白した、そしてその後で服を着ることを認められた。Ｘは当夜とそれに続く三日間、同ホテルに留置された。最初の自白後に取調べがどれほど長くかつ頻繁に行われたかを正確に示す記録はない。しかしＸが二四日(土曜日)早朝に取り調べられ、そして一日中取り調べられたのは明らかである。さらに彼は二五日(日曜日)、スピーゲルと一緒にホテルから犯行現場に連行されて取り調べられ、犯罪とかかわりのある若干の場所を示し、そこで当の犯罪をどのようにして遂行したかを明らかにした。二六日(月曜日)に彼はホテルから警察署に連行され、強盗事件で使用した自動車を特定した。一〇月二七日(火曜日)午前二時ころ彼は警察署で自白した。この自白は公判で提出された。その後間もなく――午前四時ころ――彼は警察の記録簿に記載され(booked)、独房に入れられ、まもなく罪状認否手続が行われた。

公判裁判所は、一〇月二七日の自白の任意性に関する予備審問手続を開いた。本件には一〇月二三日の自白は一〇月二七日の自白と同様、陪審に委ねられるべきであるかの問題があるが、公判裁判官は陪審に対し、自白は合理的な疑いを越えて任意であったことが認められない限り考慮されてはならないと説示したことを指摘することで十分である。罪状認否手続（アレインメント）の遅延は決定的ではないけれども、陪審は任意性の問題に移行（pass on）する際にそれを考慮できると告げられた。州最高裁は見解は分かれたが、有罪判決を維持した。しかし、不任意自白の提出によって第一四修正のデュー・プロセスに違反したかどうかの問題は、争いのある事実に関してわれわれが独立して判断しなければならない問題である。【6】チェインバーズ判決、【7】ライゼンバ判決、【10】アシュクラフト判決。

【判　示】　自白は強制された（coerced or compelled）ものであることを付随情況（all attendant circumstances）が示しておれば、その自白は被告人を有罪とするために用いることはできない。【10】アシュクラフト判決一五四頁。その自白が公判で提出されておれば、たとえその自白以外の証拠で陪審の評決を維持するのに十分であるとしても、有罪判決は破棄されることになる。【7】ライゼンバ判決五九七頁。

一〇月二三日金曜日（マリンスキーの留置の初日）午後遅くになされた自白が【6】チェインバーズ判決、【7】ライゼンバ判決、および【10】アシュクラフト判決の下で許容できたかにつき重大な疑問がある。自白がマリンスキー（X）が衣服を脱がされ裸にされていた間の執拗な取調べの産物であったのであれば、本件の結論は明白である。しかし、そうではなかった。Xはホテルに到着したとき裸にされたが、それは彼が撃たれて負傷したその弾丸を調べるためだった。彼は数時間そのままの状態にされていた。しかし、その間に彼は時折の取調べ以外に執拗に取り調べられたことは明らかでない。この間に彼から自白は獲得されなかった。彼は殴打されたと述べたが、これには争いがあった。いずれにせよ彼は再び、靴と靴下および下着、そして自らを包む毛布を与えられた。Xが一部のみ衣服をつけたままで執拗で長期の取調べを受けたことは記録によって示されていない、しかしいくつかの情況は際立っている（stand out）。Xは外部から隔離され拘束されていた（held incommunicado）。彼は弁護人を要求したけれども、弁護人と会うことは認められなかった。そして一つの例外を除いて[脚注3]、友人と会うことも認められなかった。その例外はスピーゲルだった。(脚注4) すでに指摘したように、彼（スピーゲル）とマリンスキー（X）は、その日の午後、私的に会った（had a private conference）。Xは、スピーゲルがそこにいることを告げられたので彼に会いたいと言った。何が起こったかに関するスピーゲルの供述は、Xのそれとは異なっている。前者によると、警察はXがしたことの大半を知っているので〝残りをすべて警察に話した方がよい〟とXに言った、そこでXは〝俺に何をせよと言うのか〟と尋ねたところスピーゲルは、〝お前を標的に（hit）させないようにしろ（don't let them hit you）、お前があれをやらなかったことはお前が知っている、〟外へ出たら俺がお前に真実を話せと言ったと警察に話せと告げたというのである。その後まもなくXは一〇月二三日の自白をした。この証拠だけでは当の自白は強制されたことを示すのに十分でないのであれば、検察官のコメントには疑問の余地がないことになる。検察官は陪審への最終弁論（summation）において、ニューヨーク州最高裁が弁護の余地なし（indefensible）とし、自白は任意になされたものでないことを立証するのに十分であると考えると若干の供述をしているからである。検察官は、〝マリンスキーに口を割らせるのは難しくない（not hard to break）、〟彼は自分のしたことを気にしていなかったと述べ、さらに次のように付加した、すなわち〝なぜ彼の衣服を脱がせた話になるのか？　むろん彼ら（警察）には、弾丸による傷を探すために彼に服を脱がせて裸のままにしておく権利がある。これは全く相当な警察の手続であった。毛布を身体に着けたままで彼を座らせる、そこで暫く彼に屈辱感（humiliate）を与える、部屋の隅に彼を座らせて徹底的に取り調べられると彼に考えさせるという若干心理的やり方（psychology）であると付加していたのである。

この検察官の言葉をそのまま受け取ると、一〇月二三日の自白は、犯罪で人を有罪とするために用いることが認められない恐怖の産物である。しかし、この強制された自白は証拠として提出されなかった。それが陪審に委ねられたのは、その後の自白の任意性に光が当てられることに限定されていた。そして【11】ライオンズ判決六〇一頁の下で、陪審への説示の相当性の判断は州裁判所にあると主張されている。われわれは、しかし、ライオンズ判決は本件に適用できると考えない。

一〇月二三日の自白は口頭によるものでその詳細は証拠として掲げられていなかった。しかし訴追側証人であるスピーゲルは、マリンスキー（X）はそのとき〝すべて〟を語ったとして彼の証言の中でそれに言及した。一人の警察官は、訴追側証人として同旨のことを証言した。検察官は、われわれがすでに引用した彼の最終弁論で、そのことに言及した。彼はさらに、〝彼（マリンスキー）は連行後の夕方六時には〝すべてを話した〟と付け加えた。一〇月二七日の自白が証拠として提出されたとき、予備審問手続が開かれた。この手続は一〇月二七日の自白と同様、一〇月二三日の自白の任意性にも及んだ。公判裁判官は陪審への説示において、一〇月二三日の自白に至る出来事――検察官の主張、マリンスキーの主張――を吟味した。それからマリンスキーを罪状認否手続に付するのが遅れた点につき言及し、警察は逮捕の当日マリンスキーを罪状認否手続に付するつもりだったがマリンスキーがスピーゲルと一緒にホテルにいることを希望したとしたうえで、［陪審に］次のように説示した。〝いずれにしても、皆さん、不必要な遅滞なしに被告人を最も近くの治安判事の面前で罪状認否手続に付するのが警察の義務でした〟と述べ、さらに、〝もし警察官がそのような義務を果たさず、またはそのことを拒否すれば、彼は軽罪（a misdemeanor）であることを皆さんに説示します〟と述べている。

〝しかし私は皆さんに、アレインメント手続の遅滞それ自体は訴追側（people）に決定的に不利とはなりません、そのことだけで自白の有効性を破壊することはないと説示します。お分かりですか（is that clear ?）。

〝マリンスキーが自白を強制されたかどうかの問題に関し、彼はアレインメントに付されたとき不服を申し立てず刑務所の医師の治療（services）を求めなかったことを皆さんは考慮できます。しかし、この証拠は、もし真実であれば、マリンスキーに不利な決定的証拠にはならず、その自白の任意性の問題に関し陪審によって考慮できるだけです〟と説示したのである。

マリンスキー（X）は、一〇月二三日の彼の自白へのこのような言及に異議を申し立てなかった。そして彼は、検察官のコメントを理由に裁判のやり直し（mistrial）を要求しながら、本件のこの局面に関し拒絶された説示を問題としていないのである。ニューヨーク州最高裁は、しかし、Xは公判で使用された一〇月二三日の彼の自白の異議を申し立てることを禁止されたと判示しなかった。同最高裁は、警察に対してなされた彼の三つの自白と同様、一〇月二三日の口頭によるXの自白を公判裁判所が陪審に委ねたのは誤りであったという彼の異議申立てを検討した。そして同最高裁が、Xの自白は法の問題として排除されるべきではなかったと判示したとき、逮捕当日の金曜日の夜に警察官に口頭でした自白だけでなく日曜日と月曜日の二回にわたる自動車による移送（trips）時の自白のほか一〇月二七日（火曜日）早朝に速記された地区検事への自白を意味していた。その判断は、この四つの自白はいずれも法の問題として不任意ではないというものであった。それ故、ニューヨーク州最高裁は、警察へのこの四つの自白のすべてが陪審に委ねられたことを前提に有罪判決を検討したのである。

公判では繰り返し一〇月二三日の自白に言及された。検察官はその最終弁論においてこのことに言及し強調した。陪審は第一自白を証拠として有罪としたりそれらをマリンスキーに不利な証拠として考慮してはならないと警告されたことは一度もなかった。われわれは、それ故、強制による自白が有罪を獲得するために用いられた一例として本件を考えなければならない。われわれが本件において一〇月二三日になされた自白の使用を是認するのであれば、強制による自白で公判が腐敗される（corrupting the trial）方法を認めることになろう。憲法上の権利は、直接的な無視と同様に微妙な侵害（subtle intrusions）によって損われる（suffer）ことになりうる。

それ故、われわれの面前での本件判断は、強制の結果として獲得された自白に一部依拠しているのは明らかである。したがって当裁判所の多数意見は、その後の自白は最初の自白の欠陥（infirmities）から自由であったかの問題には触れない（脚注6）。

（脚注3）　この問題はかなりショッキングな方法で検察官によって描写されていた、すなわち〝彼らは男たちを数日間拘束した。これで満足しますか？　彼らは彼を家に帰したり彼らに法の権利について教えるために優秀な弁護人（smart mouthpiece）を確保したりしない。とりわけ警官殺しであなたを裁判にかけようとしているとき、その背中に手を置いて何を希望しますか、あなたの弁護士や妻またはその他の人の立会いを希望するかというようなことを言うと考えているのですか。〟――。

（脚注4）　ニューヨーク州最高裁が指摘するように、スピーゲルとマリンスキーは、どちらかが刑務所に行くのであれば自由になった一人はもう一人の家族を助けることに同意した。スピーゲルがシンシン刑務所に行ったあとマリンスキーは、しばらくスピーゲルの妻を援助した。スピーゲルがそれ以上の支払いをすることを拒否したとき、スピーゲルは他の二人の服役囚――YとK――にそのことを打ち明けた。しかし彼らはマリンスキーの求めに応じる意思はなかった。奇妙なことにこのことが記録に残されていたため、警察の警部補がシンシン刑務所に派遣されてスピーゲルに会おうとしたとき、彼はその警察官に話すことを拒否した。その警察官はその後、警察への協力を示していなかったスピーゲルにYとKに話すべきであると告げた。このようなことの後で彼は話すことに同意したのである。

（脚注6）　ブラック、マーフィ、ラトレッジ裁判官はこのⅠの部分に参加している。

Ⅱ　われわれはラディシュ（Y）には言及していなかった。彼は警察に自白しなかった。マリンスキー（X）に不利な証拠として提出された一〇月二七日の自白はラディシュに偏頗であることを理由に、ラディシュに関して有罪を破棄するよう求められている。

たとえ一〇月二七日の自白は不任意であったとしても、本件において、われわれはこのような手続を相当と考えない。当の自白はラディシュおよびインドビーノに言及しているのは真実である。しかし陪審は、その自白はXに対してのみ不利に用いられ、かつXまたはYの身許に関して推測してはならないと明確に説示されていた。公判裁判所は説示で明確にYに対する事案とXに対する事案を分離した。ニューヨーク州最高裁は、Yに対する判決を維持した際にXが警察にした自白に全く依拠しなかった。

本件記録によると、ラディシュから提起された問題は彼の手続に関するもので、それを吟味する権限はわれわれにはない。たとえそれが強制によるものであるとしても、【10】アシュクラフト判決でしたように判決を無効とするのは相当でない。マリンスキーに対する判決を州法の問題として破棄するかどうかはわれわれが判断すべきことでない。

ラディシュに対する判決は維持する。

マリンスキーに対する判決は破棄する。

【13】ベイア反覆自白許容軍紀律違反事件判決（一九四七年六月九日）

本判決（United States v. Bayer, 331 U.S. 532）は、軍人の誠実義務違反のコンスピラシーに関して第二自白が違法な第一自白の〝果実〟であるかが争われた事件で、第二自白時の身柄拘束は〝管理上の制約〟にすぎなかったことなどを理由にその毒樹性を否定したものである。第一自白を袋から出された猫に喩えた一文は有名で、現在に至るまで繰り返し引用されている。

【事　実】　ベイア兄弟（X、Y）は、毛織物の製造業を営む資産家で地域での評判もよかった。Xには三人の息子がおり、いずれも兵役に服していた。Aはその一人で余り頑健とはいえなかった。Bはベイア兄弟の甥だった。A、Bの二人は一九四二年一二月一五日、合衆国空軍の兵籍に編入され、間もなくニューヨークのロング・アイランドにあるM部隊の司令部に配属された。Yは一九四三年一月、ニューヨークのナイトクラブでM部隊に駐屯する二人の将校と知己になり、その後さらに親交を深めた結果、二人を介してラドヴィッチ少佐（Z）とも親交を重ねた。A、Bは同年四月、Zの指揮する部隊に転属した。Xらは将校らに種々の贈物をした。中でもZは、Xらの会社に度々電話するなどして、ゴルフ・クラブ、旅行カバン、劇場チケットなど多くの贈物を得た。同年七月ころ、将校らがXから多数の贈物を受け取っているとの噂が流布したため、ZはA、Bを再転属させねばならない旨Xに伝えた。XはM地区に留まらせることを希望したので、ZはM地区の医療班にA、Bを転属させた。この後、XはZにおよそ二千ドル支払った。A、Bは一九四三年八月、再び海外勤務の必要ある空挺工兵部へ転属させられた。憂慮したXらが強力に働きかけた結果、Zの助力でA、Bを余剰員として国内勤務だけの空輸部隊に転属させることとなり、同年一一月二二日、A、Bを一旦Zの部隊に配置替えのあと、空輸部隊に転属させることに成功した。間もなくXは、Zに五千ドル手渡した。

Zは中国・ビルマ戦線で殊勲を立て帰国後の一九四四年八月九日、ニューヨークのM部隊への出頭を命ぜられ、出頭すると直ちに逮捕された。そして九月一六日までのおよそ五週間にわたり軍病院の精神病棟に監禁され、厳しい監視下に置かれた。Zはその間、電話を含め外部との連絡を一切認められず弁護人との接見も拒否されたが、軍法会議にかけられることも罪状認否のため治安判事（magistrate）の下に引致されることもなかった。「そのような拘束下に、Zは一九四四年九月五日ないし九月六日、最初の自白をした。」九月一六日以降はM部隊での単なる行政拘束を受けるにとどまり、一九四五年一月二日以降は基地司令官の許可の下に外出することも認められた。このような状況下にZは、「一九四五年三月一五日と一七日、FBIの特別捜査官に対しニューヨーク市にある合衆国裁判所で」第二回目の自白をした。この自白は「X、Yから受け取った七千ドルを考慮してA、Bらを転属させた」ことをやや詳しく述べたものであるが、第一自白とほぼ同一の内容だった。

X、Y、Zの三名は、Xの子息（A）およびX、Yの甥（B）の二名を非戦闘部隊に配置勤務させるなど便宜を図ることを共謀し、XとYがZに多額の金銭等を贈り、Zがこれを受理したとして合衆国軍人の公正かつ誠実な軍務に関して合衆国を欺罔したコンスピラシーで起訴された。Zは金銭の受理は認めたが、X、Yに説得されて収受したものであると主張し、コンスピラシーを否認した。Ｘ、Ｙも金銭の支払いは認めたが、Ｚに強要されたものであり、自分たちはむしろ被害者であると主張した。

四四年九月の第一自白は【9】マクナブ判決に違反するため証拠として提出されなかったため四五年三月の第二自白が毒樹の果実として排除されるかが争われた。ニューヨーク南部地区合衆国地方裁判所は、第二自白は任意にされたものであるから、許容できるとした。陪審は全員を有罪と認定したうえで、最も寛大な刑に処するよう勧告した。Ｘ、Ｙ、Ｚはそれぞれ一年、二年、一年六月の各実刑判決を言い渡され、全員が控訴した。第二巡回区控訴裁判所は一九四六年八月一四日、第二自白は第一自白の〝果実〟であるから、第一自白と同様に排除されるとした。「マクナブ判決で認められた違法性の汚れは、自白に至る前の身柄拘束が二日間ではなく一か月以上にも及んだ本件に明白に（decidedly）存在する」とした、検察官はこの自白を提出しなかったが、裁判所は両方の自白を検討し重要な点で両自白に矛盾はないと指摘した。「このような事実によれば、第二自白は明らかに以前の自白の果実であり、それと同様に許容できない」というのである。（United States v. Bayer, 156 F.2d 964, at 969-970.）これに対し合衆国最高裁は七対二で原判決を破棄した。

【判　示】　ＦＢＩにこの第二自白をした当時ＺはＭ部隊にいたが、許可なしに基地からの外出は認められないことを意味する〝管理上の制約〟下に置かれていたにすぎなかったとのＦＢＩ捜査官Ｆの証言によると、ＺはＦＢＩ捜査官（複数）と種々の会話をした。Ｚは当初の供述に含まれていなかった若干の事実について任意に話した。「この三月のＺとの会合（meeting）は全体のストーリーを一つの供述にまとめ上げることであった。ＦはＺに、その供述はＺに不利益な証拠として用いられることを警告した。Ｚは第二自白をする前に、最初の供述の提出を求めてそれに目を通した。三月の第二自白は〝補充〟と明示され〝基本的〟に先の自白と同一であったが、より詳細であった。検察官は第一自白の提出を拒否し、それは証拠として提出されなかった。そして裁判所はこの供述を検討して、両供述には大きな矛盾がないことを認めた。

もちろん、被疑者が自白をすることによって一旦猫を袋から外に出してしまうと、その（自白）の動機がどのようなものであれ、その後は自白をしたことによる心理的かつ実際的な不利益を免れることはできない。彼は猫を袋に戻すことはできない。秘密は永久に外に出てしまったのである。このような意味において、後の自白は常に第一自白の果実とみなすこともできよう。しかし、当裁判所は今まで、自白の使用を妨げる状況下で一旦自白をすれば、そのような事情が除去された後でも自白者は永久に有用な自白をすることができないと判示したことは一度もない。本件での第二自白は、第一自白から六か月後になされた。Zが受けていた唯一の束縛は、許可なしに基地を離れることができないということだけだった。このような軍隊内での自由の制約および軍紀律の維持は、正しい警告後に任意になされた自白を不利益な証拠として許容できないとするのに十分といえないことは明らかである。

【14】ワッツ任意自白許容デュー・プロセス違反肯定殺人事件判決（一九四九年六月二七日）

本判決（Watts v. Indiana, 338 U.S. 49）は、黙秘権告知も弁護人の援助を受けることもなしに床以外に寝るところもない〝穴〟のようなところで連続六日間の取調べ後に殺人事件に関する自白をした事案につき、デュー・プロセス違反を肯定したものである。

【事　実】　申立人ワッツ（X）は一九四七年一一月一二日（水曜日）、同日早朝の暴行事件の被疑者として逮捕・拘束された。その近くで同日遅く女性の死体が発見されたため、警察は、Xを郡刑務所（jail）から州の警察本部に移し、殺人容疑で取調べを開始した、彼は同夜一一時三〇分から翌朝三時ころまで警察官により交替で取り調べられた。同一の執拗な取調べが翌日の午後五時三〇分ころから翌朝三時ころまで六人ないし八人の捜査官による交替の取調べがあり、一三日（木曜日）、一四日（金曜日）、一五日（土曜日）、一七日（月曜日）にその取調べは続けられた。一一月一六日（日曜日）は取調べのない休息日だった。Xは一一月一八日（火曜日）朝三時ころ、前日の夕方六時からの連続した取調べの後で負罪的供述をした。この供述は自宅から呼び出された検察官を満足させなかったので、同検察官はXをその支配下においた。そして中立人（X）は、弁護士（lawyer）、裁判官そして検察官として二〇年の経験を有する取調官によって取り調べられ、より詳細な負罪的供述を明らかにした。

インディアナ州法は治安判事の面前での迅速なアレインメント手続等を要求していたにもかかわらず、Xは取調べの全期間中そのような保護を提供されなかったばかりか、憲法上の権利に関しても告知されなかった。インディアナ州最高裁は、彼から引き出された自白はデュー・プロセスに違反するとのXの主張を退けた。これに対し合衆国最高裁は上告受理の主張を容れ、六対三で原判決を破棄差し戻した。

【判　示】　人の生命を奪う自白は、自由な選択による意思表示でなければならない、もし自白が警察による持続的圧力の産物であれば、それは自由な選択によるものといえない。被疑者（a suspect）が押し付けられて（overborne）供述するとき、物理的または精神的試練（ordeal）にさらされたかどうかは重要でない、そのような情況下での取調べに最終的に屈服するのは、取調べの吸引過程（suction process of interrogation）の産物であり、任意とはまさに正反対のものである。このような取調べの過酷さそのものが、彼の憲法上の権利である暴露の拒絶（the refusal of disclosure）に固執するよりも答えた方が被告人の身のためであることを暗示する（implies）。被告人の留置（detention）を、あらゆる防禦装置のある公開の法廷では引き出し得ない証拠を彼からもぎ取る過程に変えるのは、逮捕権限の重大な濫用でありデュー・プロセスの手続的基準に違反する。

そうであるのは、われわれの刑事法の執行の根底にある原理に違反するからである。われわれの原理は、糺問的制度とは異なる弾劾的制度である。そのような制度は英米の刑事裁判の特徴だった、けだし、それは密室で被告人を長時間にわたり取り調べる大陸法から星室裁判所が取り入れていた実務から自らを解放したからである。

われわれの制度の下で社会は、被告人に対する告発を彼自身の口からでなく、自ら立証する責任を負っている。社会はそれ自身の事案を、被告人の取調べによるのでなく、熟練した取調べを介して独立に確保された証拠によって、その立証責任を果たさなければならない。特定の告発の要求、合理的な疑いを越えた立証、どのような形式によるものであれ、警察の圧力によって引き出された自白からの被告人の保護、治安判事面前での迅速な裁判の権利、必要ならば政府によって提供される弁護人の援助を受ける権利、憲法上の権利を被告人に助言する義務――これらはすべて弾劾的制度の特徴であることは明らかである。自白を引き出す目的での警察による取調べに被告人を長期にわたり無制限に従わせるのは、弾劾的捜査の破壊（subversive）である。それは防禦装置のない糺問的制度（inquisitorial system）である。

われわれは、申立人のその他の主張を吟味し、それらを支持しない。原判決を破棄する。

【15】ロジャーズ大陪審証言後関連証拠提出拒否法廷侮辱罪合憲判決（一九五一年二月二六日）

本判決（Rogers v. United States, 340 U.S. 367）は、連邦大陪審の面前に出頭した被告人がデンバーの共産党の会計係をしていたため共産党関連の記録を所有していたことを認めつつすでにある人に引き渡したと証言したにもかかわらずその人の名前を明らかにすることを拒否したため法廷侮辱罪に問われた事案につき、自己負罪拒否特権に反しないとしたものである。

【事　実】　本件はコロラド地区合衆国地方裁判所で定期的に召集されている大陪審による捜査から生じた。デンバーの共産党の記録が本件捜査に必要であるとして大陪審による質問の対象となった申立人ジェイン・ロジャーズ（X）は一九四八年九月、証人召喚令状に応じて大陪審面前に出頭した。彼女は、一九四八年一月までデンバーの共産党の会計係の地位にあり、そのため同党の会員名簿や正式記録を所有していたと証言した。Xは記録を（現在は）所有していることを否定し、それらは他の人にすでに引き渡したと証言した。しかし彼女は、同党の記録を引渡したとするその人物の名前を明らかにすることを拒否した、そして〝誰であれ、私が今経験しているのと同じことを経験させたくない〟のが拒否の唯一の理由であると述べたのである。

これに対し裁判所は、弁護人と相談する彼女の権利を明示に告知しつつ、Xの身柄を翌朝一〇時まで執行官（marshal）の拘束に委ねた。その翌日、Xの弁護人は裁判所で前日の記録の謄本（transcript）を読んだ、そして彼の助言に従ってXは法廷侮辱罪の嫌疑を晴らすために質問に答えると伝えた。しかしXは、大陪審面前に再度出頭すると再び質問に答えることを拒否した。その翌日再び地方裁判所の面前に召喚されたXは、今度は自己負罪拒否特権を主張して質問に答えることを拒否する旨繰り返した。地裁裁判官は、彼女の答弁拒否は自己負罪拒否特権の対象にならないと決定した後で法廷侮辱罪で四か月の拘禁刑を彼女に科した。第二巡回区控訴裁判所はこれを維持した。これに対し最高裁は上告受理の申立てを容れ、五対三で原判決を維持した。なお、クラーク裁判官は本件審理に参加していない。

【判　示】　中立人（X）が自己負罪拒否特権の保護を求めるのであれば、それを主張しなければならない。当裁判所の判例は明確に、自己負罪拒否特権は〝専ら証人の利益のため〟であり〝純粋に証人の個人的特権である〟と判示している。中立人は、その当初の答弁拒否を筋の通らない理由（untenable ground）に依拠していた、けだし答弁拒否は中立人以外の人を刑罰から保護したいという希望によって（【2】ブラウン判決六〇九頁）、ましてや大陪審による取調べから他人を保護したいという希望によって正当化することはできない。

中立人の自己負罪拒否特権の主張は、全くの後知恵（pure afterthought）であった、この主張は彼女の裁判所面前での二回目の答弁拒否時になされたものであるけれども、彼女がデンバーの共産党の係員としての彼女の地位につき任意に証言したその後で初めてなされたものである。本件において特権の主張を是認するのは、証言を中断する場所の選択を証人に認めることによって事実の歪曲への道を切り開くことになろう。

自己負罪拒否特権は、たとえ申立人が党の記録を引き渡したとされるその相手の名前に関して質問されたときに主張されたものであるとしても、彼女の答弁拒否を正当化しないであろう。予備的事柄として、申立人は党の書類に関して自己負罪拒否特権を有していないことを指摘しておく。大陪審によって求められた書類や記録に関して自己負罪拒否特権を主張することはできないから、彼女の有罪判決破棄を求めることのできる唯一の理由は、書類の受取人の名前を明らかにすることで彼女が負罪的となるということにある。

われわれは一九五〇年の判決において、共産党とのかかわりに関する質問はスミス法の下で負罪的となりうる事実の暴露を要求するものであり自己負罪拒否特権の対象になると判示した。しかし、申立人の有罪は、それとは全く異なる足場に立脚している、彼女はすでに党員であったこと、そして党での活動について自由に語っているからである。自己負罪拒否特権は暴露によって生ずる法的に不利となる現実の危険を前提としているので、本件争点である特定の問題への応答が彼女にとって負罪的でない場合に、申立人は特権を主張することはできない。ある事実の暴露は、特権の放棄である。当裁判所が【2】ブラウン判決五九七頁で述べたように、

〝それ故、もし証人が自ら疑いもなくそうしているように、特権を放棄することを選択するのであれば、特権は彼の保護のためであり他の当事者を保護するためのものでないので、彼は途中で中止することは認められず、さらに進んで（go on）すべてを開示しなければならない〟のである。

証人が負罪的事実に関して証言した後で全面的暴露を要求するのは、自己負罪拒否特権のさらなる放棄を求めることでない。彼女は共産党とのかかわりに関する負罪的質問について自由に答えたとき、申立人はその黙秘の特権（her privilege of silence）をすでに放棄していたのは明らかである。しかし、申立人が党の記録を引き渡したその人物の名前を提供するよう求められたとき、裁判所は、特権が主張されたとき常にしなければならないように、提示さ

れた質問は、従前の暴露を含めたすべての事情に照らし、さらに罪を負う合理的危険があるかを判断しなければならない。特権の主張の対象となる各質問に関し、裁判所は、この特定の質問への答弁によって証人はさらに罪を負う〝現実の危険〟にさらされるかを判断しなければならない。（【2】ブラウン判決六〇〇頁）。

申立人がデンバー共産党の会計係であったことを認めたその後で彼女の後継者たる知人の名前を明らかにするのは、訴追の危険を高める〝単なる想像上の可能性〟を提示するにすぎない。

【16】ブラウン不任意立証欠如等自白許容デュー・プロセス違反否定強姦事件判決（一九五三年二月九日）

本判決（Brown v. Allen, 344 U.S. 443）は、陪審の選定手続の違法性を否定したうえで強制による自白の主張を退けたものである。ただ、四件の争点類似事件を一括して判示したものであり、被告人はいずれも黒人であったことから第一四修正の法の平等条項とのかかわりが中心で一二〇頁もの長文でかなり複雑だが、アメリカでの黒人の差別問題の深刻さが窺える。

【判　示】　人種差別と強制による自白の許容性の問題は、第一四修正のデュー・プロセスと平等保護条項の範囲内にある。申立人（Xら）は、彼らの有罪判決を正当化するためにこの国によって認められている基準に従った審理を受けたのであろうか？　アダムソン判決（Adamson v. California, 332 U.S. 46）。

われわれは、憲法問題に関して他の事件よりも一般的であるブラウン事件を第一に取り上げる。黒人の申立人ブラウン（X）は一九五〇年九月四日、ノース・カロライナ州裁判所に強姦罪で大陪審起訴され有罪と認定後の同年九月一五日、死刑判決を言い渡された。Xは量刑裁判所で、連邦憲法第一四修正の保障に反して陪審員選定手続で人種差別があったと主張して大陪審起訴状の無効の申立てをした。陪審による評決後で量刑宣告前にXは、大陪審選定手続に加えて小陪審選定手続での憲法違反を主張した。州最高裁は両陪審の選定手続に挑戦するXの申立てを相当とした。不任意になされたと主張する自白の証拠としての許容性にXが反対したとき第二回目の連邦問題が生じた。Xは量刑後に、陪審の人種差別と強制による自白の許容性の問題を再吟味することを州最高裁に求めた。州最高裁は、連邦の憲法問題とのかかわりを処理する際に有罪判決を維持した。

A. 大陪審および小陪審の選定での黒人差別を主張するXの申立ては、F郡における陪審員選定とノース・カロライナ州によって用いられた方法の効果（operation）を攻撃する。

陪審員となる義務（jury service）に参加する市民に対する人種による禁止ないし制約は、われわれの考えやわれわれの憲法が憎悪すること（odious）であり、このことは早くから法として受け入れられていた。しかし納税者リストの人種構成を根拠にした陪審員候補者名簿の作成に異議を申し立てるのは〝余りにもこじつけ（far-fetched）〟であり、納税者だけを含めたリストを用いるのは人種差別でないとノース・カロライナ州最高裁は結論したのである。人種差別のない納税者リストの利用は第一四修正に違反しないし、それを利用した結果が違憲であると結論することはできない。

B. 申立人（X）はさらに、彼の有罪を判断する際に強制されたと彼が主張する自白に依拠することを公判裁判官が陪審に認めたことを理由に彼の有罪判決は連邦憲法第一四修正に違反して獲得されたとする。Xは公判で、そのいわゆる自白の州による使用に対し時宜にかなった（timely）異議申立てをした。このような異議申立てがなされたので公判裁判官は、直ちに陪審を除外し当の自白が任意であったか否かを判断するために予備的尋問（preliminary examination）を命じた。この予備的尋問においてXと二人の警察官が証言した。公判裁判官は証言を聞いた後で、Xの自白は自由で任意になされたものであると認めた。陪審が法廷に呼び入れられて州はその自白を証拠として提出した、

公判裁判官が強制によるものと認めたその自白に基づいた有罪判決は、デュー・プロセスなしに被告人から自由

を奪うものである。【4】ブラウン判決二八六―二八七頁。州によって認められた事実が強制を示しているとき、【10】アシュクラフト判決、有罪はデュー・プロセス違反として破棄される。【6】チェインバーズ判決。このことは、たとえ自白とは別の証拠で陪審の評決を維持するのに十分であるとしても、真実である。【12】マリンスキー判決。【11】ライオンズ判決五九七頁を見よ。

彼の供述を記録から排除させる憲法上の根拠があったという申立人（X）の主張は、これらの認定された事実に基づいている。彼は文盲である。彼は逮捕後、彼が有罪とされた犯罪で告発される前に五日間拘束されていた。彼は逮捕後、一八日間、予備審問手続に付されなかった。彼の留置の間（in the period of his detention）、彼に弁護人は提供されなかった。そのいわゆる自白は予備審問および弁護人の選任の前に採取された。申立人は、黙秘できること、彼がするいかなる供述も彼に不利に用いられるかも知れないと告げられた証拠はある。彼は話すことを選択した、そして彼はかかる選択を報酬や免責の約束なしにしたのである。彼は自分の選んだ弁護人の援助を受ける権利を否定されたことはなかった、そして司法手続の最初から資格ある弁護人なしではなかった。アレインメントの遅延が連邦刑事手続で耐えうるそれよりも大きいとしても、デュー・プロセスは侵害されなかった。当裁判所のリーダ・シップの下で、任意になされたにもかかわらず迅速なアレインメント以前に獲得された自白の許容性を否定するルールが連邦裁判所に対し採用されてきた。【9】マクナブ判決。このような体験は、審理なしの長期の拘束によって高められるといわれている強制の機会を廃止しようとしてなされたものである。しかし連邦規則は、憲法上の源（source）から生じたものでない。当裁判所は繰り返し、連邦裁判所に対するこのような証拠法則を州に関する憲法上の制約とすることを否定してきた。州の官憲による拘束下での私室における単なる留置（detention）と警察の取調べは、このように留置された人物によってなされた供述または自白を不任意とするものでない。申立人の憲法上の権利は、彼の自白を証拠として排除することを公判裁判官が拒否したことによって侵害されたことになららないのである。(at 474-476.)

【17】スタイン任意性判断陪審NY方式合憲判決（一九五三年六月一五日）

本判決 (Stein v. New York, 346 U.S. 156) は、現金等輸送のトラックを計画通りの方法で襲った際に一人を射殺したという一見単純な強盗殺人事件で自白の任意性判断を陪審に委ねるというNY方式の合憲性を肯定したものである。連邦裁判所と州裁判所の権限配分とデュー・プロセスにかかわるだけに実に複雑であるが、任意性判断をめぐる従前からの争いでもあり詳しく紹介しておく。

ジャクソン裁判官が六対三の法廷意見を言い渡した。

【事　実】　申立人（複数）は、NY州ウェストチェスタ郡において陪審によって重罪謀殺 (felony murder) で有罪と認定され死刑を宣告された。これに対し合衆国最高裁は、二つの自白の使用によって生じた憲法問題を理由に上告受理の申立てを容れた。公判は七週間以上続き、その記録は三千頁以上ある。提出された証拠の排除または受容は、申立人クーパ (Y) とスタイン (X) による二つの書面による自白を含め、彼らの口頭による自白の許容性に関する証言と一緒に陪審の判断に委ねられた。書面による各自白は被告人三人すべてを巻き込んでいた。被告人三人は全員、各自白はいずれも強制されたという理由でその提出に異議を申し立てた。ウィスナー (Z) はさらに〝もしXとYの自白が許容されるのであれば、彼への言及はそれらからすべて除外 (stricken) すべきである〟と申し立てた。公判裁判官は、陪審の面前で証拠（供述）を聞いた後で強制の問題に関する判断を陪審に委ねた。Xらは、これら自白のそのような使用は憲法上の欠陥 (infirmity) を生じているので有罪判決を破棄するよう当裁判所 (this court) に申し立てた。

I　当該犯罪に関する事実

リーダーズ・ダイジェスト本社は、プレザントヴィユの町近くのウェストチェスタ郡北部の田園地帯でNY市から三一マイルのところにある。この人里離れた本部からトラックが毎日何便も町への往復を繰り返している。ウォータベリー（甲）は一九五〇年四月三日、プレザントヴィユに向けて午後二時五〇分に出発するトラックの運転手だった。彼は同僚のペトリティ（乙）を乗せて、現金五千ドル、小切手およそ三万五千ドルを含む種々の荷物を積み寂しい田舎道を町に向けて出発した。二人とも武装していなかった。二〜三百ヤード走ったところで甲はその前をゆっくりとじぐざぐに走っていた他のトラックにさえぎられ停車した。偽造の鼻と鼻めがねをかけて手に銃を持った男が彼の方に走ってきたのに甲は気付いた。ドアを開けようとしたが失敗した後でその男は乙の頭に一発撃った。甲はトラックの後部座席に移るように命じられた。そこにはもう一人の男がいて彼を縛り上げた。犯人は現金や小切手の入った袋を奪い、甲を縛り上げたままトラックを道端に放棄した。数分後に甲は通行人によって解放され、乙は急いで病院に搬送された、乙は間もなく頭蓋骨に入った三八口径の弾丸の影響で死亡した。

犯行現場近くで警官は、甲らの道を塞ぐために犯人によって用いられたトラックを見つけた。放棄されたそのトラックは、NYの東にあるレンタル会社スプリングのものでそれと同型のトラックがNYの自動車免許証（番号一四三四五四九）を持った男に三度にわたりレンタルされたことがあり、その男の住所はホテルでその名前は偽名であることが判明した。しかし警察は、その自動車免許証はウィリアム・クーパなる人物によって取得されたものであることを突き止めた。

さらにややこしいこと（figure of speech）にウィリアムには完璧なアリバイがあった。彼は本件犯行当時、連邦刑務所で服役していたからである。彼の家族に疑惑が向けられた。犯罪解決の目途はおよそ二か月間も立たなかったが、五月末または六月の初めころに警察は、ウィリアムの兄弟である本件申立人クーパ（Y）は連邦刑務所で服役したことがあり、そこで彼はブラセットという男の〝仕事仲間〟とチェス仲間でもあること、そしてブラセットはプレザントヴィユで働いている間にリーダーズ・ダイジェスト宛ての郵便物を盗んだ廉でで服役していたことを突き止めた。四人仲間であった間にブラセットがYにリーダーズ・ダイジェストで待っておれば金になる強盗（clever robber）の機会があると話していたことが明らかとなった。

警察は一九五〇年二月五日、レンタル会社スプリングのトラックをNYの表通りに面した〝W・コミンズ〟にレンタルしたことがあるという情報を提供したジェパソンと打ち合わせて（arranged）クーパ（Y）がやってくるのを待ち受けた。ジェパソンは法廷で、次のように証言した、すなわちYは彼のことを覚えており、Yが私（ジェパソン）からレンタルしたこの車で人を殺し大儲け（in a killing）した、俺はそのこと（殺人）には全く関与していなかった……と話した。そこでジェパソンはYに二つの質問をした、すなわち〝どうしてそのことを警察に話さなかったのか？〟そして〝どうしてその免許証を私に渡したのか？〟と尋ねるとクーパは〝これは彼らが俺に与えた免許証である〟と答えたという。ジェパソンはさらに、警察は写真を見せてクーパの身元を明かすよう彼（Y）に求めなかったのかと質問したと証言した。

このような会話の最後にジェパソンの合図で二人の警察官がクーパ（Y）を取り囲み逮捕した。同日夜（六月六日午前二時）、YとXが逮捕された。六月七日午前七時ころウィスナー（Z）が逮捕された。この三人――クーパ、スタイン、ウィスナーは罪状認否手続に付され、六月八日夕方に謀殺罪で告発された（charged）。逃亡していた四人目の被疑者ドルフマンは、一九五〇年六月一九日に任意出頭した。

四人は全員謀殺罪で大陪審起訴された。公判時に訴追側証人となったドルフマンの事件は分離された。ウィスナーによる公判の分離の申立ては退けられた、そして三人の被告人に対する公判が始まった。

ウィスナー（Z）によって提出された二人のアリバイ証言とクーパ（Y）によるあまり熱心でない精神障害（insanity）の抗弁を除くと、弁護側は専ら検察側の主張を切り崩そう（break down）とした。被告人は誰一人として証人台に立たなかった。

トラックの中で殺害されたペトリティと一緒にいたウォーターベリー（甲）は、ウィスナー（Z）をピストルを発射した男であり、スタイン（X）を甲を縛り上げた男であると証言した。六月八日に警察官は甲をホーソーンの営舎（Barracks）に連れて行った、そして被告人スタイン（X）が部屋に着くと甲をトラックの運転手として指し示したとその警察官は証言した。反対尋問で甲は、ホーソーン営舎での六月八日の面通しでウィスナー（Z）を指し示し彼を殺人犯人と識別したと証言した。

ジェパソンは、レンタルのトラックは四月三日にクーパに引き渡した、そしてそれ以前に三回会ったときにクーパ（Y）は現金を持っており、前述のように偽名と偽の免許証を利用し彼の職業を〝本の販売人〟であると述べていたと証言した。

ドルフマンは、彼とウィスナー（Z）はNYの自動車のレンタル等で仲間であったと証言した。クーパ（Y）とスタイン（X）は、四月三日の六週間前に彼らに近付きリーダーズ・ダイジェストの強盗で協力すること（collaborate）を提案した。殺害時に使用されたトラックは四月三日にYによってレンタルされたものだった、そしてそれ以前の三回に共謀者は近くの情況の〝下調べ〟をした。四月一三日に四人は、トラックと車およびZの所有する銃三丁を入れてある旅行カバンを持ってプレザントヴィユに向けて出発した。彼らはリーダーズ・ダイジェスト本社のおよそ一マイルのところで車を降り、全員がレンタルしたトラックに乗った。銃は分配され、ドルフマンは黒の自動拳銃、Zはニッケルメッキの銃を持った。強盗事件はウォーターベリーによって記述されている通りに進行した。ドルフマンは強盗の最中に一発の銃声を聞いたが誰がそれを撃ったかは見ていなかった。しかし帰る途中に、門番を射殺する必要があったにもかかわらず射殺しなかったのをまずかったとウィスナーは話した。被告人らは銃を捨て、トラックをリーダーズ・ダイジェスト本社近くの場所にウォーターベリーを内部に縛り上げたままでトラックを放置した。彼らは車でNYに向けて出発した。彼らはブロンクスに到着するとそこに車を置き、地下鉄とタクシーを乗り継ぎ、ドルフマンのブルックリンのアパートに行き、そこで強奪品を分配して別れた。

NY州法の下では、ドルフマンの証言には補強証拠を必要とした。彼は共犯者であったからである。それは次のような方法で提供された、すなわち、(1)ドルフマン夫人は、クーパ、スタイン、そしてウィスナーが四月三日の夕方、夫と一緒にいた彼女のアパートにやって来た、そして彼らは、ドルフマンが強盗で用いたとして示した手提げカバンを持っていたと証言した。その手提げカバンはドルフマンのアパートで見つかったこと、そして捜索時に一九五〇年四月にリーダーズ・ダイジェストによって使用されていた注文書に含まれている紙の破片が含まれていたことが警官の証言によって確証された。(2)ドルフマンの自動拳銃が四月三日に彼が捨てたと言っている地区の近くで発見されたと警察官は証言した。(3)ペトリティは三八口径から発射された弾丸によって死亡したことが確証された。(4)(5)(6)（略）。(7)クーパは四月三日仕事を休んでいることが確証された。(8)（略）。(9)二つの自白は、陪審によって認められ、それは多くの細部において共犯者ドルフマン（の供述）を補強していた。

被告人はこのような不利な証言の矛盾をついたりすることはなかった。クーパの弁護人は、四月三日にクーパがトラックをレンタルしたことを認めた。ウィスナーの弁護人は、その最終弁論で専ら殺人は〝計画的〟でなかった――NY州法の下で重罪謀殺において法的に重要でない点――と主張することに費やした。

Ⅱ　自白に関する事実　このような背景のもとにわれわれは、自白をめぐる争いを検討する。争いのない証拠は次のことを確証している、すなわち

最初に最も決定的な自白をしたクーパ（Y）は、前述の情況下に六月五日（月曜日）朝九時に州警察によって逮捕された。そのとき彼と一緒にいた父親も逮捕された。二人はNY市の警察署に連行され午後までそこで拘束された。それから彼らはウェストチェスタ郡にあるホーソーンの州警察本部に連行され、二時ころ到着した。

ホーソーンでクーパ父子は別々にされ、クーパ（Y）の取調べが行われ彼の最終的な自白が獲得された。Yは常に監視され手錠をかけられていたが、三人の警察官が四〜五時間取り調べただけで午後八時まで誰も彼を取り調べなかった。この間に彼は以前の刑務所仲間であるブラセットと対面させられた。しかし、彼は自白しなかった。取調べは翌日（火曜日）午前一〇時に再開され午後六時まで続き、同じ三人の警察官が参加した。Yは丁度六時すぎに自白を始めた。この当時、彼の父親もホーソーンで拘束されており、彼の兄弟モリスはパロール（仮釈放）条件違反でNYで逮捕されていた。Yは最初に、自白をすれば父親は釈放されるとの警察による約束を得た。彼は、仮釈放委員会のメンバーに自白すれば兄弟のモリスはパロール違反で訴追されないかどうかと尋ねていた。そのため午後八時ころ仮釈放委員会のリアドンがYに会いにやって来たが、後者（クーパ）はその面会に満足しなかった。リアドンの上司ドノバンが送り込まれた。ドノバンは午後一〇時ころ到着し、Yに満足できる保障――クーパが協力すればモリスは苦しめられない（unmolested）――をした。そこでYは、リアドンとドノバンに口頭で自白した。この自白はY自身の要請で訪れていたパロール委員会のメンバーに初めてなされた。その後にタイプで作成された自白調書が準備され、Yは若干の訂正をした後で七日午前一時三〇分か二時に署名した。それは一二頁にわたる詳細なものだった。

スタイン（X）は、Yが自白する前の六日午前二時に父親の家で逮捕された。彼はそれから直ちにホーンソーンの営舎に連行され、地下にある部屋に監禁された。翌朝、営舎の責任者であるグラスヒーンが彼を一時間取り調べた。昼食後に彼の取調べが再開された。他の警察官も取調べに加わり、二〜三時間続けられた。同夜、グラスヒーンがやって来て午後七時から午前二時までスタインを取り調べたが成果はなかった。午前二時にスタインはクーパの自白について知らされ、よく考えるように（sleep on it）と忠告された。その翌朝スタインは自白をする準備ができた。供述（書）が午後に準備され訂正して署名された。この供述（録取）書はクーパのそれと同様、非常に完璧かつ詳細で外的証拠（extrinsic evidence）と完全に一致していた。翌日、スタインは二人の警察官に伴われてプレザントヴィユに行き、どのように犯行が行われたかを現場で説明した。

ウィスナー（Z）は彼を巻き込むYの自白後の六月七日午前九時ころ逮捕され、ホーソーンに連行されたが自白しなかった。申立人らが物理的暴力の脅迫を受けたとする直接証拠はない。被告人は誰も証人台に立たなかった。彼らには若干の傷跡が脇や腹等にあるが、それらはいずれも逮捕前に受けたものと考えるのが自然であった。現に、申立人の一人ウィスナー（Z）――最悪の傷を負っていたが、一切自白しなかった――は、逮捕時に治療を受けていた。

Ⅲ　下級審で採用された手続の合憲性

このような事実の背景下に申立人によって提示された憲法上の争点は、当裁判所によってこれまで判断されたことのなかった手続的特色（procedural features）にかかわりがある。否定されていない被告人に不利な情況証拠および直接証拠に照らすと、有罪判決において自白が果たした部分はあるとしても、それは不確かである。陪審は、任意であると認められる限りにおいて、自白を考慮すべきであると説示された。それ（陪審）は、有罪の一般的評決を下した。

【判　示】　このような情況下において、陪審は少なくとも部分的に自白に依拠してそれを受け入れることによって被告人の有罪を認定したのか、あるいは自白を退けて他の証拠に基づいて彼らを有罪と認定したのか、そのどちらであるかをわれわれは確信できない。実際、陪審員は説示に従ったであろうとの前提に依拠することを除くと、若干の陪審員は前者を根拠にして（upon one basis）行動しなかったかもしれない、若干の陪審員は後者（the other）を根拠にして有罪を確信したかもしれない、そのどちらであるかをわれわれは知ることができない。また州最高裁（the Court of Appeals）は意見を述べずに有罪判決を維持したのであるから、そのようにしたのが自白に頼るのが相当であるという理由によるのか、あるいはそれら（自白）がないとしても有罪判決は十分に維持できると考えたことによるのか、われわれには確かめられない（no certain）のである。

本件でのＮＹ州の手続は、それ故、それ自身の合憲性に関してのみならず、もしそれが有効であれば、その結果に関しても、そのように到着した結論に与えられたその重み（the weight to be given to conclusions so reached）を吟味しなければならない。

公正な手続の理念（ideal）は、はるか以前からＮＹ州は自らに課して（self-imposed）いた。ＮＹ州憲法は、少なくとも一八二一年以降デュー・プロセスの順守を命じていた。そして制定法は一八八九年以降、強制による自白の証拠からの排除を規定していた。本件のような事案において、この命令の違反を判断し救済する最終的権限はＮＹ州最高裁に与えられているのである。

強制による自白を排除するためにＮＹ州によって採用された手続は、陪審に大きく依存している。それは許容性に関する予備的審理を要求しているが、自白は許容できるという最終判断を裁判官に委ねていない。それは自由になされなかった、あるいはそれが下した評決は証拠の重みに反していることを確信するのであれば、裁判官はいかなる自白をも排除できるし実際排除しなければならない。しかし裁判官は検察側に不利に賽を投げる（cast the die against）ことはできるが、被告人に不利にそのようにすることはできない。任意性の問題が事実の公正な判断の問題を提示しているのであれば、裁判官は一旦自白を受理して、相当な説示の下に任意性の性格およびその信用性の最終的判断を陪審に委ねなければならない。裁判官は任意性に関する証拠を聞いている間、陪審を排除することを要求されないし、多分そのようにすることを許されない。

公判裁判所は陪審の面前でこれらの自白の許容性に関する予備審問を開いた、被告人はこれに異議を唱え陪審を欠席させた審理を要求した。裁判所は各被告人の弁護人に、州によって喚問されたすべての証人を反対尋問し被告人自身の利益になるいかなることであれ提出するよう助言した。そして両者の特権は行使された。裁判官は、〝暴力や脅迫および不安〟を理由とするだけでなく〝彼ら（自白者）が身柄を拘束されていた際の方法を理由に何らかの黙示の強制があったと認めれば陪審は当の自白を強制されたものと判断できると説示したうえで、両者の理由に関して合理的疑いを越えた立証責任は州に課せられているとした（脚注17）（ruled）。

（脚注17）陪審は次のように説示された、すなわち

〝皆さん、被告人カルマン・クーパと被告人ハリー・スタインによってなされたといわれる供述が証拠として受理されました。これらの供述はその性質上自白であり、それらは自由で任意になされたというのが州の主張です。他方、これらのいわゆる自白は彼らのいずれに対しても証拠としての価値がないというのが被告人カルマン・クーパおよび被告人ハリー・スタインのためになされている主張です。これらの供述はいずれも州警察の何人かのメンバーが彼らを訪れた際に暴力と脅迫および不安によってなされたものであり、かつ彼らが逮捕時から自白をするに至るまでの身柄拘束時の様子（manner）を理由に黙示の強制によるものであると主張されています。それらのいずれかを検討する前に、皆さんは、これらの自白またはそれらのいずれかが任意であったことを合理的な疑いを越えて認定しなければなりません。

〝私は皆さんに説示します。自白に関するこの州の法はこうです、被告人によってなされた自白は、司法手続の過程においてであれ私人に対してなされたものであれ、彼に対する不利益な証拠とすることができます。ただし、脅迫によって生じた不安の影響下になされたものを除きます……。〟

裁判官はさらに陪審員に対し、自白は任意であったと認めるのであれば、それらの内容は真実であると考えるべきであると説示した。

陪審はまた、一人の被告人による供述をそれ以外の被告人に不利益な証拠として考慮することはできないと説示された。

裁判所の説示のこの部分には異議申立てがなかった。

本件での申立人は初めて、この説示は州法の下での任意性の要求を説明したものであるが、第一四修正の下での任

意性の要求を説明していないと主張する。彼らは、裁判所の説示にある〝黙示の強制〟は当の自白を不任意としないものとして陪審に説示したものと解する。われわれは、彼らの説示への解釈に同意しない、そしてそれに対する異議申立てがなかったという事実は、彼らはその当時そのように解釈していなかったことを示唆している。いずれにせよ、異議申立てがなかったのであるから、この問題をここで持ち出すことはできない。

NY州の手続は、公判実務の技術に不案内である素人の陪審の気まぐれに最終的な判断を委ねているのではない。公判裁判官はまた、当の証拠がそれを担保していないと考えるのであれば、有罪判決を破棄する広汎な権限から生ずる重い責任を負っているのである。

控訴裁判所は、濫用や不公正を防止するために例外的な裁量（an exceptional discretion）を公判裁判所に委ねている。しかし被告人は本件で、そのような裁量を求めたりそれを評価する手段をとらなかった。彼らは公判裁判官による裁定を求めず、反対尋問をどれほど制約するものであるにせよ、容易に証言できる要請をしなかった。裁判所が反対尋問の何らかの道筋（line）を認めたのか、あるいはどの程度まで認めたのかは分からない。われわれは、公判裁判官の有罪の判決を判断（adjudge）しない。

州は被告人の沈黙の選択から、警察官の暴力に関する彼らの告発は証言による裏付けのないこと、そして自白に関する警察の話は否定されていないという明らかな事実以上に、被告人に不利な推論をすることを求めなかった。アダムソン判決（Adamson v. California, 332 U.S. 46）を参照せよ。強制の争点に関する裁判において、他の争点の場合と同じく、訴追側がその主張を陪審にする（make a case）とき、被告人は黙秘による不利益と証言することによるそれとを選択しなければならない。憲法は、被告人に黙秘する権利を保障している。（しかし）黙秘をしながら証言から生じうるかもしれない利益を享受することを保障していない。申立人は強制の告発に関し公正な審理を否定されたということはできないのである。

第一四修正は、この争点に関し陪審裁判を禁止していない。州は自由に、裁判官と陪審の間に適切な機能の配分をすることができる。多くの州はＮＹの実務を模倣（emulate）している、しかし他の州は予備審問での陪審の出席は望ましくはないとしている。陪審裁判によって提示されるそのような難しい問題にもかかわらず、長年にわたり確立し州の司法部によって広汎に是認されている限り、それらの叡智（wisdom）に関するわれわれの個人的見解いかんにかかわらず、憲法に反する手続であるとしてそれを廃棄するつもりはない。

Ⅳ　これらの自白が有罪判決の根拠として用いられたのは違憲であったか？　これらの有罪判決はその一部または全部において自白に依拠しているのであるから、それらは有罪の認定をするために憲法上認められている基礎（foundation）となりうるかを検討しなければならない。当裁判所がしなければならない調査は、⑴どのような情況下に自白は獲得されたのか？　⑵当の自白の使用は〝正義のまさにその概念に不可欠な基本的公正と矛盾していないか？【7】ライゼンバ判決二三六頁、でなければならない。この⑴は、公判裁判所と陪審の面前で争われた問題と同一である。⑵は州控訴審によって検討された問題と同一でないとしても、その範囲内にある。それ故、われわれの調査の最初に、次のような問題がある。すなわち、陪審の評決、公判裁判官の裁定および州控訴裁判所の判断をどれほど重視すべきであるかである。

申立人の本件での主張は、実質的にＮＹ州の裁判官および陪審員の結論は誤っている、そして同一の証拠を再吟味することによってわれわれは陪審を超越（superjury）して自白は強制されたものと認定すべきであるというのである。これはわれわれの機能と吟味の範囲を誤解している。

もちろん当裁判所は、連邦上の権利主張の判断に不可欠ないかなる問題についても、州裁判所の判断に完全に拘束されることを認めることはできない、そうでないと連邦法は誤った事実認定によって崩壊しうるからである。このことは、われわれが下級審の判断を重視しないとか、ＮＹ州最高裁のような若干の州控訴審（最高裁）に開かれている選択の範囲に関し記録に基づいて新たにアプローチするという意味ではない。ブランダイス裁判官はかなり昔に当裁判所を代表して、第一四修正はデュー・プロセスを保障する際に司法上の誤りからの免責を保障するものではないと警告した。

〝拷問（third-dgree）〟による自白の強制は、誤った告発をもたらすということは法廷の常識である。実務上の問題は、真実と虚偽とを分離することである。争われている事実を判断する責任は、ほとんどすべての事件において州裁判官および上訴裁判所に委ねられており、そして委ねられるべきである。

スタイン（X）とクーパ（Y）の両者は、間断なきおよそ一二時間の取調べ後に初めて自白した。その間に眠ったり食事をとった時間を入れてそれは三〇時間に及んだ。クーパの場合、この時間のかなりの部分で彼は警察官やパロール委員会のメンバーとの交渉（bargain）のため車で出かけていた。取調べは、時には多くの警察官によって行われたり、異なった警察官によって異なった場所で行われたのは事実であるが、上記の時間にこれらの被告人が連続的に取り調べられ、それは抵抗の意思を打ち砕くほどきわめて高圧的であったということはできない。交替の取調べを介して獲得された自白に基礎付けられた自白をわれわれは排除したことはある、【12】マリンスキー判決、【14】ワッツ判決、【10】アシュクラフト判決等、しかし、われわれは、第一四修正は取調官と被告人との一対一の取調べを要求しているとまで判示したことは一度もない。

陪審と公判裁判官――事件の現場に接近し地方の情況に詳しいし証人と当事者の供述を聞きながら観察する――は、犯罪の告発を判断する際におけると同じく、強制されたとする自白の告発を判断する際に控訴裁判所と同一の利益を有していることは否めない。争点が公正に審理され吟味され、そして憲法上の判断基準が無視されたという示唆がないとき、われわれは州自身の判断を大いに尊重し、正しいと認められた事実による弾劾（impeachment）が欠けている場合、それを決定的に尊重する。【11】ライオンズ判決六〇二―六〇三頁、【7】ライゼンバ判決。

したがって、われわれは、争いのない事実について不正確な憲法上の基準が用いられている場合を除き、この評決および判断を証拠における矛盾または争いある推論の許される解決策として受け入れる。(at 181–182.)

クーパはその取調べの最後に、交渉する相手を自ら挙げた。このことは自白は強制されたとの現在の主張の馬鹿らしさを示している。もちろん、これらの自白は、宗教家や法律家や精神科医への自白ないし告白のように、中立人が彼らにしなかったという意味では任意でなかったし完全に任意ではなかった。しかし、犯罪者の自白はこのような意味において任意ではないのである。

クーパの自白とスタインの自白は、ダンスは終り自分で蒔いた種は自分で刈る(play the fiddler)ときが来たことを彼らが納得したときになされたのは明らかである。そのときでもクーパは、自白することとの見返り(quid pro quo)を要求する限りで、自己自身と情況をコントロールしていた。当該自白がなされたのは、警察はすでにジェパソンやブラセットの供述から彼とのかかわりを把握していたに違いないことを彼が確信していたときになされたのである。スタインは、クーパが自白して彼を巻き込むまで抵抗した。この二つの自白は〝任意〟だった、州裁判所が心理的強制がないと認めたのは相当であった。アレインメントでの遅滞は公判裁判官によって法の問題として不合理でありNY州法に違反すると判示された。しかしながらそのような遅滞は、違法な身柄拘束中に獲得された自白を必ずしもNY州法の事柄として排除しないのである。

申立人は、われわれの監督権の行使におけるより厳格なルールとより限定的な第一四修正の要求とを混同している。(脚注32) これ(第一四修正)は、被告人が弁護人なしに違法に拘束されている間に自白が獲得されたことを理由に、たとえ強制がないとしても、当の自白を排除することを州裁判所に義務付けている証拠法則を州裁判所に課すものでない、このことは、われわれがすでに判示していたことである。ストローブル判決(Stroble v. California, 343 U.S. 181, 187)、

【7】ライゼンバ判決。

以上の考察から、（脚注33）陪審が当の自白は有罪の根拠として許容できると判断したのであれば、それは憲法上の誤りではなかったとわれわれは結論する。

（脚注32）　連邦裁判所での許容性は〝理性と経験に照らして合衆国裁判所によって解釈されうるコモンローの原理〟によって支配される。

（脚注33）　【9】マクナブ判決とストリーブ判決（前出）、ウィークス判決とウルフ判決（Wolf v. Colorado, 338 U.S. 25）を比較せよ。

V　もし陪審が自白を排除したのであれば、それ以外の十分な証拠に基づいた有罪判決を合憲とできるか？

もし陪審が当の自白は強制されたものと認定するのであれば陪審は無罪釈放（acquittal）の評決を下さなければならないとの陪審への説示を要求することにより、申立人はこの問題を提示する。これは否定された。要求された説示に対する主要な判例（principal authority）は【12】マリンスキー判決である、同判決は本件で行われたのと同一の手続によって審理された。当裁判所は有罪判決を破棄した、そして四人の裁判官の意見は、そこで認定された自白は強制されたものであると述べた。〝そしてもしそれが公判で提出されたのであれば、たとえ自白以外の証拠で陪審の評決を支持するのに十分でありうるとしても、有罪の判決は破棄されるであろう〟と述べていたのである。類似の表現はこれ以外の事案でも認められる。

なぜ陪審は支持することが認められない評決を下すことが許されるのかを理解するのは難しい。もし違法に獲得された自白を耳にしていたのであれば、それ以外の十分な証拠に基づいて正当な評決ができないにもかかわらず、なぜ違法とされた評決（one foredoomed to be illegal）をすることが認められるのか？　むろんそれに代わるのは、申立人が求めている無罪釈放である。

この主張は余りにも広範にすぎる（far-reaching）、自白の事実およびその内容を陪審に知らせない陪審裁判は通常あり得ない。しかしアメリカの実務は、特別評決等を介して知識のどの部分が結果に役立っている（plays）かを知る技術を発展させなかった。それ故、本件でのジレンマは、従前の判例で提示されていなかったとしても、常に存在する。このような不確かさがあるために有罪判決を無効としたり無罪釈放が要求されることになると、それは重大な問題である。ほとんどの州はNY州のように無罪釈放後の訴追を認めていないからである。このことは強制の争点を陪審に委ねることを不可能とすることにもなりかねない。伝統的な実務は概して、防禦に有利に、そして被告人にさらなる保護を与えることを前提としているというのである。

この主張もまた聞きなれない（novel）ことである。当裁判所は、たとえ自白が強制によるものと判示したとしても、当の自白が証拠として許容されたのであれば被告人を無罪釈放されると判示したことは一切ない。それどころか当裁判所は、そのような事案のすべてにおいて再公判（retrial）を命じているのである。

本件で提示された争点は、【12】マリンスキー判決を除いて、今まで提示されたことはなかったし判断も示されていない。そのような有罪判決を破棄する当裁判所の権限は、【5】ブラウン判決で初めて行使された、同判決において公判での唯一の証拠は暴徒の暴力を介して確保したと認められた自白から成っていた。当裁判所は同判決で、被告人の公判が専らそのような証拠の提出から成っているのであれば、被告人は見せかけの（mere pretense）裁判だけを受けたことになるとその理由を述べた、そのような手続は、最も制限された見解の下であってもデュー・プロセス違反となるというのである。われわれは、【10】アシュクラフト判決において自白がなければ有罪判決はあり得なかったと指摘した、そして【11】ライオンズ判決では自白を除くと記録上信頼できる有罪の証拠はなかった。

このような事実に関する背景に照らすと、われわれの判例は、強制による自白の問題を州の陪審に委ねるのは、たとえ当の自白を排除したとしても、それ意外の十分な証拠に基づいた有罪の認定を自動的に排除することを確立しているとは思われない[脚注35]。本件での有罪の証拠は、生き残った犠牲者の直接証言および十分に補強証拠のある共犯者ドルフマンの供述等から成る十分な証拠がある。

（脚注35）　許容できない自白は自動的に破棄を要求するという提案の裏付けとして【3】ブラム判決での文言が引用されている、……しかし、ブラム判決は、第一四修正を実施したというよりもわれわれが下級審への監督権を行使した連邦事件にすぎない。

州最高裁の根拠がどのようなものであったにせよ、われわれの判断は、その誤りは無害であったという理由によるのでなく憲法上の誤りはなかったという理由に基づいている。われわれは、たとえ陪審が自白に依拠しそれを許容していたとしても誤りはなかった、そしてたとえ陪審が自白を退けて他の証拠に基づいて有罪としたとしても、誤りはなかったことを指摘しておく。

VI　ウィスナーの事案　ウィスナーの事案は若干異なる。ウィスナーは決して自白しなかったが、自白したその他の者によって巻き込まれた。彼の異議申立ては、彼が当事者でなかった自白の許容性の問題を提示している。しかし、たとえその自白が不任意であると考えられたとしても、その使用はウィスナーのいかなる連邦上の権利をも侵害したことにはならないのである。【12】マリンスキー判決四一〇―四一二頁。

【18】レイラ精神科医獲得自白任意性否定両親殺害事件判決（一九五四年六月一日）

本判決（Leyra v. Denno, 347 U.S. 556）は、検察側精神科医が催眠術の専門家であるにもかかわらず被告人の病気を治療する医師であると称して被告人から引きだした自白の任意性を五対三で否定したものである。ジャクソン裁判官は本件判断に加わっていない。

【事　実】　カミロ・レイラとその妻がブルックリンのアパートで死亡しているのが見つかった。数日後に彼らの息子レイラ（X）が両親をハンマーで殴り殺した容疑で州裁判所で大陪審起訴された。彼は有罪を認めたいくつかの自白を証拠として有罪とされ死刑が宣告された。NY州最高裁は、州側の精神科医になされた自白の一つは強制と寛刑の約束によりXから引き出されたものであるので第一四修正のデュー・プロセス条項に違反するとして有罪判決を破棄した。Xは再び審理されたが無効とされたその自白は用いられず、同じ日に続いて引き出されたいくつかの他の自白が用いられた。Xは、これらの自白も強制されたものであるとしてその許容に異議を申し立てたが、公判裁判所はその〝任意性〟の判断を陪審に委ねた。陪審はXを有罪と認め死刑が言い渡された。NY州最高裁は、反対意見があったが、当該自白は以前にした強制による自白の影響を受けていないとの認定を裏付ける証拠があるとしてこれを維持した。これに対し合衆国最高裁は上告受理の申立てを退けたのでXは、デュー・プロセスに反するとして合衆国地裁での人身保護手続を申し立てた。地裁はこれを退け、第二巡回区はこれを維持した。そこでXは再び、警察官および二人の州検事補にした彼の自白は強制されたものであるとしてデュー・プロセスを否定されたと主張し合衆国最高裁の再検討を求めた。これに対し合衆国最高裁は重要な憲法問題があることを理由に上告受理の申立てを容れた。

【判　示】　物理的と精神的とを問わず強制された自白の州の刑事事件での使用は、第一四修正によって禁止されている。われわれが本件で判断する問題は、それ故、提出された自白がどのように強制されたのかである。この問題は自白を取り囲む全体の情況を吟味することによってのみ答えられうる。われわれは、それ故、争いのない本件事実によって示された情況を吟味する。

父親が一九五〇年一月一〇日（火曜日）仕事場に現れなかったので、彼の仕事のパートナーである申立人レイラ

（X）らは午後三時ころ父親のアパートを訪れ両親の死体を発見した。電話連絡された警察は当初こそ泥棒（a prowling intruder）による犯行と考えていたけれども、混乱した両親の朝食テーブルに第三者の茶碗のあることから殺人者は招かれていた客であると考えるに至った。あれこれの情況からXに疑惑がかけられた。Xらは死体が発見された当日午後一一時ころまで警察によって取り調べられた。翌水曜日に警察は再び朝の一〇時ころから深夜までXを取り調べた。さらに木曜日は朝九時ころから一日中、そして金曜日の朝八時三〇分ころまでほぼ連続してXは取り調べられた。その間に警察はXを両親の葬式に参列させた。Xが式場から午後遅く帰るまでの間に警察の主任刑事Mは何か〝(rest)〟を入手するためにXの家に行った。葬式の後でXはホテルに行き一時間眠ることを認められた。彼は金曜日午後五時ころ警察署に戻った。彼の留守の間に、州検事、警察、および何人かがいる他の部屋につながるマイクロフォンが密かに設置されたため、Xの話すことはすべて傍受されていた。この時点までにXは自白しなかった。

中立人はひどい痛みのあるフィステル（sinus）にかかっていたためM刑事はその治療をするために医師を連れてくることを約束していた。Xが葬式後に取調室に戻ったときM刑事は、Xの医学的治療をするとして〝ヘルファンド医師〟を紹介した。しかし、ヘルファンド医師は一般の開業医ではなく催眠術（hypnosis）の知識があることで知られている精神科医だった。Xがヘルファンド医師に委ねられている間、刑事は州検事と一緒に近くの傍受室にいた。同医師は、Xが期待した医学上の助言や治療をする代わりに微妙で暗示的な質問だけを続け、Xが自白するまで昼夜にわたり続けられた。高度に訓練された精神科医の技術が一時間半以上用いられた結果、Xの意思が打ち砕かれ遂にXは両親を殺害したと話した。何度も何度も精神科医はXを助けることができると告げ、もし自白しなければXの病状がどれほど悪くなるか、そしてXが胸のうちを医者に打ち明けさえすればどれほど気持が楽になるかを告げていた。しかし同医師は当時州から給与を受けており、州の訴追官はXに与えられた脅迫や寛刑の約束をすべて聞いていた。

精神科医の尋問のテープ記録が残されており、そのテープの謄本（transcription）が本件審理中に朗読された。そこで何が起こったかを正確に示すために長文の謄本の引用文が付録として添付されている（五六二頁）。Xは時々、本当に疲れた眠くて話すことができないなどと述べていた。その答えの多くは辛うじて聞きとれた。Xは何度も声を大きくして話すよう求められた。時が経過するにつれて次第にXは精神科医の示唆を受け入れ始めた。例えば、ヘルファンド医師はXが両親をハンマーで殴りつけたことを示唆した、しばらくしてXはそれが凶器だったに違いないことに同意した。

Xは、その一時間半後に、これほど道徳的に間違ったことはない話せば気分が楽になるだろうという医師に励まされ遂にM刑事に電話した。同刑事は直ちに現れた。このときXは、公判でXに不利に許容された自白を彼にした。M刑事への自白に続いて直ちにXの仕事仲間が隣室から呼び入れられた。警察がこの絶好の機会を利用して仕事仲間に話しをさせたのは明らかである。Xはその同僚に、ごく短い言葉で彼が医師と刑事に告白した一部を繰り返した。そのあとでXは二人の州検事補によって取り調べられた。彼の正式の自白とされるものが速記官によって記録された。それは精神科医にXを委ねた数時間後の午後一〇時のことだった。

NY州最高裁は最初の上訴審で、Xの精神科医への自白は明らかに〝精神的強制〟の産物であり、その証拠としての許容はデュー・プロセスに反するとした。しかし二回目の上訴審で同最高裁は、本件で争われているその後の自白が許容されたのは相当であると判示し、第二巡回区も同じことを判示した。われわれは、この判示に同意できない。【11】ライオンズ判決六〇二、六〇三頁の情況とは異なり、本件での争いのない事実によれば、Xの精神的自由は精神科医や警察の刑事や州の検事補になされた自白との関連は〝非常に密接であり……〟すべては一つの連続した過程の一部にすぎない。全ては同一の場所でおよそ五時間の間に間断なき昼夜の激しい警察の取調べの頂点で採取された、このような方法で弁護人の保護もない孤独な被告人から引き出された自白の使用は、わが憲法によって要求されているデュー・プロセスと一致しない。

　Xの人身保護令状の申請を否定した地裁を維持した下級審の判断は誤りであったので、破棄する。

【19】マロリー弁護権等不告知アレインメント遅滞連邦刑事規則違反強姦事件判決（一九五七年六月二四日）

　本判決（Mallory v. United States, 354 U.S. 449）は、連邦刑事規則の規定に反して「不必要な遅滞なしに」逮捕者を治安判事の面前に引致せず黙秘権等の告知もなかった事案につき、同規則違反を理由に全員一致で原判決を破棄差し戻したものである。

【事　実】　本件強姦事件は一九五四年四月七日午後六時に被害者（A）のアパートの地下室で発生した。彼女（A）は洗濯物を洗うためにその少し前に地下室に降りていった。汚水槽のホースの取り外しに困りアパートに夫婦で住んでいる管理人に助けを求めたところ二人の息子（被告人とその弟）がやって来た。被告人（X）はホースを取り外し自分の部屋に戻った。その直後に覆面をした男とその二人の甥がAを襲った、上から地下室に降りる唯一の入口である木製の階段を降りる者は外にいなかった。

　Xと甥（Y）の一人が犯罪後まもなく姿を消した。前者（X）は翌日午後二時と二時半の間に逮捕され、年上の甥（もう一人の被疑者）と一緒に警察本部に連行された。少なくとも四人の警察官が、他の捜査官のいるところで三〇分ないし四五分間、まず初めに彼（X）が犯人であると彼の兄弟が言っていると告げて取調べを始めた。Xは頑強に有罪であることを否定した。彼はその午後の残りの時間を、二人の被疑者と彼の兄弟と一緒に午後四時ころまで本部にいた。この三人の被疑者は〝嘘発見器〟の検査を受けることを求められて同意した。Xの取調べは午後八時すぎに始まった。彼とポリグラフ検査技師だけがドアが閉じられた小部屋にいた。ほぼ一時間半の取調べの後で彼は〝初めてこの犯罪をやることができた、あるいはやったかもしれないと述べ、そして最後に自分に責任がある……〟と述べた。一〇時ころになって初めてXが他の捜査官に自白を繰り返した後で、警察はアレインメントのために合衆国コミッショナーに連絡しようとしたが連絡が取れなかったので、彼らはXの同意を得て検死官補による取調べをした。同検死官補は、肉体的または精神的強制の兆候はないと記録した。Xは被害者証人（A）と〝性犯罪担当チームの事実上すべての男性〟と対面させられ、三人の警察官による質問に答えて自白を繰り返した。午後一一時三〇分から午前一二時の間にXは自白をしたため、タイピストによってその自白が書面化された。Xの手続きでの理解能力に疑問が生じたので公判は一年遅れたが、署名がある自白調書は証拠として提出された。

【判　示】　本件は一九四六年に公布された連邦刑事手続規則⑸Aの規定が直接適用される。同規則は、逮捕者を〝不必要な遅滞なしに〟最も近いコミッショナーに連行することを命じている。この規定にはその適用の指針のための制定法および判例法の先例がある。ほとんどすべての州は類似の規定を設けている。【9】マクナブ判決においてわれわれは、この立法の背後にあるポリシーの重要な理由を明らかにした、すなわち

〝このような明確な命令の目的は明らかである。……刑法の怖ろしい装置を単独の役人に委ねることはできない、それ故、刑事裁判の複雑な過程は別個の部分に分割され、それぞれの部分が種々の構成員に帰属する責任を果たすのである。……〟

このような保証のない留置は強制的な取調べをする誘惑にかられ容易に〝拷問〟の悪に導かれるので、当裁判所は、治安判事が容易に利用できる時間を越えたとき〝悪意による法の不服従〟に相当すると判示した。迅速なアレインメントを命ずる議会の要求を執行するために被告人の違法な留置の間に引き出された負罪的供述を不許容とする必要があると考えたのである。

〝不必要な遅滞〟なしにアレインメントに付する逮捕捜査官に課せられた義務は、この命令は技術的または機械

的服従を要求しないことを示唆している。情況いかんによれば、逮捕とアレインメントの間の短い遅滞は正当化しうる。しかしその遅滞は自白を引き出す機会を与えるような性質のものであってはならない。

本件情況は、アレインメントは〝不必要な遅滞なしに〟ではなかったとの判示を妨げている。Xは午後早く逮捕された、そして近くに多くの治安判事のいる本部で留置された。警察には他の証拠からXを主要な被疑者とみなす十分な証拠があったとしても、警察はまず彼をおよそ三〇分取り調べた、限定的な知能しかない一九歳の若者のこの取調べで自白を採取できなかったとき、警察は彼に嘘発見器にかけることを要求した。彼は弁護人依頼権を告知されず、黙秘する権利のあることを警告されず、供述したことはいかなるものであれ不利に用いられることを告知されなかった。本部でのさらなる四時間——アレインメントが容易にできる——の拘束後に、同一のビルで一時間半取り調べられた。彼が自白して初めて警察は彼をアレインメントに付したのである。

われわれは、迅速なアレインメントの一般的ルールに従うことなしにこのように引き伸ばされた遅延の結果得られた自白を是認することはできない。原判決を破棄し差し戻すこととする。

【20】ペイン長時間隔離後自白獲得デュー・プロセス違反肯定殺人事件判決（一九五八年五月一九日）

本判決（Payne v. Arkansas, 356 U.S. 560）は、精神的に遅鈍な一九歳の黒人少年を長時間にわたり完全に外部から隔離のうえ、暴徒による暴行の可能性を示唆するなどして警察署内で獲得された自白を許容したのは第一四修正のデュー・プロセスに違反するとしたものである。

【事　実】　一九五五年一二月四日午後六時三〇分ころ、木材小売業者（A）の死体が事務所内で発見された。死因は頭部の殴打粉砕によるもので、現金箱から四五〇ドル以上の現金が紛失していた。以前に数週間Aに雇われたことのある一九歳の黒人少年で小学五年程度の教育しか受けていなかった被告人ペイン（X）が犯人として疑われた。Xは精神的に遅鈍で一五歳になっても小学五年のクラスに留まっていたが、年令を理由に七年まで進級させられ間もなく退学していた。Xは当夜、自宅で任意の取調べを受けたが、翌一二月五日午前一一時ころ令状なしに逮捕され、市拘置所（city jail）一階の独房に収容された。州法によると、重罪を犯したと疑うに足りる合理的理由があるとき令状なしの逮捕は認められているが、逮捕後直ちに最寄りの治安判事の許に被疑者を出頭させなければならず、治安判事は被疑者に逮捕理由を告知し弁護人の援助を受ける意思を確認のうえ弁護人の援助を受ける合理的機会を与えなければならない。Xは、治安判事の許に連行されることなく州法の規定が順守されなかったことは確認されている。

Xは一二月五日午前一一時の逮捕時から同月七日午後に自白するまでの間、弁護人なしに友人らとの面会も許されず完全に外部から隔離されていた。面会を求めた家族は、「被疑者の取調べ中、何人であれ被疑者と話をさせるしきたりはない」ことを理由に追い返された。Xは電話の許可を求めたがこれも拒否された。

Xは一二月五日に市拘置所に収容後、昼食は与えられず警察署長の取調べを受け夕食も与えられなかった。翌一二月六日午前六時ころXは朝食抜きで裸足のままで――Xのはいていた靴と靴下は血痕検査のために提出させられていた――さらに取調べを受け、うそ発見器にかけるため約四五マイル離れた乙市に連行された。Xはそこでも朝食を与えられないまま州警察官に引き渡された。警察官はXをうそ発見器にかけたうえで取調べをしたが、その取調べ時間は記録上明らかでない。同日午後一時ころXは靴を与えられ、二つのサンドイッチを与えられた、このサンドイッチは逮捕後二五時間中に初めて与えられた食べ物だった。彼は、同日午後六時三〇分ころ甲市拘置所に送り返され二階の独房に収容された。翌一二月七日朝、Xは朝食を与えられた。これは前日に与えられた二つのサンドイッチを除くと、逮捕後四〇時間中に与えられた唯一の食べ物だった。

Xは後に証人台に立って、自白をするに至った状況について次のように証言した。すなわち、〝私は二階に閉じ込められていました、署長のYがやって来て（一二月七日午後一時ころ）、〝お前はまだ事件についてすべて話していない〟と言いました、〝お前に会いたがっている者が外に四〜五〇人いる、もしお前が私の部屋に来て真実を話せば、彼らが入ってこないようにしてやる〟と言いました。そのとき署長は何と言ったのかと尋ねられるとXは、〝外に四〜五〇人いてお前に会いたがっている、もしお前が自白をしたいというのであれば、彼らを中に入れないようにしてやるとY署長は言いました〟と証言した。警察署長は反対尋問でこのような趣旨の供述をXにしたことは認めた。このような状況下にXは直ちに署長に自白することに同意した。そこで署長はXを私室（private office）に連行した。二人が部屋に入るとほとんど同時に誰かがドアをノックした。署長はドアを開け、そしてドアを開けたまま部屋の外に出てXに聞こえるように〝Xは今自白することを決意した。そして私一人だけに自白したいと言っている〟と話した。どのような人たちが外に何人いるのかXには分からなかった。署長は部屋に戻り、Xを取り調べ始めた。Xは当の犯行を犯したことを口頭で自白した。そこで直ちに州警察のP巡査部長とQ保安官の二人が入室を許された、そしてXはPの取調べを受け、当の犯罪に関してさらに詳細な供述をした。間もなく訴訟手続記録者（court reporter）が呼び入れられ、何人かのビジネスマンも入室を許された。そこでPはXを再び取り調べ、二人の質疑応答は先の記録者によって速記された。速記者による転写のあと、午後三時ころタイプ化された調書が部屋に送り届けられ、そして読み上げられた、Xが署名をし、先の警察官およびビジネスマンが証人として署名した（witnesses）。このようにして〝自白〟が獲得されたのである。

公判開始時に弁護人は、暴徒による暴行がありうるという署長の脅迫で頂点に達した強制により獲得されたものであることを理由にXの自白排除の申立てをした。州法の規定によれば、かかる証拠排除の申立ては裁判官室で行われる、そこでは上述の事実はすべて争いなく認められた。さらにXは、自白は真実でないと証言した。なぜ真実でない自白をしたのかと問われてXは次のように答えた。すなわち、〝Y署長は外に四〜五〇人いると言っていたし、もし自白をしなければ彼らを中に入れる、そんな風に言っていたので本当に怖かった〃からです。〝公判裁判官は、自白排除の申立てを退け自白は証拠として認められた。そして裁判所は、任意になされたものでないと認めれば自白を無視するようにと陪審に説示した。陪審は、第一級謀殺罪でXを有罪と認める一般的評決をしたうえで、電気イスによる死刑に値すると答申し、この答申に従って死刑判決が言い渡された。

そこでXは、次の二点を主たる理由として州最高裁に上訴した。すなわち、⑴強制かつ虚偽の自白排除の申立てを却下して自白を証拠として許容した公判裁判所の判断には誤りがあり、この誤りは第一四修正に違反してデュー・プロセスの保障なしにXの生命を奪うものである、⑵黒人が組織的に除外されていることを理由にした小陪審の選定の無効の申立て等を却下した公判裁判所の判断には誤りがあり、この誤りは第一四修正に違反して法の平等保護およびデュー・プロセスに違反するというのである。しかし州最高裁は、いずれも理由がないとして原判決を維持した。これに対しXが以上と同一の理由に基づき上告受理の申立てをしたところ、合衆国最高裁は「本件で提示された憲法問題は重要と思われる」ことを理由にこれを容れ、七対二で原判決を破棄した。

【判　示】　われわれはまず、Xの自白は強制によるものでありこれを証拠として許容したのは第一四修正に違反してデュー・プロセスを否定したものであるとの主張につき検討する。

物理的であれ精神的であれ強制によって獲得された自白を被告人の不利な証拠として州の刑事裁判で用いることは、第一四修正によって禁止されている。州の刑事法の執行は主として州裁判所に委ねられており、事実に関する州裁判所の認定は、一般的には当裁判所の関心事でない。しかし被告人の自白は強制による産物であるという申立ての場合には、われわれ自身が記録を検討して、その申立てには理由があるか否かを判断しなければならない。したがってわれわれは、記録に示された本件情況下にこの問題を検討することとする。

Xが物理的な拷問を受けていないということは、当の自白が強制によるものであるか否かの問題に対する答えを提供するものでない。肉体の拷問と同様、精神の拷問も存在する、個人の意思は恐怖によっても暴力によると同様に影響されるからである。本件で争いのない証拠によれば、次のことが認められる。すなわち、精神的に遅鈍な一九歳の若者が、⑴令状なしに逮捕されたこと、⑵州法によって定められている治安判事面前での審理を拒否されたこと、⑶黙秘権および弁護人依頼権を告知されなかったこと、⑷三日間にわたり弁護人も友人もなしに面会を求めた家族も追い返され、電話連絡が一度も許されないまま外部から完全に隔離されていたこと、⑸食べ物を長時間与えられなかったこと、そして最後に⑹警察署長によって四～五〇人が外にいて会いたがっていると告げられたこと、そしてこれがXに恐怖感を呼び起こし即座の自白をするに至ったことが認められる。一連の行動とりわけこのような状況下で頂点に達した暴徒による暴行の可能性があるという脅迫の全体から判断すると、当該自白は強制によるものでありそれを陪審の面前で証拠として用いたのは〝正義それ自体の概念に不可欠な基本的公正〟を奪ったことになり、それ故、第一四修正によって保障されているデュー・プロセスの保障をXに否定したものであるのは明らかである。

州（訴追側）は、自白を除外してもXの有罪判決を維持するのに足りる十分な証拠があったことを示唆している。しかし本件におけるように、強制による自白が陪審の面前における証拠の一部を構成し一般的な評決が下された場合には、陪審が当該自白をどれだけ信用し重視したかは誰にも判断がつかない。そして当裁判所は、このような状況下においては一貫して「たとえ強制による自白を除外しても、有罪判決を裏付けるのに十分な証拠があるとしても、異議申立てにもかかわらず、強制された自白を証拠として許容したのであれば、第一四修正のデュー・プロセス条項違反を理由に、その判決は無効になると判示」してきた。

小陪審等での黒人の組織的排除が法の平等条項に反するとの主張については、この時点で判断する必要はない。新しい公判でこの問題が再び提起されるとは考えられないからである。

【21】クルーカ正式訴追以前弁護人依頼権要求拒否デュー・プロセス違反否定愛人殺害事件判決（一九五八年六月三〇日）

本判決（Crooker v. California, 357 U.S. 433）は、ロースクール一年であったジョン・クルーカ（X）が生活費を稼ぐため下男（houseboy）として働いていた家の女性（A）殺害で有罪とされ州最高裁で死刑を言い渡された事案につき、自白の任意性に疑いがないとして第一四修正のデュー・プロセス違反の主張を退け死刑を維持したものである。ダグラス裁判官の反対意見には、ウォーレン長官のほかブラック、ブレナン両裁判官の同調意見があり、ミランダ判決につながるものとして著名である。

【事　実】　愛人（paramour）の殺害で死刑判決を受けた申立人クルーカ（X）は、カリフォルニア州裁判所での彼の有罪判決は第一四修正の法のデュー・プロセスに違反すると主張する、けだし、(1)彼の異議申立てにもかかわらず証拠として許容された自白は州官憲によって彼から強制されたものであり、(2)たとえ彼の自白は任意であったとしても彼の要請を拒否して弁護人なしに採取されたものであるというのである。カリフォルニア州最高裁は有罪判決を維持した。これに対し合衆国最高裁は上告受理の申立てを容れたが、五対四で憲法上の権利の侵害は生じていないとして原判決を維持した。

【判　示】　本件記録は明確に、申立人（X）は自白する前に弁護人を要求しかつその要求が否定されたことを示している。われわれはまず、弁護人の要求が拒否されたためその後の彼の自白はその性質上不任意であるとのXの主張を検討する。

州の訴追において強制された自白（coerced confessions）の使用を第一四修正が禁止していることは十分に確立している。例えば、【4】ブラウン判決、【13】ワッツ判決等を見よ。われわれは今開廷期の二つの判決において、記録上争いのない記録に基づいて当の自白が警察の強制に由来するかそれとも申立人自身の自由な意思の行使に由来するかどうかを検討した。

被害者（A）の息子が一九五五年七月五日朝、ロスアンジェルスの自宅の寝室でAが刺されて絞殺されているのを発見した。彼女は同日午前一時ころに電話で友人と話しており、それが生存中の最後であった。

クルーカ（X）は同日午後一時三〇分、彼のアパートで逮捕され、殺人罪で告発（charge）された。彼は当時三一歳でロースクールの一年であった。彼はロースクールに通いつつ被害者の家の下男として働いていたところ彼女（A）と不倫関係（illicit relationship）となり、彼女は死に至る前に何度もXとの関係を解消しようとしていた。二人の関係は許されないことであるとのAの求めに応じ、Xは二度と会わないことに同意した。そのような同意にもかかわらず彼は七月四日の午後遅く再び彼女の家を訪れた。誰もいなかったので近くに隠れていると、Aが深夜にエスコート役の男と一緒に帰宅してきた。エスコート役の男が立ち去った後、被害者（A）は電話で誰かと話し合っていた。彼はその後、そこを立ち去って自宅アパートに戻り、その日は彼女の家に入ることは一切なかったと主張した。

しかしXは、一九五五年七月五日の逮捕時に首や手にあった引っかき傷について質問された。彼は、前者はひげそり時のもので後者は七月四日の帰宅時での交通事故によるものだと説明したが、その事故がどこで発生したのかを明らかにすることを拒否した。アパートの捜索後に中立人（X）はロスアンジェルス警察に連行され、写真撮影に続いて嘘発見器のテストを受けることを求められた。彼はテストを受けることを拒否した、そして弁護人を呼びたいとそれとなく要求した（indicated）。しかしXが電話の使用を要求したかは明らかでない。アパートでの散発的な質問を除き、彼は午後八時三〇分から九時三〇分まで初めて取り調べられた。この取調べは四人の捜査官によって行われたが、専ら嘘発見器のテストの拒否に集中していた。この間に彼は特定の弁護人の名前を挙げて弁護人と会う機会を要求したが、捜査が終了した後で弁護人を呼ぶことができると告げられた。

クルーカ（X）は午後九時三〇分にロスアンジェルス西警察署に移送され、五人の警察官が午後一一時からほぼ深夜まで彼を取り調べた。彼はその後正式に記録簿に記載され（booked）、警察の医師により身体検査された。第三回目で最後の取調べは、七月六日午前一時から二時ころまで五人の警察官によって行われた。Xは殺人に関する詳細な自白をし、その自白調書に署名した。彼はその後、犯罪を再現するため被害者の家に連行された。彼は午前五時に拘置所（jail）に連れ戻され、眠ることを認められた。

逮捕当日の午後、彼はロスアンジェルス郡地方検察官事務所に連行され、書面による自白を口頭で繰り返した。そこで申立人（X）は、そのような自白をする際にややためらった（balked）後で彼の弁護人を呼ぶことを求めた。そこで地方検事は、彼に電話をかけることを認め、Xが弁護人と内線電話で話す間、その会話に耳を傾けた。Xも彼の弁護人も、その事務所で行われたことがすべてテープ録音されていることに気付いていなかった。弁護人との電話後にXは、拘置所に戻り弁護人と会うことができた。この時からアレインメント後の公判までXは彼の弁護人によって代理された。逮捕から三回目の取調べの一四時間の間にXはコーヒーを与えられ、希望するときいつでもタバコを吸うことを許された。彼はまた逮捕の数時間後にミルクとサンドウィッチを与えられた。彼はロスアンジェルス西警察署に移送される前後に警部補（police lieutenant）から〝言いたくないことは何も言う必要はない〟と告げられていた。そして彼は事実、移送の前後に多くの質問に答えることを拒否していた。

そうすると自白が強制されたとの主張は、専ら弁護人との接触の要求を否定されたことに依拠していることになる。当裁判所は従前、このような接触の拒否後に獲得された自白の性格を判断する機会がなかった。しかしわれわれは、州による弁護人選任以前に貧困な被告人によってなされた自白は、たとえ弁護人なしの有罪判決は第一四修正の下でデュー・プロセスに違反するような訴追においてであっても、そのことによって不任意となることはないと判示してきた。【15】ブラウン判決等。確かに、逮捕後直ちに州が弁護人を選任しなかったことから生ずる強制よりも、弁護人と会う機会を求める特定の要求を州が拒否することから生ずる強制の方がより大きい。しかしそのような［強制の］可能性がより大きいということは決定的でない。それは、申立人の年齢、知性、および教育などを考慮すると本件では否定される。彼はロースクールで刑法を学んでいた、現に嘘発見器のテストを受けるかと尋ねられると、彼はそのようなテストの結果は両当事者の約束（stipulation）のある場合を除き公判で許容されないとオペレータに告げている。警察官は、彼が自白する前に質問に答えなくてもよいと彼に告げている。質問への彼の拒否の仕方は黙秘する権利を十分に知っていることを示している。このような本件の記録によれば、申立人の自白は任意でないということはできない。

次にわれわれは、たとえ自白は任意であるとしても、申立人の弁護人との接触の要求の拒否後に獲得されたものであることを理由に、その使用はデュー・プロセスに違反するとの彼の主張を検討する。

クルーカ（X）は、第一、彼の弁護人から援助を受けるデュー・プロセスの権利を否定された、そして第二、たとえそれらが自由になされたものであるとしても、そのような拒否の間に彼から獲得された自白の使用それ自体がデュー・プロセス条項によって妨げられているという。Xは第一点を立証していない、われわれは、それ故、第二点には触れない。

自己の弁護のために弁護人の援助を受ける被告人の権利は、われわれのコモンローの伝統の中で明確に確立しているものではないが、この国での自由の維持のためには極めて重要である。第一四修正のデュー・プロセスの保障によって州の訴追で確保されているこの権利は、若干の事案において州によって選任された弁護人の援助を受ける権利だけでなく、〝彼自身の選択する弁護人を確保する公正な機会〟をも被告人に保障しているのである。一九三二年のパウエル判決五三頁。

これらの原理の下で弁護人を雇う要求を州が否定するのがデュー・プロセスに違反するのは、被告人が本案につき弁護人の援助を奪われるだけでなく被告人が公判前のいかなる手続においても弁護人の援助を受ける権利を奪われるのであれば、彼はそのことによって正義という概念に絶対必要な基本的公正を欠いたためその後に影響する偏頗な公判を受けることになるからである。【7】ライゼンバ判決二二六頁を見よ。この後者の判断は当然に事案のすべての状況いかんによる。

一九四五年のハウス判決（House v. Mayo, 324 U.S. 42）において無教育で地区になじみのない二〇代の男性が法廷に引致され、二度にわたり有罪判決を言い渡された。彼はそこで初めて州により窃盗罪で検察官起訴され弁護人を雇うことを要求したがその機会を否定された、そして最後に検察官起訴に対し有罪の答弁をすることによって本案に関する公判の審理を回避した。われわれは弁護人の援助を受けるデュー・プロセスの権利を否定されたと判示したのである。

ところが本件では、Xが弁護人なしに任意の自白をしたときの全体の状況は、ロースクールで勉強しているため自己の黙秘する権利を知っている大学卒の男性である。このような事実は、カリフォルニア州法に違反するとはいえ前出ハウス判決での偏頗なインパクトのあるアプローチには当たらない。

しかしXは、弁護人の援助を受ける権利違反があったかに関してそれらとは異なるルールが適用されるべきであると主張する。Xは弁護人との接触の要求を州が拒否するすべての事案において、そのときの事情を一切考慮することなしに憲法上の侵害があったと主張し、州当局による弁護人との接触の要請の拒否は有罪判決の絶対的妨げとなると主張するのである。申立人の主張する論理は、刑事法の執行に、少ないとはいえなお破壊的な影響（lesser but still devastating effect）をもたらすことになろう。けだし被告人が弁護人を呼ぶ機会を提供されるまで警察の取調べ――不公正ではあるがそれと同様に公正である――が効果的に妨げられるからである。デュー・プロセスは、〝権利の章典の特定の規定の中で描かれている概念ほど厳格でなくより流動的な〟概念である。【8】ベッツ判決は

【ダグラス裁判官の反対意見】（ウォーレン首席裁判官、ブラック裁判官、ブレナン裁判官同調）中立人は初めて逮捕され実際の取調べが始まる前に弁護人の立会いを要求した。弁護人を求めるこの要求は、被告人から自白が引き出される前に再三再四要求された。私見によれば、その拒否は第一四修正によって市民に保障されている法のデュー・プロセスの否定である。

当裁判所は、弁護人依頼権は公判自体と同様に公判前手続にも及ぶことを正しく認めている。それはまた警察の強制的権限への抑制としても必要である。精神的肉体的拷問（third degree）のパターンはわれわれの判例に蔓延している。弁護人によって代理されずに密室での強制的な糺問的取調べを受ける孤独な被疑者は、圧力をかけられるのである。【7】ライゼンバ判決、【9】アッシュクラフト判決、【13】ワッツ判決、【17】レイラ判決等を見よ。

精神的肉体的拷問は秘密裡においてはびこる。弁護人の必要を感じ弁護人を要求する人は、強制による自白を防ぐために法が彼に付与できる若干の保護を求めている。どのような保護が与えられたとしても、無実の人が自ら犯していない犯罪で有罪とされることになりかねないのである。われわれは障壁（barrier）を下げ、被告人に強制的な警察実務を防止する手続的保護を否定すべきでない。強制の問題の裁判はほとんど役立たない。捜査官は、通常あるように証言する。そして被告人は他のように証言する。このような秘密の糺問的取調べ（inquisition）の犠牲者である市民には強制を立証するチャンスはほとんどない。精神的肉体的拷問の害とその濫用は、被告人がその試練の最も決定的な時期に弁護人依頼権を否定される限り続くのである。

デュー・プロセス条項の中に表現されているわれわれの文明は、弁護人を希望する被告人は逮捕の時以降いつでも弁護人の援助を受けることを必要としているのである。

【22】スパーノ接見要求拒否等デュー・プロセス違反肯定射殺事件判決（一九五九年六月二二日）

本判決（Spano v. New York, 360 U.S. 315）は、被告人の弁護人との接見要求を取調官が繰り返し拒否したうえ親友の新米警察官を何度も利用してついに自白を獲得した事案につき、第一四修正のデュー・プロセス条項に違反するとしたものである。なお、同調補足意見は「自白採取時の弁護人不在」という事実だけで第六修正の弁護人依頼権に違反すると指摘している、後に一九六四年の【28】マサイア判決がこの補足意見を「採用」して弁護人依頼権の適用範囲を拡大したことでも知られる重要な判決である。

【事　実】　イタリア生まれの米国人である被告人スパーノ（X）は、本件射殺事件当時二五歳で高校を卒業して定職に就いていた。射殺事件は一九五七年一月二二日に発生した。Xは当日、酒場で飲んでいた。故人A（被害者）は、マディソン・スクエア・ガーデンに出場したこともある体重二〇〇ポンドの元プロボクサーでXの金を酒場で取り上げた。そこでXはそれを取り返すべく酒場の外までAを追いかけたが争いとなり、AはXを打ち倒したうえXの頭を三、四度蹴るなどした。Xは酒場を出て自宅アパートに戻り銃をとり、再び徒歩でAがよく出入りしている八、九ブロック先の菓子店に向かった。Xがその店に入ると、Aとその友人三人——少なくともその二人は前科者であった——および店長がいた。Xは銃を五発撃ち、その二発がAに命中してAは死亡した。店長が唯一の目撃証人であった。Aの三人の友人は、銃を発射した人物を見ていなかった。Xはそれから一週間余、行方不明になった。

ブロンクス郡大陪審は同年二月一日、Xを第一級謀殺罪で起訴し、法廷へのXの引致を命ずる逮捕令状が発付された。一方、Xは二月三日、長年の親友である新米警察官ブルーノ（甲）に電話をかけた。甲は後に、恐ろしいほどAに殴られ痛めつけられて目が眩んだ、アパートに一旦戻り銃を持って出かけてAを撃った旨Xが話したと証言した。またXは甲に、弁護人を確保して身柄を委ねるつもりであると告げた。そして甲はその情報を上司に伝達した。

翌二月二四日午後七時一〇分、Xは弁護人に伴われて検察官事務所と裁判所が同居しているブロンクス庁舎前の捜査当局に出頭した。弁護人は、質問に答えないようXに忠告したうえでXの身柄を警察官に委ねた。Xは直ちに検察官事務所に連行され、午後七時一五分に検察官補Pや刑事Qら五人の警察官によって取調べが開始された。記録によると、取調べは執拗かつ継続的であった。Xは弁護人の助言に従い、何ら動じることなく答弁を拒否し続けた。Xは天井を見上げているだけで名前以外は一切供述せず弁護人との接見を求めたが、この要請は拒否された。

翌二月五日午前十二時一五分、五時間におよぶ取調べにもかかわらずXが弁護人の指示に従ってなお黙秘を続けていたため、Pの指示でXは四六分署に移送された。Pも同分署に出向き、取調べに加わった。Xは一二時三〇分、同分署に到着し、取調べは一二時四〇分に終了した。Xは答弁拒否に固執し再び弁護人との接見を求めたが、Xの要請は他の刑事によって再び拒否された。

この時点で警察官らは、Xの親友ブルーノ（甲）を利用できないかと考えた。甲は午後一〇時〜一一時頃、四六分署に呼び出された。甲は、Xとの電話で〝困ったことになった〟と告げ、甲の妊娠中の妻と三人の子供にXの同情を引くよう上司から命じられたと話した。甲はこの上司の命令を実行したが成功しなかった、甲は再び、刑事Qの命令に応じてXの同情を引く芝居をしたが、Xから自白を採取できなかった。Qは嘘をついてXに自白させるよう甲に命じたが、Xはなお弁護人の忠告に従っていた。しかしスパーノ（X）は丸一時間におよぶ甲の四度目の虚偽の説得に根負けして遂に供述することに同意した。午前三時二五分、検察官補（P）、速記者、および数名の警察官が取調室に入り、Xの取調べが始められた。Pが質問する質疑応答形式でXの供述が採取された。供述（録取書の作成）は午前四時五分に終了した。

さらに午前四時二〇分、三人の刑事はXをマンハッタンの警察署本部に車で連行する途中、Xがそこから凶器を投げ捨てたという橋を特定しようとした。刑事らは、ある橋を渡り警察本部に到着後マンハッタンを離れて他の橋を渡りブロンクスに向かったが、Xはいずれの橋も凶器を投げ捨てた橋であると認めなかった。そこで刑事らは三番街の橋を経由して再びマンハッタンに向かったところ、Xがその橋に間違いないと述べたので午前六時すぎにブロンクスに戻った。この間に捜査官は、故人（A）が常にXにつきまとっていたのでAを射殺したことを〝後悔していない（not sorry）〟旨の供述をXから引き出した。三人の刑事は全員、公判でXの右供述について証言した。

Xの自白は、適切な異議申立てにもかかわらず、証拠として提出された。陪審は、右自白が任意になされたものと認められる場合に限り、それに依拠できる旨説示された。陪審は有罪の評決をし、Xは死刑判決を言い渡された。ニューヨーク州最高裁は、三裁判官の反対意見が付されていたが、この有罪判決を維持した。これに対し合衆国最高裁は全員一致で、原判決を破棄した。なお、法廷意見の執筆はウォーレン首席裁判官である。

【判　示】　本件は、自白を許容したことが第一四修正の下で適切であるかの問題を提供する一連の事案のひとつである。本件では二つの基本的な社会の利益、すなわち迅速で効果的な法執行をする社会の利益と憲法に反する法執行による個人の権利侵害を阻止する社会の利益との争いを解決することが求められている。

スパーノ（X）の第一の主張は、死刑事件での絶対的な弁護人依頼権はXに対する起訴状作成時に機能するという、したがって起訴後に弁護人のいないところで獲得された自白は第一四修正に違反することなしに用いることはできないと主張するのである。本件でこの論点に触れる必要はない。本件で獲得された自白の使用は、伝統的な原理の下で第一四修正に矛盾すると考えられるからである。

不任意自白の使用を社会が嫌悪するのは、そのような自白の内在的な不信用性だけに基づいているのではない。それはまた警察は法執行時に法を遵守しなければならない、犯人と考えられる人物を有罪とするために違法な方法を用いるのは、犯人自身だけでなく他の人の生命・自由が危険にさらされうることになるという深く根差した感情

(the deep-rooted feeling）に基づいている。したがって、一連の判例において自白獲得時の警察の行動が精査されるに至り、これらの諸判例によって法執行官は、犯罪の嫌疑を受ける市民を含めたわが市民の基本的権利を保護するために負担する責任を次第に認識するようになった。しかし、法執行官の責任負担が大きくなるとともに自白を採取するために用いられる方法はより複雑なもの（sophisticated）となり、われわれの果たすべき義務はより困難となっている。すべての事情を考慮して、本件有罪判決は維持できないというのがわれわれの本件での判断である。

本件記録による限り、Xは過去に法違反の経歴はなく、警察官の取調べを受けた経験もない。Xは、情緒不安定の診断を受けたことがある。Xは一九五一年〝精神障害〟を理由に軍務に不適格と認定された。Xの母親は三度にわたり精神病院に入院していたことがある。Xは物語り風に供述をしたのではなく、捜査官の巧みな誘導尋問を受けて自白した。Xは、多くの捜査官によって取り調べられた。検察官補（P）のほかブルーノ（甲）を含む一三人もの警察官によって取り調べられたのである。Xは自白するまで八時間にわたり取り調べられた。取調べは通常の執務時間に行われたのではなく夕方早くから始まり夜中まで続けられたが、早朝に至るまで実を結ばなかった。このような状況下に徐々に蓄積された疲労は一定の役割を果たした。弁護人の助言に従い繰り返し拒否したXに対し取調官は臆することなく取調べを続行し、Xがすでに選任しかつ自らの身柄をこれら警察官に引き渡した弁護人と相談したい旨のXの合理的な要請を無視したのである。

検察側が当裁判所においてXの〝子供時代からの友人〟であると認めたブルーノ（甲）を利用したのは、本件全体の状況の中でもとくに言及に値する。二人の間には一昔前の青年期に遡る友情の絆があった。このような要素を利用することによって警察官らは、Xの固い黙秘の意思を打破しうると考えたのである。彼らは甲に、面倒なことになった、職を失いかねない、職を失えば三人の子供と妻および近く生まれる子供に災難が及ぶと嘘をつくよう指示したのである。そこで甲は、一度でなく四度までも、しかも最後の四度目は丸一時間にわたり、上司に悩まされ困惑した父親の役割を演じ続けた。Xは〝明らかな敵は災いのもととなりうる、しかし、偽りの友人はさらに悪い〟というJ・ゲイ（John Gay）の有名な対句を知らなかった。そして彼は偽りの友人の懇願に屈服したのである。

われわれは、起訴後の本件状況下でのすべての事実を検討した後、Xの黙秘の意思は、警察官の圧力、疲労および甲の偽りの懇請によって掻き立てられた同情心によって打ち負かされたと結論する。警察は単に犯罪の解決を目指したのではなく、被告人から供述を獲得することに主たる関心があった。それ故、Xからの自白獲得が警察官の一貫した意図であったのは明らかである。そのような意図が立証されると、獲得された自白は極めて注意深く検討されなければならないと当裁判所は判示し、本件ほど強制的でない（less compelling）事実の下でも有罪判決を破棄してきた。したがって、われわれは、Xの有罪判決は第一四修正の下で維持できないと考える。

【ダグラス裁判官の同調補足意見】（ブラック裁判官、ブレナン裁判官同調）　ある犯罪で正式に起訴された人物から公判開始前に弁護人の援助を受ける権利を奪うことは、公判自体で弁護人を拒否することよりも有害といえよう。本件は、弁護人依頼権は公判自体と同様に、公判の準備段階にも及ぶとパウエル判決で宣明された原理の甚だしい侵害である。

【スチュアート裁判官の同調補足意見】（ブレナン裁判官、ダグラス裁判官同調）　法廷意見に同調するけれども、「この自白が採取されたとき弁護人が不在であったということだけで、第一四修正の下でその自白を不許容とするのに十分であるというのがわたくしの意見である。」

【23】　カランブ弁護人選任要求拒否等自白許容デュー・プロセス違反殺人事件判決（一九六一年六月一九日）

本判決（Culombe v. Connecticut, 367 U.S. 568）は、当時三五歳の文盲で精神遅滞者であった被告人を州警察官が殺人事件の容疑で身柄を拘束し州の規定に違反して治安判事の面前に引致せず、弁護人選任の要求を受け容れず、憲法上の権利告知をせずに、五日間もの断続的取調べにより獲得された自白に基づいて有罪とされた事案につき、すべての事情を考慮したうえでこの自白は任意とはいえずそれを証拠として許容したのは第一四修正のデュー・プロセスに違反するので彼の有罪判決は破棄されなければならないとしたものである。ただ、七五頁もの判決文のうちフランクファータ裁判官の意見が大半を占めるなどかなり複雑だが、先に詳論した不任意自白とデュー・プロセスに関する判例の整理として有用であるばかりか判例法の典型的事案でもあり順次紹介しておく。

【フランクファータ裁判官の意見】（スチュアート裁判官参加）　当裁判所は再び、陪審の評決が州最高裁によって欠点がないと認められた後で、有罪判決のために決定的であった被告人の自白は第一四修正のデュー・プロセス条項によって要求されている基準に一致して証拠として許容されたかを判断するために州の殺人罪での有罪判決を検討するという困難な義務に直面している。州による刑事司法の運営にかかわるため繰り返されてきたこの問題は、本件において加重された形式（aggravated form）で犯罪を解明する警察の責任と、どれほど有罪であるとしても、憲法上の要求に従って審理される刑事被告人の権利とを調和させるという切望されている課題（anxious task）を提示している。

一九五六年一二月一五日に、コネチカット州ニューブリテンのKガソリン・スタンドで二人の男性の死体が発見された、経営者のE・クルプスキー（A）が頭部に銃弾を受けてボイラー室で、客のD・ジャノウスキー（B）が男性用トイレで頭部に二発撃たれて発見された。ガソリン・スタンド前のポンプ場に駐車していたのはBの車だった。その中にBの娘が無傷でいた。生き残った唯一の目撃証人だった、彼女はまだ生まれて一八か月だった。K店の事件は一連の強盗事件の一つにすぎず、この強盗殺人事件はコネチカット州近郊のガソリン・スタンドや酒類小売店の経営者を恐れさせた。新聞やラジオ、テレビは〝狂気の殺人者〟の各強奪事件を報道した。州警察は犯罪を捜査していたが目覚ましい証拠はほとんどなかった。AとBの殺害現場では物的証拠は発見されなかった。

一九五七年二月の最後の週に、記録上明らかでない理由で捜査中の強盗事件の少なくとも二つの強盗事件、すなわちコベントリーでの日用品店の強盗事件とロッキーヒルズの酒類小売店の強盗事件で二人の友人アーサ・カランブとジョセフ・タボルスキーに疑惑が生じた。この二人は二月二三日午後、捜査官チームによって声をかけられ州警察本部への出頭を求められた。彼らは警察の拘束を解かれることは一切なかった。警察本部の取調室等で彼らはコベントリーとロッキーヒルズ、K店等の強盗事件について質問された。一〇日以内にカランブは口頭で五度、Kガソリン店事件への参加を口頭で自白した。そしてK店での殺害事件で彼自身とタボルスキーに負罪的なタイプ印刷された供述に署名した。タボルスキーも自白した。

二人は上級裁判所で第一級殺人罪で共同して起訴され陪審の面前で審理された。彼らの口頭および書面化された供述は、第一四修正に反して許容できない警察の方法によって引き出されたという異議にもかかわらず、陪審の判断に委ねることが認められた。二人は第一級謀殺罪で有罪とされ、彼らの有罪は州最高裁によって維持された。カランブだけが最高裁による吟味を求めた。彼の上告受理の申立ては州の刑事法執行官の捜査活動に関して連邦のデュー・プロセス条項によって課せられている重大な問題を提示していることを理由に最高裁は令状を発布した。

I　一九五六年一二月にコネチカット州警察が地域を騒がした暴力犯罪の唯一の情報提供者として二人の死体と一人の幼児に対面した事件は珍しい事件ではない。犯罪解明技術の現代の進歩にもかかわらずブツ（things）に語らせることのできない犯罪はしばしば発生する。そしてそのような犯罪とは全く無関係の人間の証言を見つけることができない場合には、有罪であるかもしれない証人を探し出して彼らに質問をして、証人すなわちそれにかかわりのあることが疑われているために犯罪について正確に何かを知っている疑いのある証人に質問をすること以外に何も残されていない。

これらの疑わしい証人に質問することで彼らの無実を明らかにするのに役立つことがあるかもしれない。彼らは、直接または間接に、質問された人物以外の被疑者（suspects）に警察を導くかもしれない。あるいは彼らは、質問された人物自身が彼らを刑務所に送りまたは彼らに死刑をもたらす証拠を提供するそのような手段であるかもしれない。いずれにせよ、その結果がどのようなものであれ、そのような質問が犯罪の解明に欠かせないことがしばしばある。無視できないその必要性（Its compelling necessity）は、われわれの社会のように、犯罪の被疑者を彼ら自身の口から得た証拠で有罪とすることはできないという原理を強力に推進し、それを憲法上義務付けている社会においてであっても、十分に正当化できるとして司法によって是認されてきたのである。

しかし犯罪の嫌疑を受けている人は、必ずしも警察によってなされた質問に答えることをためらうとは限らない。英米の刑事司法手続の下では自己に負罪的となる答弁をすることを彼らに強いることは禁止されているので警察は、法的手続が犯罪捜査の妨げとならないように彼らの抵抗をほぐす（unbend）ための種々の手段を採用してきた。親切、説得、懇願、欺き、執拗な反対尋問、さらに物理的暴力でさえこの目的のために用いられてきたのである。合衆国においては〝取調べ（interrogation）〟が警察の技術（technique）となった、そして取調べのための留置（detention）が、一般的に違法とまではいえないとしても、普通の実務になっている。犯罪解明を任務とする警察官（crime detection officials）は、厳重な警察の監督下にある被疑者が取調べ中にそれほど取り乱すことなく、それほど反抗的（recalcitrant）でもなく、そしてもちろん完全に逃げ切ることはできないことを知ると、ごく稀とはいえないまでも、そのような被疑者の身柄を〝捜査〟のために拘束するのである。

このような実務（practice）には明らかに害悪と危険（evils and dangers）がある。それにさらされた人は、彼らの日常的な生活に頼ることから切り離され、彼らを訴追するのが仕事である人々のなすがままに拘束される。彼らは有罪かも知れないと信じる相当な理由があるとしても、司法機関によって有罪と認定されることなしに自由を奪われることになる。取調室の閉ざされた扉の背後で現実に生じていることを確かめるのは、不可能ではないにしても至難である。いずれにせよ、警察は、この閉ざされた扉の背後でわれわれの法的秩序がまさに禁止していること、すなわち被疑者の有罪を立証する際にその被疑者を心ならずも協力者にするのである。

警察署において被疑者（prisoner）は、敵対的な勢力に取り囲まれている。彼は周知の世界から切り離され、明白な圧力ではないにせよ、その基礎を危うくする（undermining）あらゆる種類の強制的侵害（coercing impingements）にさらされている。このような雰囲気において長期に続けられる取調べは、当の取調官には回答を求めそれを期待する権利があることを不可避的に示唆している。

しかし、身柄を拘束された人によってなされた自白は必ずしも打ち負かされた意思（a overborne will）の結果であるということにはならない。警察は、後悔、あるいは救済あるいは絶望、あるいは計算から自然に生まれた供述の産婆（midwife）となりうる。もしそうであれば、社会の平和的秩序を維持する警察の大なる責任（awful responsibility）が彼らの採用した方法を正当化するのではないか？　サー・テブリン（現英国控訴審裁判官）が「英国での刑事訴追」で指摘したように、〝警察の取調べ方法へのいかなる批判（the least criticism）〟であっても極めて注意深く検討する価値がある。そのような取調べが生み出す証拠はしばしば決定的であるからである。すなわちイギリス法が要求する高度の立証程度――合理的疑いを越えた立証――は被告人自身の供述なしには検察によってしばしば達成できないからである〟ということを忘れるべきでない。だが〝犯罪者から社会を保護する際に州を不当に拘束する……単なる取調べの見分けのつかない敵意（undiscriminating hostility）〟を採用できないとしても、次のような問題は残っている、すなわち、それをいつ、どのような実務に適用するかは、基本的な英米の弾劾手続きから引き出すのは〝見分けのつかない〟判断ではないのか？　これらの概念に一致して認められている〝単なる取調べ〟の特徴（characteristics）とは何か？

Ⅱ　有罪犯人を処罰する際に州の基本的安全と州自身の基準を順守することを正当に是認する際に直面しなければ

ばならない問題は、第一四修正の制裁（sanction）とは別に、当裁判所面前の三つの事件を処理する際にジャクソン裁判官によって次のように述べられていた、すなわち

〝これら各事案において警察は、一つまたは二つ以上の残虐な殺人事件に直面した。これら殺人事件のいずれに関しても証人は存在せず、その解決の基礎となりうる唯一の積極的知識は殺人者によって所有されていた。各事案において個人を疑うに足りる合理的理由はあるが、彼を有罪として告発するのに十分な合理的根拠はなかった。各事案において警察は被疑者を拘束して彼を取り調べることにより情況に対処しようとした。……

〈中略〉

〝……被告人は弁護人を獲得する権利のあることを告知されることも助言されることもなかった。これは自由社会における真のジレンマを示している。弁護人なしに人を取調べにさらすのは個人の自由にとって真の危険である。弁護人を参加させることは犯罪の解決への現実の危険を意味する、われわれの当事者対抗制度（our adversary system）の下において、弁護人の唯一の義務はその依頼者を――有罪であれ無実であれ――保護することであり、弁護人には犯罪問題を解決することで社会を助けるいかなる義務もないと考えられるからである。われわれの刑事訴訟のこのような概念の下では、その報酬に値する弁護人は、不明確でない言葉で被疑者に対し、いかなる情況下においても警察には供述をしないように告げるであろう。〟【14】ワッツ判決五七頁、五八―五九頁。

相対的な法的基準に同意する裁判官が同一の状況下へのその適用において同意しないのは、それらの考慮の有効性を弱めるものではないし、その重要性を最小化するものでもない。同一の事実の評価におけるこのような相違は判例のありふれたこと（a commonplace of adjudication）である。

問題の決定的要素は、すでに述べたことに照らし、切り離して迅速に処理できる（may be quickly isolated）最初の柱は〝被疑者を取り調べるのは法執行において不可欠である〟ということの認識である。しかし、被疑者の取調べが一旦認められると、取調べを効果的にするためにどのような合理的手段が必要とされ、どのような手段が警察に与えられなければならないかが問題となる。取調べ期間がしばしば長期化するのは不可避であろう、その結果、被疑者の供述が点検されうる、もしそれが真実でないことが判明すれば、彼はその嘘を突き付けられうる、もし真実であれば告発なしに釈放される。被疑者のための弁護人の提供も一般に捜査の完全な妨げとなろう。実際、被疑者に黙秘する法的権利を告知することであっても妨げとなりうる。どのようなものであれ口を閉ざす権利を被疑者に告知するのは犯罪の解決への妨げとなりうる。

他の柱は、刑法のおそろしいエンジンはそれに対し無力な個人に及ぶように用いられないという基本的見解をいずれも明示に、しかし異なった言葉で示している一群の有罪判決（a cluster of convictions）である。これら判例の中には、彼らの訴追官の拘束のない自由な意思で投獄されるべきでないとか、犯罪の捜査を仕事としている官憲の物理的暴力を受けないという見解が含まれている。この原理は星室裁判所の時代に大陸法から一時借用され、時には拷問を伴った秘密裡の糺問裁判（secret inquisitions）の記憶によって、われわれの文明化の意識に刻印付けられているため、アメリカ政府を造り上げた人々によって周知だった。そのエッセンスは、個人を有罪として処罰しようとする州（国家）は、彼自身の口唇からそれを強制するという単純で残虐な便法によるのではなく、その職員の独立した働きによって彼に不利な証拠を提出することによって彼を処罰するという要求である。【6】チェインバーズ判決二三五―二三八頁。かなり初期にイギリスの裁判所は、この点において、糺問的制度とは異なる弾劾的制度による障壁（barrier）を是認してきた。【2】ブラウン判決五九六―五九七頁等を見よ。そして間もなく法廷外の自白がある人物に不利な証拠として提出されたのであれば、それは彼自身の自由な選択の産物でなければならないという厳格な要求の下で施行されるに至った。この概念は、それほど基本的で歴史的なものであるので第一四修正は、州の刑事手続への制約としてそれを適用したのである。

警察の取調べ過程が何物にも拘束されず全く自由であるとき生じる恐るべき危険から刑事被疑者を保護する必要性を認識して立法府は、警察の捜査活動の最悪の行きすぎ（worst excesses）を防止することを意図した種々の制定法を施行した。これらの制定法の中で最も広汎なのが被逮捕者を司法官の面前に迅速に連行することを要求する各種制定法である。【9】マクナブ判決三四二―三四三頁注7を見よ。他の制定法は、自白を引き出すため等の殴打や投獄を違法とする。しかし最終的には刑法の執行と刑事被告人の基本的公正に一致した権利を保護する責任のあるのは裁判所であるから、警察の取調べに対する社会の必要性と警察の取調べのあらゆる濫用から社会を保護する必要性とを調整する問題は、とりわけ法廷外自白の許容性を定める証拠規則とのかかわりで専ら裁判所の任務である。この仕事はわれわれの連邦制度の下で、地方（州）の犯罪に関してはもちろん、まず第一に州裁判所の仕事である。第一四修正は、しかし、その点に関する彼ら（州）の自由を限定している。それはその広汎な権限を限定しているが当裁判所に課している義務は、何がデュー・プロセスであるかを判断することに限定されている。その判断が本件における争点である。

Ⅲ　身柄拘束中の被疑者取調べがなければ、とりわけ職業的犯罪者がかかわっている事案において、被疑者と証拠の隙間（hiatus）を閉じることはしばしば不可能であるとの主張がなされてきた。それはかつてむち打ちと拷問台を支持するために採用されたのと同一の主張である。その極端な形式ではあるが、長時間の恐怖の環境下に夜通し被疑者を痛めつけることを正当化するものとして当裁判所に提示された。われわれはそれを退けた。【6】チェインバーズ判決二四〇―二四一頁。憲法はこのような無法なやり方をその目的いかんにかかわらず禁止している。

しかし、取調べをするのはむち打ちでも拷問でもない。デュー・プロセスは、それらの刑事法の実施に際し、われわれの文明が実際にそれを採用することを一度も認めなかった被告人（the accused）に有利な基準の採用を州に要求しない。そしてすべての州の裁判所は、犯罪を解明する捜査官によって拘束されている被疑者の取調べによって獲得された自白の受理を認める判示に同意してきた。そして長年の一連の判例において当裁判所は、第一四修正は全ての情況の下で強制されたと認められなかったものを州に禁止していないと判示してきたのである。【7】ライゼンバ判決、【11】ライオンズ判決、【16】ブラウン判決、【17】スタイン判決、【21】クルーカ判決を見よ。

なるほどイギリスの裁判所は早くから、逮捕された者や逮捕が迫っている被疑者への質問をすることを法執行官に厳しく禁止（discourage）してきた。そのことによってもたらされた自白を証拠として許容したときであっても、裁判官はそのような実務を何度も非難してきた。一九一二年に初めて出版され、一九三〇年に内務省によって出版された裁判官準則（the Judges' Rules）として知られるマニュアルは、この点に関するイギリス裁判所の態度を具体化している。被疑者であると否とを問わず、誰が犯罪を犯したのかを発見する目的での捜査の初期の局面の間に情報を有すると考えられるすべての人物に質問することを警察に奨励しつつ、同準則は、警察官が特定の人物を告発することを決意するや否やその人物に質問する前にまず最初に何も話す必要はないこと、次に彼の話すことは証拠として用いられうると警告する。身柄を拘束されている者は、警告された者が任意に供述するときを除き、質問されるべきでない、もし二人またはそれ以上の人物がある犯罪で告発されており、彼らの一人から警察が供述を採取したとき、そのコピーを他方に提供する、しかし返答を求めるようなことは一切言ったりしたりすべきでないとされている。裁判官準則は、質問する警察官による何らかのそれら（準則）の違反それ自体（*eo ipso*）で、彼が獲得するかもしれないいかなる負罪的反応であっても証拠として許容できないという意味では〝法（law）〟でない。しかし、刑事裁判を主宰する裁判官には、準則の文言または精神に反するような方法によって獲得されたいかなる自白をも排除する広範な裁量権（broad discretion）がある、そしてその違反は刑事控訴裁判所の判決を規制するものでないけれども、それが有罪判決を破棄する際に影響するのは明らかである。このような理由で、かつ同準則に付与されている尊敬のために、それら（準則の規定）は現実の警察の実務に広汎な影響を与えているのは疑いないので、それらは多かれ少なかれ警察官によって絶対的な法典（infrangible code）とみなされているのは明らかである。同一の概念が王座裁判所の弁護人（counsel for the Crown）によって共有されているので、現在のイギリスの判例は、われわれ（米国）の裁判所においてしばしば争われているような強制の主張にかかわる判例を明らかにしていないのである。そのような状況はごく稀に（seldom）しか生じないといってよかろう、そのようなことが生ずれば王座部（the Crown）は自白を提出しないし、提出されたとしても——例えば、数時間もの取調べが立証された事案において——公判裁判官はほとんど確実にそれを排除する。

　自白は任意であれば許容されるが、弾劾的刑事手続に矛盾するとは考えられないとしても高圧的な方法によって獲得された負罪的供述を裁量権の行使によって排除するイギリスの公判裁判官が伝統的な英米のルールを補足（supplemented）してきたこのような原理は、合衆国において模倣されなかった。一九四三年に当裁判所は【9】マクナブ判決において、連邦刑事司法の運営に関するその監督権限を行使してイギリスほど厳格でない排除実務を開始した。この実務は、〝物理的または精神的な拷問の結果であると否とを問わず、治安裁判官面前への被告人の迅速な引致がなかった違法な留置中になされた〟自白の排除を要求する。その目的は被逮捕者を不必要な遅滞なしに司法官の面前に引致するという要件に効果を付与することである。【9】マクナブ判決三四三—三四四頁。

　マクナブ判決は、連邦裁判所における刑事手続の公正に対するわれわれの関心と責任に由来する革新（an innovation）だった。州は総じて、類似の排除原理を採用していなかった。そしてわれわれは連邦の刑事事件で留保なしにマクナブ判決に従っているけれども、そのルールを第一四修正の要件として州の訴追に拡大しなかった。【16】ブラウン判決四七六頁、【11】ライオンズ判決五九七-五九八頁注2等。

われわれの過去の判決に照らし、かつ明白な残虐行為（brutality）の採用にかかわりのない種々の警察の捜査手続の相当性に関し合理的に維持できる見解の大きな相違（wide divergence of views）に照らし、以下のことは実に明らかと考えられる。第一四修正を施行する際に、当裁判所が州の法執行官に認めている取調べの権限に関するすべての事案に適用できる明確な範囲を定めるのは不可能である。イギリスの裁判官によって非難されている広汎な反対尋問も、【9】マクナブ判決によって禁止されているアレインメントでの不当な遅滞、あるいはいくつかの州の制定法によって禁止されている友人や弁護人との連絡の拒否のように憲法上許容できない取調べに対する単一のリトマス紙検査が発展（evolved）されたことはない。【7】ライゼンバ判決、【21】クルーカ判決等を見よ。

これらの諸要素はいずれも、それらを取り囲む全体の情況が関連している。英米の裁判所においてほぼ二〇〇年にわたり明確に確立している基準は、任意性のテストのみである。自白はその本人による実質的に自由で制約のない選択の産物であるか？　もしそうであれば、そして彼が自白することを決意したのであれば、それは彼に不利な証拠として用いられうる。もしそうでなければ、彼の意思は打ち負かされたのであり、彼の自己決定の能力は決定的に損なわれているため、彼の自白を使用するのはデュー・プロセスに反することになる。

Ⅳ　特定の事案において、自白が任意であったか不任意であったかの吟味には、少なくとも三つの局面の過程にかかわりがある。第一、外部の〝現象面（phenomenological）の発生と自白を取り囲む出来事の生の（crude）歴史的事実の認定の仕事である。第二、任意性の概念は精神状態にかかわる概念であるので、主として内部の推論的な心理的事実の想像的状態（imaginative recreation）である。第三、通常、法の支配として特徴付けられている法的概念によって形成されるこのような判断基準の心理的事実への適用である。

本件のように州の最高裁から上がってきた事案では通常、これらの局面の第一は、州裁判所によって明確に決定される。何が発生したかの判断には、強制の主張にかかわる事案ではしばしば矛盾する証人の相対的信用性の評価が必要となる。その確定は、これらの証人がその面前に実際に出頭している事案の審判者に属する。

第二と第三の局面の吟味は、抽象的事柄として違いはあるけれども、実際的な作用においては複雑に絡み合っている。〝任意性の概念〟自体、二重人格（an amphibian）の性質を有する。それは内心の精神状態を描写すると同時に法的目的のためにその状態を明らかにすることがその特徴である。そのような特徴のため〝当裁判所が吟味する〟まさにその問題である。【14】ワッツ判決五一頁（フランクファータ裁判官の意見）。

V　次に本件で争いのない事実に移る。法的任意性に関するデュー・プロセス条項の下での判断は特定の状況に関連する事情の全体から引き出されるので、それら事情の詳細な判断は不可避である。カランブ（X）の自白が訴追側によって提出され憲法上許容できないとして異議が申し立てられたときコネチカット州上級裁判所は、適用されるコネチカット州の先例に従って陪審を退席（excuse）させて強制の問題にかかわる証拠を取り上げた。そして信用できかつ関連があると認めた事実を述べる明示の事実認定をした。これらの事実を根拠として矛盾のない証拠として以下のことは立証されたものとされたのである。

一連の刑事事件を捜査していたコネチカット州警察は、一九五七年二月二三日（土曜日）、Kガソリン・スタンドでの殺人事件以外の事件からカランブ（X）とタボルスキー（Y）の二人を選び出し証人に吟味させることを決めた。捜査責任者で捜査官チームを率いていたR警部補は男たちがいるかもしれない場所に向った。同日午後二時すぎ二人の捜査官は、ハートフォードにいるYの母の家にあった車に乗ろうとしていたXとYに近付いて声をかけた。彼らはYに、R警部補が州の警察本部でYと話をすることを希望していると伝え、そしてYにこれは逮捕ではないと告げた。Yは同行することに同意した。

Rは、XとYに短く語りかけ、犯人識別のためにコベントリーとロッキーヒルまで捜査官と同道することに同意するかと尋ねた、彼らは同意した。午後三時から六時までおよそ三時間、車の中でXは何件かの犯罪への参加について質問された。コベントリーとロッキーヒルで停車し、XとYは捜査官の要求で客を装って雑貨店と酒類販売店に入った。警察本部でXは、銃を所持しているかに関し一時間ほど質問された。Xは他の捜査官Pに、銃マニアであり家に七〜八丁の銃を所有していると告げた、そしてそれらを警察に差し出すことに同意した。Xがこの情報を明らかにした理由は、銃は登録済みであり、いずれにせよ警察は銃を追跡できることを知っていたからだった。

Xは自宅で銃が発見された後、警察本部に連れ戻された。Xはある時点で弁護人と会いたいと言ったが、具体的な弁護人の名前を挙げなかった。RはXに、希望する弁護人の名前を告げればその弁護士に電話できると答えたが、Xが文盲で電話帳を利用できないことを知っていた。被逮捕者が重罪事件を犯したことを疑う十分な理由を逮捕官憲が有している場合に令状なしの逮捕を認めるコネチカット州制定法に基づいて、Pは午後一〇時ころ、Xを逮捕した。

土曜日に始まり次の水曜日にXが自白するまで断続的に続けられた取調べの目的に関してRは、自白を獲得するのがその意図であったことを認め、正確なことが判明するまでXを拘束し続けたことも認めた。Xが黙秘権を警告されたことを示すものはない。

二月二四日（日曜日）、カランブ（X）はニューブリテンの殺人事件に関して少し質問された、そして同事件とのかかわりのあることを否定した。XとYはその翌朝、ニューブリテンに車で連行され、ニューブリテン警察本部の建物でしばらく待った後、ニューブリテン警察本部で治安違反で警察の記録に記載された（booked）。Xを乗せた警察車両はその後、Kガソリン・スタンドで停車した。RはXにその場所を見て分かるかと尋ねた、そしてXは分からないと答えた。Xは月曜日午後、再び警察本部でK店に関して質問された。Rは彼に二時間半質問した。Pもまた二、三、Xに少し質問したが、Rの質問と同じだった。Xはそこで若干の缶詰製品の窃盗について自白し、それらは書面化された。

Xは二月二六日（火曜日）、独房からニューブリテン警察裁判所に移された。その通りにも群衆がいたが、月曜日ほど多くはなかった。法廷は満員だったが、XとYは囚人用の檻（prisoners pen）に入れられ、群衆はその檻と裁判官の席の間に集まっていた。彼らはその檻から出されることはなかった。

XとYを治安違反で告発する考えは、Rと検察官の合作だった。その目的は〝コネチカット州での若干の重大な犯罪を捜査する助けとするため〟だったとRは証言した。この治安違反の訴追は後に取り下げられた。Xは再び警察裁判所に送られることはなかった。〝それは必要でなかった〟からである。

その後にXはKガソリン・スタンドの事件で、ハートフォードの警察本部に連れ戻された。そこでXとYはPその他の捜査官によって取調べられた。Rは三時から四時ころ、Xの家を訪れ、Xの妻に半時間ほど質問し、それから警察本部に戻った。間もなくXの妻がRとの取り決めに従って、婦人警官の運転する警察車両に乗って本部に到着した。彼女の子供が一緒だった。彼女は少しRと話した、Rは彼女に〝夫のところに行ってテーブル上にカードを置いて彼がなお自白しないか〟を確認して欲しいと言った。X夫人は、Rと婦人警官がいる部屋に連れて行かれ、Xと一五分ほど話した。子供は部屋にいなかった。カランブ夫人はXにニューブリテンの殺人事件に責任があるかどうかと尋ね、責任があるのであれば、警察に真実を話すべきであると告げた。Rは、この対面は〝自白を獲得するためのもう一つの方法〟であったことを認めた。彼は、X夫人に警察を助けてほしいと頼んだこと、そして彼女が間接的に警察を助けたことを認めた、すなわち彼は、夫（X）の自白を獲得する手段として彼女を利用しようとしたことを認めた。

カランブ夫人が部屋を出た後でRは、XとYとの若干の会話に関しXに質問を続けた。XとRは部屋の入口の方に行き、Xの一三歳の娘に部屋に入ってくるように呼びかけた、すなわち〝ここに入っていらっしゃい……そしてタボルスキーとあなたのお父さんが寝室でどんな話をしたのか話して欲しい〟と告げた。娘が部屋に入って何を話したかを示すものはない。

カランブ（X）は独房に戻された。Pがその独房にやって来た、そして彼に質問を始めたが、Xは家族と会って動転したため息を詰まらせたり泣いたりした。XはPに話したくないと告げた。Xと彼の妻との対面は〝試練（ordeal）〟であったことをPは認めた。そしてRは、囚人（X）は〝動転〟していたことに同意した。

二月二七日（水曜日）午前六時ころ刑務所の看守がXの独房を訪れ刑務所の入口の門まで連行し、Pその他数人の州警察捜査官にその身柄を委ねた。刑務所の記録簿には州警察がカランブ（X）を〝引き受けた（borrowed）〟と記載された。Xは午後一時まで警察本部で拘束され、次いでPとマーフィによる取調べを受けるために取調室に連行された、最初に一人でXと取調室にいたPは、嘘をついていたとXに語り始めた、Xが質問に答えたくないと言ったときは常に、嘘をつくよりも〝答えたくない〟という意味であろうと示唆した。Xは同意した。すると捜査中の犯罪リストを持っていたPがそれを示しつつ、それぞれの犯罪への彼の参加について質問を始めた。Xは各質問に答えながらそこにはいなかったと答えたり、そのことについて話したくないと述べたりした。Pがそのリストを見せつつ質問をすべて終えたとき、すでに部屋に入っていたマーフィがそのリストを取り上げ、Xが先に答えたり答えることを拒否したのと同一の質問を繰り返した。Pはしばらく部屋を出ると再び入ってきた。マーフィがXに協力したくないのかと尋ねると、Xは協力したいがそれは難しいと答えた。マーフィが誰を怖がっているのかと尋ねると、タボルスキー（Y）が怖いとXは答えた。およそ一時間半後にXは警察に、彼らは四丁の銃と二人の男を探していた、彼（X）自身は人殺しをしていないと告げた。内部の通信制度で取調べを傍受していたRが直ちに部屋に入り、そして間もなくオブライアン刑事も到着した。Xは捜査官に銃が見つかる場所を示すことに同意した。彼は、無標の警察車両で出かけることを要求し、そして車輛には識別紋章がないことを確認した。午後三時三〇分ころ四人の捜査官とXは本部を発ちXの家に向った。

その間にRは、車の後部座席でカランブ（X）に質問した。他の三人の警察官は前部座席に座っていた。重要と思われる答弁をXが始めたときRは、車を運転していたオブライアンにマーフィと代わるように告げた。速記に巧みなオブライアンは、これは会話を筆記せよとの意味であると理解した。彼はそのようにした。その会話の中でXは、Kガソリン・スタンドを含む多くの犯罪への参加を認めた。彼はK店で発生したことを詳細に述べ、その中で彼（X）とタボルスキー（Y）は同店で強盗をして、Yが経営者と客の二人を射殺したことを認めた。数人の警察官は公判でこの口頭自白の内容について証言した。

カランブ（X）と四人の捜査官、そして二人の警察の写真係は、Xが強盗を計画したというアパートに入った。そこにカランブ夫人と五歳になる一人の娘がいた。Rの指示で洗面キャビネットの後ろにある隠し場所で若干の武器等が発見された後、Xは少なくとも一人の刑事の面前で、居間にいた妻と話をした。Xは良心に従い胸の内をすべて打ち明ける決意をした、そしてタボルスキーが彼女に危害を加えることを怖れていたが、彼は警察に協力することにしたと告げた。彼はまた、近隣の人々との関係でX夫人の困惑を除去したかったとも述べた。警察車両に乗りアパートを出発するとXは、捜査官を近くの湿地に案内し、そこで一丁の銃とK店で使用した他の銃を処分したという場所を示した。彼はまた捜査官を他の湿地に案内し、そこで強盗事件の夜に着ていたとされるレインコートが発見された。他のいくつかの同様の場所で停車した後、Xは本部に連行され午後六時すぎに到着した。そこでR市長とKコミッショナーの面前で彼は質問に答えて午後の自白を繰り返した。

Xは夕食をするために外に連れ出された、その後間もなくXは再び、五歳の娘とともに本部に来ていたX夫人と会った。子供は病気だった。子供は病気であるとX夫人がXに告げると、要求すれば婦人警官が病院に連れて行ってくれると思うとXは言った。午後八時ころR、P、オブライアン、郡刑事らが彼の何回かの自白を書面にするためにXを取調室に連行した。その時の様子は、むろんXは文盲であり彼のとりとめもない話や論理一貫していない答えのため分かりにくいが、およそ次のとおりであった、すなわちRがXに質問しXが答えた。Rがその答えを物語り形式に変えた、Xはそれに同意した。Rはそのままの文章をオブライアンに口述した。完成された各供述は朗読されXによって署名された。それらの供述の最後がK店での強盗事件と同日早く犯された他の犯罪にかかわりがあった。それは午後一一時少し前に始められ、K店でのエピソードは午前一二時三〇分に言及された。K店での供述は書面に構成されるのに半時間を要した。

この四時間半のインタビューの最後にXはひげをそった、彼の服はみすぼらしかった（sorry sight）。彼は疲れていた、その夜は、彼の希望で彼は州警察本部の独房で過ごした。それは未だハートフォード刑務所で監禁されているタボルスキーをXが怖れていたことによるのは明らかだった。彼が同夜に署名した自白は公判で展示されなかったけれども、約束により（by stipulation）それに代えて提出されたタイプ化されたものは証拠として受理され、陪審の面前で十分に明らかにされた。その内容は数人の捜査官の証言によると、Xが水曜日深夜に彼らに語ったことの要旨（substance）を具体化していた。

二月二八日（金曜日）にXはある部屋に連行され、その部屋でXはタボルスキー（Y）と話をした。警部補の命令でXは彼の自白を繰り返した。後にXは同朝に発布された裁判官の令状に従って第一級謀殺罪の嫌疑で上級裁判所に出頭した。裁判長（the presiding judge）はXに黙秘権と弁護人の援助を受ける権利のあることを警告した。彼が弁護人を希望するかと尋ねるとXは希望すると答えた。そして公選弁護人（public defender）を希望しないと述べ、マクドナフ弁護士を希望するが弁護料を支払う余裕はないと言った。裁判官は州の費用で彼の選んだ弁護人の援助を受けることのできることを約束した。彼はそれからXに、警察は彼に対する告発への捜査をすることを希望していると告げ、そのために彼の拘束を解くことを求めていると告げた。協力するかどうかと尋ねられたXは、協力すると答えた。このこと（釈放）の意味は、種々の犯罪現場に連行されることを意味すると告げられた後で、再び協力するかと尋ねられるとXは〝できる限り彼らに協力〟したいと再び答えた。したがって裁判所はXを釈放して、捜査を続行するために州警察コミッショナーにXの身柄を預けた。

Xは K店で捜査官のために強盗事件を再演した。その午後警察本部でNYの刑事がNYの殺人事件に関して彼に質問した。その日はコネチカット州での犯罪に関する捜査は行われなかった。Xは彼自身の希望で郡刑務所でなく警察本部の独房室に残っていた。彼は金曜日に裁判所によって選任されたマクドナフ弁護人と初めて会った。そして彼の妻にも会った。州側の二人の精神科医が三月二日およそ二時間Xを診断した。当日午後一〇時、一人で独房にいたXは、独房を担当している守衛に大声で呼びかけ、K店の強盗事件に関連する多くの情報を任意に話したいと述べた。この守衛とは巡視中〝やあ（Hi）〟と挨拶する以外に個人的に話すことは今までなかった。

XはK店で行われたことにつき新しい話（new version）をした。その話は、彼がクルピスキーを撃ったことを除くと、彼の従前の供述とほぼ類似していた。守衛がこの情報を電話でRに伝えると、Xは彼に礼を言った。守衛は公判で、この出来事とXの口頭による自白の内容を陪審に話した。

日曜日の朝、Rと、Xが前夜に自白したその相手の守衛のほか、もう一人の捜査官の三人が取調室でカランブ（X）に面接した。Rの質問への答えの中でXは以前にした話の内容を変更したいと言った。それから彼がクルピスキー（K店の経営者）を撃ったと言った。水曜日夜に実施された同一の手続でニューブリテンの殺人事件の新しい詳細な説明があり、Xはそれに署名した。それは公判で証拠として受理された。同日午後マクドナフ弁護士が本部でXとRに会った。彼はXにこれ以上書類に署名したり警察に話さないように告げた。彼はRに、これ以上Xを困らせて欲しくないのでXを本部から郡刑務所に移動させるよう求めた。この要求は認められた。

その翌日の三月四日（月曜日）Rとオブライアン刑事が刑務所にいたXを訪れ三〇分ほどいた。Rは警察によって準備された新たにタイプで打った供述（録取書）を持参していた。これは、Xが水曜日に署名した書類のほぼ引き写しだったが、一九五六年一二月一五日に犯された第二の犯罪への言及部分は削除されていた。Rはこれを X に読み上げ、そして X はそれに署名した。それは公判で許容された。Rはマクドナフ弁護士に、X の署名をあらかじめ獲得しておいたのは、X がそれに署名するのをマクドナフ弁護士は認めないことを心配したからであると伝えた。Rは後に、弁護人がいなければより良い仕事ができた、つまり X は〝協力的であり……私は彼の協力を必要としていた、そしてそれを得た〟と証言した。

このようにして警察と協力したこの人物アーサ・カランブ（X）は三一歳の精神的に欠陥ある軽度の精神遅滞者（moron）と分類され、知能指数六四で精神年齢は九歳から九歳半で、彼は完全に文盲だった。X の精神状態を評価した州側の専門家証人は、彼を精神遅滞者と分析し〝かなり精神的に欠陥がある〟として精神年齢は九歳と同程度であるとしたが、彼の物理的成熟度と経験によって九歳では有していない考え方（perspective）をしていると証言した。X には、しかし、〝不利なこと（handicapped）〟があった。

X は治療のために精神施設にいたことがあった。青春期（adolescent）以降、法違反があり精神欠陥者のためのマサチュセッツ訓練学校から逃亡に成功するなど、少なくとも二度、コネチカット刑務所にいた。逮捕前の三年間、彼は貨物取扱い（freight handler's job）の仕事をしていた。州側精神科医は、X は怖ろしい男ではないけれども暗示にかかりやすいと証言した。

彼が最後に証言した一〇日後の一九五七年三月一四日、カランブは第一級謀殺罪で起訴された。

Ⅵ　われわれが本件を取り上げる際に水曜日の自白だけを検討する必要がある。もしこれらの自白が強制されたのであれば、それ以外の証拠によってカランブの有罪判決がどれほど説得的であっても維持できない。【12】マリンスキー判決、【20】ペイン判決を見よ。われわれは本件記録の全ての情況に基づいて、これらの自白は任意でなかったと結論せざるを得ない。これらの自白の使用によって申立人 X は法のデュー・プロセスを奪われたことになる。

自白を強制されたと認定した当裁判所の従前の判例の多数（body）を検討すると、かかる結論に至る。特定の刑事被告人の意思が打ち負かされて砕けた（overborne and broken）かの問題は一つの問題であるけれども、特定の事件に関する個々の一連の事実に基づいて認定されなければならないことは繰り返すに値する。確実で効果的に実施できる基準——教条主義的で抽象的なものでない——による関連ある情況の綿密な比較によってのみそれは導き出されうるからである。これらの判例にアプローチする際にわれわれは最初に、物理的暴力【4】ブラウン判決、物理的暴力の脅迫【12】マリンスキー判決参照、そして被告人を夜間に刑務所から移動させ人里離れた場所で取り調べる恐怖を呼び込むようなその他説明できない取調べ方法、取り調べのために被告人を家から遠く離れたところでの刑務所から刑務所への移動、取調べの間衣服を着せず立たせる【12】マリンスキー判決等、このような判例は除外する。われわれはまた、被告人の気力を奪い麻痺させるため睡眠を奪う方法が用いられた場合【6】チェインバーズ判決、【18】レイラ判決や、基本的な食物の必要性を全く無視する【20】ペイン判決ような事例も除外する。カランブ（X）は目覚め（wake）や飢餓（starvation）にさらされなかった。われわれは大勢のリンチ集団の脅迫【6】チェインバーズ判決、【20】ペイン判決も除外する。最後にわれわれは長時間に及ぶ集中的で極端な疲労（脚注83）も除外する。最終的に自白する前のXの最も長時間の取調べ（extended session）は実質的な休息を伴いつつ三時間半に及んだ。しかし彼の取調べのすべては一つの犯罪でなくいくつかの犯罪にかかわりがあったので、それは執拗な抵抗心を打ち破ることを意図して一貫して繰り返された容赦のない側面を示していない。とりわけ水曜日の深夜の自白に先立つ四時間半の取調べは、K店での強盗事件以外の事件を取り上げており、そのときXは抵抗するどころか完全に警察に協力していたのである。

（脚注83）【10】アシュクラフト判決（五分間の休憩をはさんでの三六時間以上の交替の取調べ）、【14】ワッツ判決

（午後一一時三〇分から午前二時半ないし三時までの交替の取調べ）、【18】レイラ判決（初日は午後から夕方にかけての取調べ、二回目は朝一〇時から深夜まで、三回目は午前九時から、四回目は朝から短い休憩をはさんでレイラが自白するまでの取調べ）、cf.【6】チェインバーズ判決参照。しかし【7】ライゼンバ判決を見よ。

他方、カランブ（X）の精神的資質（mental equipment）――すなわち彼は暗示を受けやすく脅迫されている――に関して判断しなければならないというのは、【10】スタイン判決で自白をしたその相手の捜査官をののしっていた被告人クーパが有していたと最高裁によって認められたそれと比較できるほどの抵抗力を彼が有していたことを認めることでない。Xは自白する前の四日間の夜と五日間の昼は事実上警察の拘束下にあった。その間に断続的ではあったけれども、繰り返し取り調べられていたので、警察は返答を希望しそれを得ることを決意していたと彼は考えざるを得なくなっていた。彼の取調官や刑務官等を除くと、Xは二人の人間、すなわち彼が怖がっていたタボルスキー（Y）と妻だけに話した、そして妻は警部補ローム（R）との事前の約束に従って、真実を告げるようXに頼んだ。(脚注87) このような留置（detention）の継続それ自体が、本件逮捕後の数時間ないしその当日になされたため任意自白であるとわれわれが認めた事案と本件とを区別する。ストローブル判決（Stroble v. California, 343 U.S 181）等を見よ。(脚注88) それ以外の事案でわれわれは、組織的ではないが散発的な被告人の取調べ後になされた自白、自白前のかなり長期の中断後になされた自白に基づいた有罪判決を維持し、(脚注89) そこで提示された情況下において警察の取調官は被告人の意思を圧倒していたと認めなかったのである。

（脚注87）【16】ブラウン判決（被告人は留置中に弁護人のほか少なくとも二人の友人と会ったこと、そしてある一人の友人がある事柄に関して警察に協力しようとしたのは事実だが、被告人に自白するよう説得しようとした証拠はない）と比較せよ。【11】ライオンズ判決（被告人の妻と家族が刑務所にいる彼を訪れた）。

（脚注88）【11】ライオンズ判決で被告人は逮捕当日に二時間質問され、それから刑務所（彼の家族が彼を訪問した）に一一日間留め置かれた。この留置の最後に彼は夜まで続く長時間の威嚇する（intimidating）ような情況下で取調べを受けて自白した。この自白は明らかに強制されたものと認められたにもかかわらず、証拠として提出されなかった。彼はその日の夕方、州の刑務所に連行され刑務官に拘束された後で自白した。問題は、最初の自白に伴う強制の影響が後の自白に影響したかであった。ライオンズ判決の全パターンの要素は本件事案とは異なるので全く別の考慮が必要となる。

（脚注89）【16】ブラウン判決で被告人は月曜日に逮捕されて一時間と二時間の二回取り調べられた。そして火曜日と水曜日に数時間質問された。各場合に彼は供述する必要はないこと、そして供述をする前に弁護人の援助を求める権利のあることを警告された。木曜日に彼は再び証人と対面させられた、そして彼らが若干の情報を告げた後で彼らに質問することがあるかと尋ねられた。彼への告発が朗読され供述をしたいかと尋ねられた、そして彼は――取調べなしに――自白した。

本件と比較して事実が最も近いのは⑴ターナー判決（Turner v. Pennsylvania, 338 U.S. 62）、⑵ジョンソン判決（Johnson v. Pennsylvania, 340 U.S. 881）および⑶ファイクス判決（Fikes v. Alabama, 352 U.S. 191）である。ターナーはカランブ（X）と同様、令状なしに逮捕され治安判事の面前に引致されずに、自白する前の四日間の夜、そして昼はほぼ五日間留置された。Xと同様、彼は昼夜、時には一人、時には数人の捜査官によって取り調べられた。ターナーはその留置の間、訪問者はなかった、Xは妻とだけ会った。彼女はXをほとんど支援しなかった。ターナーの取調べは合計二三時間以上であり、これに対しXが最初の自白をする前に取り調べられたのはおよそ一二時間半だった。そしてターナーは二日間に合計六時間取り調べられた、他方、Xは一日に三時間以上取り調べられたことはなかった。さらにまたターナーの取調べは数件ではなく一つの犯罪だけにかかわるものであった、しかしターナーには、Xがそうであるように、精神的欠陥はなかった、そしてターナーにはなかったある重要な圧力――家族の利用等——がXにかけられたのも確かである。最高裁は、ターナーの自白を強制されたものと判示した。

ターナーの共犯者として起訴されたジョンソンは、ターナーと同一の条件下に同一期間留置されていた。しかし彼は、この五日間の間におよそ六時間ほど時々取り調べられただけであり、各場合（sitting）に一時間半を越えることはなかった。少なくとも五人の捜査官がこの取調べに参加した。別個の裁判で彼自身の自白もターナーの自白も許容された。当裁判所は *per curiam* の判決でこれを破棄した。

当裁判所が(3)ファイクス判決で依拠した事実は、次のとおりである、被告人は、明らかに統合失調症（schizophrenic）できわめて暗示を受けやすく、今まで法（違反）にかかわったのは一度だけの二七歳の黒人だった。彼はアラバマ州セルマ近郊において白人の私人によって土曜日の深夜逮捕された、刑務所に収容され、翌日（日曜日）二度にわたり四時間半ないし五時間取り調べられた。そして二度目の取調べ中に、未解決の若干の住居侵入罪（burglaries）の現場の方向に向けて車で連行された。その日に彼は、彼の要求でセルマに呼び出された彼の故郷の保安官と話をした。月曜日に彼は、仕事の雇主と話をした。午前中に二時間取り調べられた後で彼は、セルマから五五マイル、彼の故郷から八〇マイル離れた州刑務所に連行され、そこで彼は午後に数時間、そして夕方に少し取り調べられた。その後に彼は、刑務官と警察官しかいない刑務所の別棟（segregation unit）で身柄を拘束された。アラバマ州法の要求にもかかわらず、彼は自白をする前に弁護人と相談しなかったし治安判事の面前にも連行されなかった。

彼は火曜日には取り調べられなかった。彼は水曜日の午後から夕方にかけて数時間取り調べられた。木曜日に二度にわたり合計三時間半の取調べを受けた。そしてその当日、彼に会うために刑務所に来ていた彼の父親は追い返された。水曜日の夕方、取調官による誘導的ないし示唆的な質問があり、大部分がイエス、ノーの答えから成る彼の最初の自白が採取された。彼は土曜日に再び三時間取り調べられた。彼に会うために刑務所にやって来た弁護人は面会（admission）を拒否されたが、彼の父親は日曜日に彼と会うことを認められた。次の火曜日に二時間半の取調べ後に、彼は二回目の自白をした。二つの自白は公判で証拠として許容された。

当裁判所はファイクスの有罪判決を破棄した。記録によれば、その破棄はXのそれと同様、断続的な取調べのみで被告人への友好的（friendly）なコミュニケーションの完全否定ではないことを示している。それはまた現在の記録と同じく、地域社会の怒りが背景にあることを示しているが、リンチによる暴力の脅迫とは認められない。とりわけ重要なのは、ファイクスは、Xと同様、一つの犯罪だけでなく捜査中の多数の犯罪の容疑者だったことである。ファイクスはXとは異なり、彼の家からかなり離れたところにある刑務所に移された。それは考慮すべき一要素である。しかし、被告人本人の安全への配慮によって正当化されており、それは納得できないことではなかった。そのようなものとしてそれはわれわれの判断において支配的要素でなかった。

われわれは、本件は(3)ファイクス判決に優るとも劣らない（not less than）破棄の事案であると認める。確かにファイクスほど強い男でなかったXは、ファイクスがそうであったように憲法上の権利を一度も告げられなかった。それにもかかわらず彼は、ファイクスが要求していなかった弁護人を希望すると警察に告げた。そしてその要求は事実上かなえられなかった（frustrated）が、それはXが特定の弁護士の名前を知らず、かつ警察は弁護人の名前を被告人に示すのが相当と考えていなかったためである。このような方針が物事の一般的流れにおいてどれほど健全なもの（laudable）であるとしても、警察本部に留置され弁護人を必要とする多くの重大犯罪の容疑者が弁護人を要求するときの警察の対応の微妙さ（police delicacy）を示している。いずれにせよ、コネチカット州のすべての郡において公設弁護人が存在しているのである。

さらにカランブ（X）は、ファイクスにはかかわりのなかった他の圧力にさらされていた。ローム警部補の手配（arrangement）によって自白するように告げられた――実際には要求された――Xの一三歳の娘は、彼の面前で負罪的供述をするように呼び出されたのである。このことは、【22】スパーノ判決において被告人と親しい人を利用してその人の感情に訴えるというむき出しのずるいやり方（crude chicanery）に及ばないかも知れない、しかしその他のすべての情況と結びつけて考えると、ローム自身が認めているように計算づくだった（calculated）、すなわち〝それは自白を獲得するもう一つの方法である〟のは明らかである。

すると本件で明らかなのは、次のことである。Xは警察によって連行された、そして自白するまでの四日間以上、警察の注意深く管理する環境下に拘束された。彼はその間に毎日、K店の事件に関して質問された、それは告発されている理由が彼にあるかを確かめるためにその供述を点検するということだけでなく、自白が獲得できるのであれば自白を獲得するという明白な意図の下で質問されたのである。

本件で適当（fit）と認められたすべての方法は、この目的のために採用された。Xは黙秘権のあることは告げられなかった。弁護人を希望すると言ったにもかかわらず、警察は弁護人を得るために必要な援助を彼にしなかった。コネチカット州法が要求するように治安判事の面前に引致する代わりに、彼は捜査を追及する時間を警察に与えることを仕組んだ（concocted）治安違反という明白な策略（palpable ruse）で、ニューブリテン警察裁判所の面前に連行された。それには二つの効果があった。第一、治安判事の相当な審理であれば彼に保障される保護を一切与えずにXの身柄を警察に委ねる（という効果であり）、彼が重大でない軽罪ではなく謀殺罪で治安判事の面前に告発されたのであれば、裁判所は弁護人を選任してもらう権利を彼に警告しないことはない。第二、警察裁判所のあらゆる情況は、それ自体、脅迫の可能性がある。Xは裁判所（a court of law）に出頭した朝、弁護人を選任できるであろうことを告げられていた。ところが（instead）彼は人が大勢いる（crowded）部屋に案内され、囲いのある檻に入れられ、裁判官の前に引致されることも、いかなる方法でも彼が参加する機会を与えられることもなく、彼の事件は処理されたのである。

その同じ日の夕方、州警察との取決めによって泣きじゃくる（sobbing）カランブ（X）を独房に残したまま彼の妻と娘が面会のために警察本部に出頭した。その翌朝、ニューブリテン警察裁判所の囚人護送令状（mitimus）によりXは、法の正当な手続によって釈放されるまで、ハートフォード刑務所に留置された。警察は彼の身柄を借り受けた（borrowed）、そして後に取調べを再開したのである。この時点でその目的に疑問はあり得ない。けだしQはそのとき、Xが有罪であることを知っていた。Qはまず、カランブに嘘をつくのは止めて弁護人を希望しないと言うように告げた。しかしカランブが弁護人を希望しないと言ったとき、マーフィ刑事がその後を引き継ぎ、Qが先に尋ねたのと同一の質問を繰り返したのである。

この男の意思は水曜日の午後打ち負かされた（broken）のは明らかである。彼の意思は水曜日の夜に打ち負かされたことも同様に明らかである。そのとき四人の警察官と一緒に車に乗ったその数時間後に彼の妻と明らかに病気である娘との二回の対面中に警察のコミッショナーの面前で彼になされた吟味で彼を〝疲れさせ〟、彼自身の言葉でそれまですることのなかった（even cast）供述の合成（composition）に彼は同意した。われわれは、Xが彼らのアパートで妻に良心をきれいにしてすべてを打ち明けると告げた事実を無視するのではない、この言葉は全体の文脈において考えると、とりわけその前日にローム警部補の要請を受けて彼に自白することを求めたのは彼の妻であること、その他すべてのことを考慮するとバランスを欠いている（overbalance）ことではない。水曜日午後の供述も水曜日深夜の供述もXに不利な証拠として用いることはできず、これらの自白を利用した彼の有罪判決は憲法と一致しないことになる。

Ⅶ　犯罪の解明に州が直面する問題について十分に配慮しなければならないので本件の結論に安易な判断は下せない。K店の殺人事件のような目撃証人のいない事件においてそれを解明する裁判は、法執行官の最も想像的な能力が要求される。犯罪捜査の不可欠な部分として被疑者を取り調べる以外に警察にはほとんど何もないことが度々ある。しかしそのような情況下での被疑者の取調べが、有罪を認めようとしない者から自白を引き出すための効果的な道具となる、そのような目的で長期に続けられるとき、デュー・プロセスがこのようにして獲得された自白の使用を妨げる。われわれの弾劾的制度の下でこのような取調べの利用（exploitation）は、その有用性がいかなるものであれ、司法による裁判の代用品として認められないのである。

原判決を破棄する。

【ウォーレン首席裁判官の同調意見】　最高裁面前での本件を判断する際に、記録によって示されず問題の適切な処理に必要でないことに関し長文で抽象的な論述（dissertations）をするのは、当裁判所の慣例でない。本件事案において当裁判所の判断を述べている意見は、このような慣習から逸脱しており、助言的意見の性質を帯びている、けだしそれは、本件に精々周縁的にのみ（tangentially）かかわりのある多くの困難な問題を最終的に解決しようとしているからである。

このフランクファータ裁判官の意見は疑いもなく、これらの問題を明らかにしていかなる強制による自白にも容易に適用できる一連の原理を確立しようとする意図を有している。しかしながら、そのようなことがその結果であるかは疑わしい、けだし当裁判所の三人のメンバーはこの意図によって明らかにされた一般的原理に同意しているけれども、彼らは本件において、これらの原理をこの意見の執筆者によって到達されたのとは全く反対の結論を要求するものと解釈しているからである。これが真実であるので、私は、下級審裁判所および法執行機関がこの判決が提供したと思われる伝達方法（vehicle）の処理からより良い指針を受け取るであろうと考えることはできない。私は、抽象的レベルではこの意見の若干の部分に同意し、若干の部分には不同意である。しかし、この意見が論じている難しい問題の多くに関して、特定の事案の事実がそのような執筆を必要とするまで、私は執筆しないことを選ぶ。私見によれば、当裁判所がケース・バイ・ケースのアプローチで法を展開せざるを得なくなり、特定の事実状況の文脈下においてのみ法的原理を宣言し、そして所与の判断を必要以上に詳述せざるを得なくなったその理由は説得的である。私は、本件において例外を設ける理由が分からない、それ故、当裁判所の判断を宣告する意見に加わることはできない。したがって、私は、ブレナン裁判官の別途同調意見に加わる。

【ダグラス裁判官の同調意見】（ブラック裁判官同意）　私は、本件は単純な事案と認める。ブレナン裁判官が述べるように、それは違法に獲得された自白に関するわれわれの判決の多くによって支配される。それはまた、われわれの何人かが【21】クルーカ判決四〇一頁、【22】スパーノ判決五一一頁（同調意見）等を含むいくつかの事案で強調した原理によっても支配される。この原理は――富者であれ貧者であれ――いかなる被告人（any accused）にも警察と話す前に弁護人と相談する権利があること、そして彼が弁護人を要求してそれが拒否されれば、彼は第六修正および第一四修正によって保障されている自己の弁護のために弁護人の援助［を受ける権利］を否定されたということである。

申立人カランブ（X）は、文盲で精神的に欠陥ある軽度の精神遅滞者（moron）ないし精神薄弱者（imbecile）である。彼は六年間を三年生で過ごし、一六歳で学校を出た。彼は精神薄弱者施設に二度いた。彼は最初に逮捕された後の六日間、弁護人と会わなかった、そして後に警察に自白した。この時間の間ずっと警察は自白が得られるまで取り調べを続けた、彼の現在の有罪はその自白に基づいている。もし逮捕されている者が警察官と話す前に法的助言を得ることを認めることによって彼への弁護人の保障をわれわれが実施しておれば、〝警察の取調べを効果的に阻止したであろう〟（【21】クルーカ判決四四一頁）といわれている。また〝その働きに値する弁護人はいかなる情況においても警察に供述しないように被疑者に伝えるであろう〟と主張されている。【14】ワッツ判決五七頁（同調意見）。換言すると、弁護人はその雇い主に明確で曖昧でない言葉で第五修正によって規定されている〝何人も……自己に不利益な証人となることを強制されない〟ことを告げるであろうと主張されている。これが警察（の手中にある）の被疑者と弁護人との接触から生ずることが懸念されている〝害悪（evil）〟であるというのである。

警察による国民（people）の調べは、刑事訴追の不可避的な一つの側面である。しかし、自己負罪拒否特権が援用されるとき――裁判所によるものを除き警察による――取り調べをする権利はない。このことを知っているので警察は、憲法上正当化できない行政的留置（administrative detention）の制度を設けてきた。それは圧制（oppression）を生み出す制度である、外部から隔離する留置（detention *incommunicado*）がそれである、本件において文盲であるこの中立人カランブ（X）は、イギリスで提供されている僅かの保護（modicum protection）すら提供されなかった、イギリスでは被疑者のする供述は彼に不利に用いられること、そしてたとえ被告人が任意の供述をするときの反対尋問であっても、その供述の曖昧さを除去する場合を除き、警察は被告人にくどく言ってはならないと命じられている（enjoined not to hammer away）Devlin, The Criminal prosecution in England (1958), pp. 137–141 を見よ。アメリカでの判例の流れは外部から隔離された留置は違法性と残虐行為（brutality）を度々伴うことを示している。弁護人の到着は、これらの禁止されている慣行を阻止する特効薬（specific）である。

もし被告人が富者または高名な人物の息子であって弁護人を要求するとすれば、その要求が留意（heed）されることに何らの疑いもないであろう。しかし中立人（X）には社会的地位がない。彼はいやしい（lowly）環境の出身である。彼には支援する家族はいない。〝弁護人の導きの手〟（パウエル判決六九頁）なしに警察の前にいるときの彼の無力は、われわれが憲法上の弁護人の援助の保障に与えてきた解釈に内在する平等保護の欠如を強く示している。

秘密裡の留置の下での警察の取調べの制度は、弱者と文盲――われわれの社会のほとんど目立たない部分――に最も大きな負担がその肩にかかっている。保釈金がないために刑務所で哀れな生活（languishes）をしている貧困者や地位も権利もない少数者グループのメンバーは、われわれが憲法上の弁護人の援助を受ける権利を警察の裁量に委ねるとき、もっとも苦難を受ける者である。貧者にも富者にも同様に全面的に弁護人の援助を受ける権利を広く保護することによってのみこの権利は保護される。

【ブレナン裁判官の同調意見】（首席裁判官とブラック裁判官参加）　私見によれば、フランクファータ裁判官がⅣで述べた事実はそれだけで、申立人が強制された水曜日の自白をすべて排除することを要求している、そしてわれわれの判例の下で彼に不利な証拠として許容されるものは一切ない、例えば、(3)ファイクス判決およびそこで引用の判決を見よ。

【ハーラン裁判官の反対意見】（クラーク裁判官、ワイティカ裁判官参加）　（略）

【24】マップ連邦排除法則州法適用肯定猥せつ物所持事件判決（一九六一年六月一九日）

本判決（Mapp v. Ohio, 367 U.S. 643）は、無令状の違法な捜索押収によって州警察官が被告人の住居から獲得した猥せつ物所持に関する証拠について連邦法上の排除法則は第一四修正のデュー・プロセス条項の内容としてすべての州に適用されると判示し、一九四九年のウルフ判決（Wolf v. Colorado, 338 U.S. 25）を変更したものである。

【事　実】　オハイオ州クリーヴランド市警察官（Pら）三人は一九五七年五月二三日、〝最近の爆弾事件で手配中の人物が隠れておりかつ多量の賭博用具（policy paraphernalia）が秘かに保管されている〟との情報を得て本件上告人マップ（X）の同市住宅に到着した。彼女とその娘は、二世帯住宅の上の階に住んでいた。Pらは同住宅に到着するとドアをノックして入室の許可を求めたが、Xは弁護士に電話した後で捜索令状なしに彼らの入室を認めることを拒絶した。そこでPらは警察本部に助言を求め、同住宅を監視することにした。

三時間後に四人ほどの応援の警察官が現場に到着したとき、Pらは再び入室の許可を求めた。Xが直ちに入口のドア付近に来なかったので、同住宅のいくつかのドアの少なくとも一つが無理矢理にこじ開けられてPらは同住宅ホールに押し入った。その間にXの弁護人が到着したが、Pらは法無視を続け弁護士にXに会うことも部屋に入ることも認めなかった。三階から一階のドアに通じる階段の中ほどにいた彼女（X）は、捜索令状を見せるよう要求した。令状とされた一枚の紙片を警察官の一人が握っていた。彼女はその〝令状〟をつかみ取り彼女の胸の中に入れた。争いが続きPらはその紙片を取り戻したが、彼女の抵抗が〝交戦的（belligerent）〟であったことを理由にXに手錠をかけた。警察官の一人は彼女をつかみ上げ、その手をねじ上げた。彼女は悲鳴をあげ、痛いので離すよう懇請した。Xは手錠をかけられ、寝室のある二階まで強制的に連行された。Pらは、衣服入れや引き出しのほかクローゼットおよび若干のスーツケースを捜索し、写真帖をのぞき込むこともした。Pらの捜索は、居間、台所、子供の寝室を含め、二階にまで及び、住宅の地階で発見されたトランクも捜索された。彼女が最終的に有罪とされた猥せつ物所持に由来する証拠は、このような捜索の過程で発見された。

　捜索令状は検察側によって公判中提出されず、未提出の理由の説明もなかった。Xはオハイオ州法に違反して故意に猥せつな（lewd and lascivious）書物および写真を所持・管理していたとして有罪とされた。オハイオ州最高裁は、彼女の有罪判決は住宅の違法な捜索中に押収された猥せつな書物および写真を主たる証拠として言い渡されたものであるが、これらの証拠は〝被告人に対する粗暴ないし攻撃的な物理的有形力の使用によって被告人の身体から採取されたものでなかったという事実を決定的〟と認め、有罪判決を維持した。これに対し合衆国最高裁は、六対三で原判決を破棄した。なお、法廷意見の執筆はクラーク裁判官である。

【判　示】　⑴　当裁判所は七五年前の一八八六年のボイド判決（脚注5）（Boyd v. United States, 116 U.S. 616, 630）において、第四修正と第五修正は〝相互にほぼ〟併走しているとしたうえで、犯罪の本質を構成するのは、人のドアを破壊し、そして引き出しをかき回すことでなく、奪うことのできない人の身体の安全、身体の自由、および私的財産の権利を侵害することである、しかし、彼を犯罪で有罪とする証拠として用いるために、その人自身の証言または彼の私文書を強制的に奪うのは、［これら修正条項の］非難に該当する〟と判示した。そして当裁判所は、同事件で押収された証拠の使用は〝違憲〟であると結論したのである。

（脚注5）　第四修正と第五修正の中で具体化された概念の密接な関係は、ボイド判決裁判所が大いに注目したカムデン卿（Lord Camden）の執筆した一七六五年の判決で早くも指摘されていた。カムデン卿は〝法は人に自己を告発（accuse）することを義務付けていない。自己告発を強制し真犯人と同様に無辜の者をも困惑させることになる方法は残酷かつ不当であり……無辜の者も真犯人と同様に困惑することになるからである〟と指摘していた。

当裁判所は、ボイド判決後三〇年も経たない一九一四年のウィークス判決（Weeks v. United States, 32 U.S. 383）において、とりわけ憲法に違反して押収された証拠の利用に言及し、次のように結論した。すなわち、〝このように押収された手紙や私文書が犯罪の被告人である市民に不利な証拠として用いることができるというのであれば、そのような捜索・押収から保護される彼の権利を宣言する第四修正の保護は無価値となり、このような状態に置かれた者に関する限り、憲法が削除されたのと同様のことになろう〟と結論したのである。

(2)　ウィークス判決が言い渡された三五年後の一九四九年に当裁判所はウルフ判決（前出）において、再び第一四修正のデュー・プロセス条項の作用を介しての第四修正の州への効力を検討し、〝そのような警察のプライバシーへの侵入を州が積極的に是認すれば、それは第一四修正の保障に違反することになろう〟と述べた。それにもかかわらず当裁判所は、〝警察による恣意的侵害に対する人のプライバシーの安全〟は〝秩序ある自由の観念に黙示されており、そのようなものとしてデュー・プロセス条項を介し州に強制できる〟と宣言してウィークス判決の判断に〝断固として従う〟と表明した後で、ウィークス判決の排除法則は〝［第四修正の］権利の本質的構成要素として〝州に強いることはできないと判断したのである。デュー・プロセス条項によって州に強制できる止めぐつわ（curb）としてのプライバシーの権利に本質的なものではないと考えた当裁判所の理由は、その根底に事実に関する考察があった。

当裁判所はウルフ判決において、ウィークス判決の排除法則の採用に関する〝各州の見解の不一致〟は〝とりわけ印象的〟であると述べた、そして、警察によるこのような違法行為の発生はごく僅かであるので抑止的救済は必要でないと考える各州の経験を［各州の］関連証拠規則を無効とすることによって撥ねつけることはできないと述べたのである。しかし、一九四九年のウルフ判決以前の段階では各州のおよそ三分の二が排除法則の使用に反対していたが、その後この問題に判断を下した州の半数以上が各州の立法または裁判所の判断によってウィークス判決のルールを全面的にまたは部分的に採用している。排除法則に従う各州の中でとりわけ重要なのは、カリフォルニア州である。同州最高裁は、〝他の救済手段では憲法上の規定の遵守を確保できないことが完全に判明したことを理由にかかる結論に至らざるを得ない〟と結論していた。証拠排除以外の救済手段は無価値で役立たなかったとのカリフォルニア州の経験は、他の州の経験によっても裏付けられている。

それ故、ウルフ判決裁判所が一九四九年にプライバシーの権利の強制力を州に認めたにもかかわらずウィークス判決の排除法則を含めなかった理由と考えられる事実に関する考察は、憲法的考察と基本的には関連していないとはいえ今では支配的と考えることはできない。

(3)　当裁判所は先の開廷期のエルキンズ判決（Elkins v. United States, 364 U.S. 206）において、ウルフ判決の法理を注意深く再検討し第一四修正のデュー・プロセス条項それ自体は州裁判所に排除法則の採用を要求するものではないとウルフ判決が宣言するまで捜索・押収および許容性の問題に関する〝支配的原理〟は〝明確〟であったと指摘すると同時に、〝連邦憲法は州警察官による不合理な捜索・押収を禁止していることを確立したウルフ判決の基礎にある憲法原理〟は〝州で押収された証拠の連邦裁判所での許容性が当初立脚していた基盤〟の土台をほり崩したと指摘した。それ故、違憲な捜索・押収によって獲得された証拠はすべて、その出所いかんにかかわらず、連邦裁判所において許容されないと判示せざるを得ないと結論したのである。われわれは本日再び、不合理な州の侵害から自由なプライバシーの権利に関するウルフ判決での憲法問題の提示を検討し、憲法に違反する捜索・押収によって獲得された証拠はすべて州裁判所において許容されないと判示する。

(4)　第四修正のプライバシーの権利は第一四修正のデュー・プロセス条項を介して州に適用できると宣言したのであるから、連邦政府に対して用いられる同一の証拠排除の制裁が州に対して強制できることになる。当裁判所がウルフ判決において第四修正はデュー・プロセス条項を介して州に適用できると判示した時点で、当裁判所の判例は一貫して連邦捜査官に関し第四修正はその規定に違背して押収された証拠の排除を含んでいると判示してきたのであり、ウルフ判決もこの命題を〝断固として支持〟している。それ故、デュー・プロセスの実体的保護を、州であると連邦であるとを問わず、すべての憲法上不合理な捜索に拡大する際にプライバシーの権利の本質的部分である排除の法理もまたウルフ判決によって認められた権利の本質的構成要素であると主張することは論理的にかつ憲法上必要であったのである。当裁判所自身、昨年のエルキンズ判決において排除法則の目的は〝それ（憲法上の保障）を無視する誘因を除去することによって抑止すること〟であると認めた。

プライバシーの権利は、〝自由社会の基本的原理〟とされる他の権利と著しく対照的である。当裁判所は、強制された自白によって有罪とされない権利等については、その信用性を考慮することなしに、連邦政府に対すると同様、州に対して厳格に適用することに躊躇しなかった。強制による自白に関わるとき、〝関連する証拠規則〟は〝警察によるそのような行為の偶発性〟を考慮せずに無効とされている。なぜ同一のルールが憲法に違背した書類、所持品等の押収によって強制された証言に相当するものに適用されるべきでないのか?、われわれは、連邦政府に関しては第四修正と第五修正、そして州に関しては法外なプライバシーの侵害からの自由および強制による自白に基づいた有罪判決からの自由、これらは〝長年にわたる闘争後に［獲得された］人間性および市民の自由の原理〟の不朽性において〝密接な関係〟を享受してきたことを認めている。それらは〝同一の憲法の目的――不可侵な人身の自由の大部分を維持することの補足的局面〟を表現している。各修正（条項）および各自由の哲学は、独立したものでないけれども、相互に補完している。少なくともそれらが各法域においてともに保障しているのは、何人も違憲の証拠に基づいて有罪とされるべきではないということである。

(5)　さらに、排除法則は第四修正および第一四修正の両者の不可欠な構成部分であるというのは、従前の判例の論理的要求であるだけでなくまさに道理にも適っている（makes very good sense）のである。憲法と常識との間に争いはない。現在、連邦検察官は違法に押収された証拠を利用することはできないが、通りを隔てた向こうの州検察官は利用できる。それ故、州は、違法に押収された証拠を許容することによって連邦憲法への不服従を奨励するのに貢献する。さらに、エルキンズ判決で指摘されたように、〝健全な連邦主義の本質はまさに州裁判所と連邦裁判所との間の不必要な争いを回避することにある。〟犯罪捜査のアプローチにおいて同一の基本的基準を相互に尊重する義務のあることを認めることによってのみ連邦と州の協力は促進されることになろう。

カードウゾ最高裁裁判官（当時州判事）が述べたように、われわれの憲法上の排除法則の下では〝お巡りがへまをしたから真犯人は釈放されるべきである〟ということになるという論者もいる。確かにそのような結果となる事案は若干存在するであろう。しかしエルキンズ判決でわれわれが述べたように、〝他の考慮――司法の廉潔性の要請がある。〟真犯人を釈放しなければならないとしても、彼を釈放するのは法である。政府が自らの法を遵守しないこと、さらに悪いことには、それ自身の存在の憲章（charter）を無視することほど政府を早く崩壊させるものはない。ブランダイス裁判官が一九二八年のオルムステッド判決の反対意見（Olmstead v. United States, 277 U.S. 438, 485）で述べたように〝われわれの政府は影響力のある偏在する教師である。良きにつけ悪しきにつけ、それは手本を示して全ての人民を教育する。もし政府が法を破る者になれば、それは法に対する軽蔑をもたらす。それはすべての人に自己自身を法とするように仕向ける、それは無政府状態をもたらすことになろう。〟実際問題として、排除法則の採用は法執行を無能にすると軽々に考えることはできない。当裁判所は昨年のエルキンズ判決においてこの問題を検討し、それとは反対の〝実用的証拠〟に事欠かないことを認めた。〝当裁判所は連邦裁判所自体およそ半世紀にわたりウィークス判決の排除法則の下で機能してきた。しかし、ＦＢＩがそのことによって無力化したとか、連邦裁判所での刑事司法の運営がそのことによって混乱したと言われたことはなかった。さらに各州の経験は印象的である。排除法則の方向の動きは停止しているが〝明らかに不変である〟と指摘したのである。

第四修正の中に具体化されているプライバシーの権利が各州に対し強制可能であり、州警察官による乱暴なプライバシーの侵害から保護される権利は、それ故、憲法に由来することが是認されたのであるから、かかる権利を空約束のままにしておくことはできない。われわれの判断は、理性と真実に基づいたものであり、憲法が個人に保障している以上のものを個人に与えるものではないし、正当な法の執行で警察官に与えられるものを警察官に与え、そして裁判所には真の司法の運営において必要とされる司法の廉潔性を与えるにすぎないのである。

【25】ギデオン弁護人依頼権等不告知非重罪事件デュー・プロセス違反判決（一九六三年三月一八日）

本判決（Gideon v. Wainwright, 372 U. S. 335）は、事実関係が【8】ベッツ判決と酷似していたためその再考が求められた事案につき、同判決の誤りを認めて正面からこれを変更し、すべての重罪事件の被告人への公選弁護人依頼権の保障は公正な裁判に不可欠な基本的権利として第一四修正のデュー・プロセスの要求するところであり州に対しても保障されることを明示した著名かつ重要な判決である。

【事　実】　被告人ギデオン（X）は、軽罪を犯す目的で玉突き場（poolroom）に侵入した罪でフロリダ州裁判所に起訴された。この罪はフロリダ州法上は重罪である。弁護人を依頼する資金がなく弁護人なしで出廷したXは、弁護人の選任を裁判所に要請し、合衆国最高裁判決によれば弁護人を選任してもらう権利があると主張した、しかしフロリダ州法上は裁判所が弁護人を選任できるのは死刑事件で起訴された被告人に限られていることを理由に拒否された。陪審の面前での公判審理においてXは素人として期待されうる限りの自己弁護を行った。Xは、自ら陪審に対し冒頭陳述を行い、検察側証人を反対尋問し、自己を防御するために証人を提出し、自らは証言することを拒否したものの、起訴状記載の犯罪事実について無罪を主張する短い弁論を行った。陪審は有罪の評決をし、Xは五年の拘禁刑に処せられた。Xは判決確定後に、公判裁判所がXの弁護人選任の要請を拒否したのは〝合衆国憲法によって保障された〟権利に違反するとしてフロリダ州最高裁判所に人身保護令状による救済を求めたが、州最高裁は〝検討したうえで〟意見を付することなくこれを認めなかった。これに対し合衆国最高裁は上告受理の申立てを容れ、同調補足意見はあるものの、全員一致で原判決を破棄した。

【判　示】　本件事案は【8】ベッツ判決での事案と酷似している。ベッツ（Y）はメリーランド州裁判所で強盗の罪で起訴された。彼は罪状認否手続で弁護人を選任する資金がないとして裁判所に弁護人の選任を求めたが、殺人または強姦事件を除き、貧困者への弁護人選任は認められていないとして拒否された。そこでYは、無罪の答弁をしたうえで、検察側証人に反対尋問し、自己側証人を尋問し、自らは証言しないことを選択した。彼は裁判官によって有罪と認定され、八年の拘禁刑に処せられた。ベッツ（Y）はギデオン（X）と同様、第一四修正に違反して弁護人の援助を受ける権利を否定されたと主張して、人身保護令状による救済を求めた。Yは救済を否定され、当裁判所はこれを支持した。当裁判所は、重罪事件で起訴された貧困な被告人に弁護人の選任を拒否しても第一四修正のデュー・プロセス条項に必ずしも違反しないと判示した。すなわち、「［デュー・プロセスの］権利が否定されたかどうかは、所与の事案における事実の全体を総合的に評価して検討されるべきである。それを否定すれば、ある状況下においては普遍的な正義の感覚にショックを与え、基本的公正さの否定となり、他の状況下においてはそのような否定にならないこともありうる」と指摘した。そしてデュー・プロセスは〝権利の章典の規定の中で描かれている概念よりも厳格でなく流動的な概念である〟として、当該事実関係の下でベッツの有罪判決はデュー・プロセスの否定といえるほど〝公正に関する通常の基本的考えに敵対的である〟とまではいえないと判示したのである。

両事件の事実関係はほとんど区別できないから、ベッツ判決を維持するのであれば、合衆国憲法は彼に弁護人の援助を保障しているとのギデオン（X）の主張も否定せざるを得ない。「われわれは、十分に再考したうえで、ベッツ判決は変更されるべきであると結論する。」(at 339.)

第六修正は〝すべての刑事訴追において、被告人は自己を防御するために弁護人の援助を受ける権利がある〟と規定する。われわれは一九三八年のジョンソン判決 (Johnson v. Zerbst, 304 U.S. 458) において、連邦裁判所では被告人がその権利を十分に理解して理性的に放棄しない限り、自ら弁護人を依頼することができない被告人に対し裁判所は弁護人を選任しなければならないことを意味するものとして第六修正を解釈した。ベッツ（Y）は、この権利は第一四修正によって州裁判所での貧困な被告人に拡大されると主張した。これに対し当裁判所は、第六修正は州の行為に対するルールを規定したものではないとしつつ、修正条項によって定められた制約が公正な裁判にとって極めて基本的で不可欠なルールを表明したものであれば、第一四修正のデュー・プロセスによって州をも拘束すると述べた。第六修正の弁護人依頼権の保障が「このような基本的性質のものであるかを判断するために」当裁判所はベッツ判決において、権利の章典の採用以前の各植民地および州に存在していた憲法や制定法、および現在に至るまでの各州の憲法上、立法上、裁判所の沿革等の関連資料を検討したうえで、〝弁護人の選任ほど公正な裁判にとって不可欠な基本的権利はない〟と結論した。このような理由に基づいてベッツ判決裁判所は、貧困な連邦の被告人に対する第六修正の弁護人依頼権の保障を拡大することの主張、すなわち同裁判所の文言によれば〝第一四修正によって州をも拘束する〟との主張の受入れを拒否したのである。「同裁判所が貧困な刑事被告人に対する弁護人の選任が〝公正な裁判にとって不可欠な基本的な権利〟であると結論していたとすれば、第六修正が連邦裁判所において弁護人の選任を要求しているのと同様、第一四修正は州裁判所において弁護人の選任を要求していると判示していたであろうことは明らかである。」

ベッツ判決当時においても、連邦政府の侵害を受けることのない自由の基本的な保護装置である権利の章典の保障は第一四修正によって州の侵害に対しても同様に保障されることを認める十分な先例が存在していた。パウエル、ベッツ両判決以前の多くの事件において当裁判所は、当初の権利の章典の保障が第一四修正によって州をも拘束するかを判断するためにその保障が基本的性格を有するかを検討した。このような〝基本的性格〟を有するとして第一四修正によって州をも拘束することを明示に認められた権利として、第一修正の言論、出版、信教、集会、結社および請願の権利がある。同一の理由で当裁判所は、正当な補償なしに私有財産を公共の用のために収用することを禁止する第五修正、不合理な捜索・逮捕押収を禁止する第四修正、および残虐で異常な刑罰を禁止する第八修正は、いずれも州を拘束することを認めたのである。

われわれは、先例に基礎付けられたベッツ判決の仮定、すなわち〝公正な裁判にとって基本的で不可欠〟である権利の章典の中の規定は第一四修正によって州をも拘束するとの仮定を受け入れるが、ベッツ判決での当裁判所［の判断］は第六修正の弁護人の保障はこのような基本的権利でないと結論したことにおいて誤っていたと考える。当裁判所はベッツ判決一〇年前のパウエル判決（Powell v. Alabama, 287 U.S. 45, 68）において、ベッツ判決で検討されたすべての歴史的資料を十分に検討したうえで〝弁護人の援助を受ける権利はこのような性格を有する〟ことを明確に宣言している。パウエル判決は、当裁判所がしばしばそうするように、その判示を当該事件での特定の事実および状況に限定しているが、弁護人依頼権の基本的性格に関するその結論は明白であり、一九三八年の前出ジョンソン判決等によって繰り返し確認されている。

このような当裁判所の多くの先例に照らすと、〝弁護人の選任は基本的権利でない〟と判断した点において当裁判所はベッツ判決において十分に考慮された最高裁の先例から突然離脱したことになる。これらの先例だけでなく理性的に熟考すれば、わが当事者対立的刑事裁判制度の下においては、法廷に引きずり出されたいかなる人物であれ、貧困のため弁護人を雇うことができなければ、弁護人を彼のために提供しない限り、公正な裁判が保障されたことにはならない。このことは自明の真理であるように思われる。検察側（政府）は、州であれ連邦であれ、犯罪を犯したとされる被告人を審理するために全く適切なことであるが、莫大な費用を使っている。訴追する法律家の存在は秩序ある社会において公の利益を守るために不可欠と考えられている。それと同様、犯罪で訴追された被告人で防御をするために法律家を雇わないものはほとんどいない。政府が訴追のために法律家を雇い、資力のある被告人が防御のために法律家を雇うということは、刑事裁判においては法律家は贅沢品ではなく必要品であるという広汎な信念をなによりも強く示している。犯罪で訴追された人の弁護人依頼権は公正な裁判にとって不可欠な基本的権利であるとされていない国もあるが、わが国においては、それはまさに不可欠な基本的権利である。

被告人にとっての弁護人の必要性は、パウエル判決におけるサザランド裁判官のあの感動的な言葉におけるほど適切に表現されているものはない。すなわち、〝この聴聞を受ける権利には弁護人による聴聞を受ける権利が含まれていないとすれば、それは多くの場合、ほとんど無意味なものとなろう。知性と教養ある一般市民であっても、法律学の素養は余りなく、時には全くない。犯罪で起訴されても、彼は一般に、その起訴が正当か不当かを独力では判断できない。彼は証拠法に不案内である。弁護人の援助なしに放置されると、彼は十分な嫌疑なしに裁判にかけられ、証拠能力のない証拠、あるいは争点に関連性のない証拠その他の許容できない証拠に基づいて有罪とされるかもしれない。たとえ彼に完全な弁護理由があるとしても、弁護の準備に必要な技術も知識もない、彼は自己に不利な手続のあらゆる段階で弁護人の導きの手を必要としている。それがなければ、身に覚えがない（not guilty）にもかかわらず、自己の無罪を主張する術を知らないがために、有罪判決を受ける危険に直面することになる。」と表現されているのである。

【26】ヘインズ接見拒否等身柄拘束後自白排除肯定判決（一九六三年五月二七日）

本判決（Haynes v. Washington, 373 U.S. 503）は、強盗事件の被告人が外部から隔離されて妻との電話連絡も警察官によって拒否された後でした自白は不任意であり許容できないとして原有罪判決を五対四で破棄差し戻したものである。

ゴールドバーグ裁判官が法廷意見を言い渡した。

【事　実】　申立人レイモンド・ヘインズ（X）は、強盗罪でワシントン州上級裁判所（a Superior Court）で審理され陪審によって有罪と認定され、二〇年を越えない拘禁刑を言い渡された。ワシントン州最高裁は、九人のうち四人の反対意見があったが、有罪判決を維持した。Xの署名ある書面による自白が公判で彼に不利な証拠として許容されたのは法のデュー・プロセスの否定となるかを検討するために上告受理の申立てが容れられたのが本件である。

ヘインズ（X）は、当該自白は警察の脅迫と約束によって誘発されたものであるので不任意である、それ故、憲法上許容できないと主張する。彼は、その逮捕時から書面による自白に署名するまでのおよそ一六時間の間に何度も警察官に対し弁護人に電話して彼の妻に電話することを認めるよう要求したと公判で証言した。そのような要求は一様に否定された、そして彼が警察に協力し強盗への参加を認める自白調書に署名しない限り、その時まで電話をすることは認められないと繰り返し告げられたというのである。彼は妻に電話することも認められず、逮捕当日の夜もその翌日も誰に対しても電話することは認められなかった。警察は、彼が外の世界との接触を認めることを頑強に否定し続けた。彼によると、彼が自白調書（written confession）に署名した後でも、そして逮捕に続いてその日遅く治安判事面前での予備審問後においてもそうであったという。実際、彼の逮捕後およそ五日ないし七日間も彼は外部から完全に隔離されていた。

州は、Xの出来事に関する話は矛盾している、自白は任意になされた、いずれにせよ、任意性の問題は公判で陪審によってXに不利に決定的に解決されていたと主張する。われわれはこれらの主張を順次検討する。

Ⅰ　申立人ヘインズ（X）は、ワシントン州S市にあるガソリンスタンドでの一九五七年一二月一九日（木曜日）午後九時ころの強盗で起訴された。彼は当の犯罪のおよそ一時間半以内に、同スタンドの近くにあるS警察によって逮捕された[脚注2]。彼は警察署へ向かう途中口頭で警察官に強盗を認めていたけれども、そこに到着するとその犯罪ではなく、〝捜査中〟の、ないし地元でいう〝小犯罪（small book）〟に関して警察の記録に記入された（booked）。〝小犯罪〟で拘束された被疑者（prisoners）は電話をすることも訪問者を受け入れることも認められていない[脚注3]。

（脚注2）　Xの兄弟キース・ヘインズはその数分前に逮捕されていた。強盗への参加で一緒に起訴され有罪とされていたけれども、彼は本件での有罪判決の再吟味を求めていない。

（脚注3）　そのような実務の問題性を認識していたのでS警察はそれ以降、小犯罪およびそれに伴う制限的実務の利用を放棄したという。

午後一〇時ころ警察署に着いて間もなくXはおよそ一時間半ほど、今度は刑事ペックとコックバーンによって取り調べられた。彼は一旦、口頭で強盗を認めた、そして自白調書が作成された。その後間もなく彼は検事補の事務所に連行され、そこで他の供述が採取された。Xはこの二回目の自白調書への署名を拒否したけれども、それ以前の刑事ペックとコックバーンにした供述調書には署名した。同日午後遅く彼は、予備審問のために治安判事の面前に引致された。それは彼の逮捕後の一二月二〇日午後四時ころだった。この予備審問の終了後に郡刑務所に移送されたXは、次の火曜日または木曜日に検事補事務所に連れ戻された。彼は再び、彼が四日または六日前にした一つの供述調書への署名を求められたがそのようにすることを再び拒否した。

刑事によってXから獲得された自白調書及び検事補によって同日獲得されたXの署名ある自白調書はデュー・プロセスに反するとの弁護人の主張にもかかわらず、証拠として許容された。自白の任意性は事実問題として取り扱われ最終的な判断は陪審に委ねられている。しかし自白の使用に対するXの異議を退ける際に公判裁判官は、それが任意として条件付きで許容するという予備的判断をした。

Ⅱ　州はまず最初に、Xの自白とそれに署名した状況に関するXの説明は証拠上矛盾している、それ故、当裁判所によって退けられるべきであると主張する。しかしわれわれは、注意深く全記録を吟味し、ヘインズの説明はその本質的要素において矛盾していないと認める。

ヘインズ（X）は、逮捕の夕方に何度も警察に弁護人および妻に電話連絡することをとくに要求したが、そのような要求はすべて拒否されたと証言した。しかし自白すれば電話をかけることが許されると告げられたという。反対尋問でXを逮捕当日の夜に取り調べたウェイクリー警部補（P）は、当初Xは妻に電話する許可を彼に求めなかったと言っていたが、後に彼の逮捕を妻に連絡してもらえるかと尋ねられたにすぎないと言った。しかし弁護人は、この点を追及した、そしてその後すぐにPは、Xは自ら妻に電話する許可を求めたかもしれないと証言した、すなわちPは、Xが求めたのか警察がXの妻に知らせなかったのかどちらであるかを正確に覚えていないと述べた。Pは次いで、彼（X）のために弁護人を確保するために妻に電話したいとXが言ったのかどうかと尋ねられると、〝記憶にない〟とだけ証言した。さらにPは、取調べ終了後に妻に電話することをXが要求したのかもしれないことを認めた。法廷で証言したパイク刑事は逮捕当日の夜、Xに話しかけたことはなかったと述べるにとどまった。

もしこれが警察の強制と誘因の唯一の証拠であれば、ウェイクリー警部補（P）およびパイク刑事（Q）の証言に照らし、X自身の証言は最終的に獲得された自白の使用を禁止する許されない警察官の行動の存在を十分に示しているかどうかを判断する問題にわれわれは直面することになる。しかし、そのような調査をする必要はない。本件記録にはそれ以外の説得的で矛盾のない証拠が含まれているからである。

逮捕当日の夜の取調べに関するヘインズ（X）の説明がPおよびQの証言とどれほど矛盾しているにせよ、彼の取調べを取り囲む状況に関する彼の明示の描写と争われているその翌日の自白に関するPおよびQの話は証言として全く争われていない。Pは公判で証人台に立ったけれども、警察に供述をすれば彼の妻に電話できるとXに伝えたことを否定しなかった。Pは、Xが彼の妻に電話することを求めたかどうかは〝記憶〟になかったと言っているにすぎない。いかなる法的錬金術（legal alchemy）であっても、そのような実に曖昧な証言をXの具体的な出来事に関する供述の否定ないし反駁に変えることはできない。Pは証言しなかった、そしてXの証言を反駁するためにそれ以外の供述は提出されなかったのである。

遅滞なしに彼を告発することを十分に正当化できる証拠を警察は所有していたけれども、Xは供述（録取）書への署名に応ずるまで治安判事の面前に連行されなかったことに争いはない。さらに本件記録上、自白調書に署名する前に、そしてその後においても、当局によって黙秘する権利を告知されたり、その答弁は彼に不利に用いられうると警告されたり、弁護人に相談する権利について告げられたことはない。

さらに公判で用いられる自白調書の提出後においても、警察はその供述への署名を確保する努力を執拗に繰り返していたというXの証言には矛盾がない。逮捕の翌週に検事補の事務所に戻されるや否や、Xはなお外部から隔離された拘束中に再びその数日前にした第二の供述書に署名することを求められた。彼はそのようにすることを拒否した、彼が検事補に告げたことによると、捜査官は彼にした約束を実行しなかったし妻に電話することも認められなかったので、弁護人に会うために妻に電話することが認められるまでいかなる条件下においても署名することはなかったという。州（訴追側）は、この証言に反駁する証拠を提出しなかった。同様に矛盾がないのは、火曜日か木曜日の検察官との二回目の対面後に彼は初めて妻に電話することが認められたというXの証言である。

（脚注8）警察は、Xを有罪とできる供述を被告人から引き出すことに最大の関心があった。Xから自白を引き出すことが捜査官の一貫した意図であったのは明らかである。そのような意図が立証されたとき、当裁判所はそのようにして獲得された自白は最も注意深い吟味の下で検討しなければならないと判示していた。【22】スパーノ判決三二四頁。

警察はすでにXを強盗罪で告発するのに十分な証拠を所有していたのであるから、すべての事情の下で引き出される唯一の公正な推論は、警察が望み通りのさらなる供述——署名された供述——を確保するまでXは強盗罪で記帳（booked）されたということだけだった。それ故、上記引用の署名ある自白は、Xの主張を裏付けている。

Ⅲ　争いのない本件記録によれば、自白は州当局の供述と行動によって生み出された実質的な強制と誘因の雰囲気下に獲得されたことを示している。もちろん、自白が強制または不相当な誘因によって獲得されたかどうかはすべての付随状況の吟味によって判断されうる。例えば、【18】レイラ判決五五八頁。

本件において申立人（X）は、彼を援助したり忠告する人が誰もいない中で警察の手中に置かれていた、そして彼には、警察がその脅迫を実行する十分な権力を有していると信じることのできない理由はなかった、必要ならば外部から隔離した留置を――そして事実本件で行われたように――さらに長期にわたり続けられると考えない理由はなかったのである。

Xの以前の当局との接触も彼が口頭で自白をしたという事実も、公判で提出された書面による自白を確保する際に用いられた強制的戦術の存在と効果を否定するものでない。Xは当初、供述することに抵抗した、妻への電話のような外部との接触が警察の要求に応ずる前提条件であるとする要求が一貫して否定された後でXは初めて屈服したのである。外部から隔離された留置を継続するという明示の脅迫と家族へのアクセスを伴う連絡（communication）の約束の誘因に直面したXが、地獄に落ちるような破滅的供述をすることを選択したのは理解できる。不公正で内在的に強制的な文脈下においてなされたことに照らし、その選択は、第一四修正によって要求されている自発的な任意な意思の産物による自白ということはできない。

われわれは、経験が教えていることに盲目であることはできない、すなわち明白な脅迫は除外したとしても、本件に存在する基本的技術――外部から隔離された留置と取調べ――は、被疑者から自白を強制する（extort）ために用いられている装置である。もちろん、犯罪の摘発と解決は困難で、法の執行の遂行を義務とするすべての捜査官の判断と持続を要求する骨の折れる仕事である。そして、当然のことながらわれわれは、被疑者の取調べはおよそ認められないことを示唆するものでない。そのような取調べは、疑いもなく効果的な法執行において不可欠な道具である。相当と認められる警察の行動とデュー・プロセスに反する技術・方法との境界線は、たとえあるとしても（at best）、とりわけ本件におけるように、心理的な強制の圧力と被告人の意思への効果に関する事案では、この線引きが困難である。われわれはしかし、要求されている困難な判断を免れることはできない。本件で提示されたすべての事実から、本件での捜査官の行動はデュー・プロセスの限界から逸脱したと結論せざるを得ない。

Ⅳ　われわれの結論は、州が主張するように、州の公判裁判所または陪審がこの問題に関し異なった結論に達するかもしれないという事実によって排除されることはない。

本件におけるように、独立した判断の対象となる強制による自白が許容されたことによって第一四修正のデュー・プロセス条項に反したかの問題を検討するのは当裁判所の義務であることは十分に確立している。例えば、【10】アシュクラフト判決一四七―一四八頁。われわれ自身が記録を吟味する責任を免れることはできないのである。【22】スパーノ判決三一六頁。当裁判所での吟味のために公判裁判官または陪審は、通常、証拠法上の争いを解決し任意性の決定的な争点に関する最終的な結論に関してであっても、若干重視する権限はあるが、連邦上の権利の主張の判決に不可欠ないかなる問題についても州裁判所の判断に完全に拘束される、そうでないと連邦法は歪められた事実認定によって崩壊しかねないからである。拘束されるとすることによってわれわれの責任を回避することはできない。【17】スタイン判決一八一頁。例えば、本件のような事例において州裁判所は基本的で不可欠な権利を保護する責任はあるが、出来事の発生・不発生に関する争いについての彼らの判断にわれわれは相当な効果を付与する。このことはとりわけ適切である、けだし公判裁判官と陪審は裁判の現場に近いので矛盾証言を評価する最上の機会を有しているからである。しかし、本件におけるように、被告人はデュー・プロセスを否定されたかどうかに関して問題が適切に提示されているとき、自白がなされた状況下での証拠の許容がデュー・プロセスの否定に相当するかの判断に関し陪審の評決によって妨げられるということはあり得ない。同旨として、例えば【22】スパーノ判決、【20】ペイン判決五六二頁、【10】アシュクラフト判決一四七―一四八頁、【7】ライゼンバ判決二三七―二三八頁、【6】チェインバーズ判決二二八頁を見よ。

われわれの先例の特段の重要性を除いても（beyond even the compelling nature）、自白の任意性の判断が委ねられた陪審の評決によって明らかにされた現在の問題を検討することを拒否する他の理由がある。陪審は実質的に、自白の任意性の判断に関してXは逮捕されており黙秘権のあることを告知されず、その答弁は彼に不利に用いられうると警告されず、彼には弁護人の援助を受ける資格のあることを忠告されなかったという事実を考慮しないように説示された。これらの要素の独立した結論がどのようなものであるにせよ、これらは被告人の自白の任意性と許容性を判断する際に被告人に考慮される権利のある付随的状況であるのは明らかである。

さらに公判裁判官は、脅迫によって生じた不安の影響下になされた自白を除き、誘因の下になされた補強された自白を認めるワシントン州法について説示した。このような説示から陪審は、他の説示の適切さにもかかわらず、必要とされる憲法上の要求に関し誤導されたかもしれないことは合理的に明らかである。陪審は有罪の一般的評決をしたにすぎないという事実に照らし、陪審は自白を任意で許容できると認めたのかどうかわれわれに知る術がない。たとえ陪審が自白を不任意であるとして退けたとしても、被告人の有罪を認めるに足りる十分な証拠があったので被告人を有罪と認めたのか、不適切に誘因されたにもかかわらず、他の証拠によって補強されていたので問題の説示とワシントン州法の下で自白は任意として許容できると考えたのかが明らかでない。ワシントン州法につきなされた説示は、相当な憲法上の標準が陪審によって適用されたかに重大な問題が提示されているので、破棄判決の他の理由として説示での不完全さに依拠する必要はない。これらの不完全さは、本件での任意性の問題を解決するものとして陪審の評決に関する独立した判断を妨げることができないのは明らかであるとわれわれは考える。

V　われわれはこのような結論に達する際に、被告人の有罪を示すのに役立つ実質的で独立した証拠に留意しない（unmindful）のではない。

本件は警察による不相当な方法の特別の切子面（facet）を示している。警察が有効で独立した証拠を獲得する困難と努力を削減するために自白はしばしば強制されたことを歴史は十分に示しているが、本件で用いられた強制の工夫は、相当な捜査の努力の結果すでに獲得され有罪とするに足りる事件を完成するための自白（admissions）の獲得を意図したものであった。本件で用いられた高圧的で不公正な方法は、犯罪の摘発や解明または国民の保護のために不可欠と主張する合理的根拠はない。下級審判決を無効としワシントン州最高裁に差し戻すこととする。

【クラーク裁判官の反対意見】（ハーラン裁判官、スチュアート裁判官、ホワイト裁判官参加）（略）

【27】マサイア起訴後保釈中自白獲得第六修正違反肯定判決（一九六四年五月一八日）

本判決（Massiah v. United States, 377 U.S. 201）は、検察側が身柄不拘束の共犯者の協力を得て麻薬取締法違反で起訴後保釈中の被告人との会話を秘かに傍受し、その供述内容が証拠として被告人が有罪とされた事案につき、【22】スパーノ判決の同調補足意見を採用し、被告人から検察側が計画的に採取した供述を被告人に不利な証拠として用いるのは第六修正の弁護人依頼権を侵害するとしたものである。

【事　実】　ニューヨーク州税関当局は一九五八年四月、サンタ・マリア号の船員である被告人マサイア（X）が大量の麻薬を南アメリカから合衆国に運び込むとの情報を得て間もなくニューヨーク港に到着した同船を捜索したところ、約三・五ポンドのコカインの入った五梱包を発見した。Xを本件コカインに結びつける他の情報もあり、Xは逮捕され罪状認否手続に付された後、麻薬所持の罪で起訴された。同一の実体犯罪その他の罪でXは同年七月、コルソン（Y）らとともに追起訴（superseding indictment）された。すでに私選弁護人を選任していたXは、無罪の答弁をして保釈金を納め、Yとともに釈放された。

その二、三日後にYは、捜査がなお継続中のYらが関与したとされる麻薬犯罪に関して検察側に協力することを決意した。Yは、捜査官（P）がYの自動車の前部座席の下に送信器を設置しマサイア（X）との会話を傍受することを認めた。XとYは一九五九年一一月一九日、ニューヨークのとある通りに駐車したYの車の中で長話をした。Pは、Yとの打合わせに従い、Xに全く気付かれることなく停めていた車の中で二人の会話をすべて傍受した。Xはこの会話の中でいくつかの負罪的供述をしていた。Xの公判で右の負罪的供述は、P証言を介して陪審に提示された。陪審は麻薬関連犯罪でXを有罪と認定し、控訴裁判所もこれを維持した。これに対し合衆国最高裁は、本件情況下にX自身の負罪的供述を検察側が証拠として用いたのは連邦憲法の下で彼に保障されている何らかの権利を彼から奪ったかを判断するために上告受理の申立てを容れ、六対三で原判決を破棄した。

【判　示】　当裁判所は一九五九年の【22】スパーノ判決において、被告人の有罪判決は第一四修正の下で支持できないと判示した。法廷意見は自白が採取された全体の状況に依拠したが、これに同調した四裁判官の補足意見は、被告人が起訴後に、それ故、被告人に弁護人の援助を受ける権利のあることが明白な時期に当の自白が警察官によって意図的に採取されたという理由だけで有罪判決の破棄を憲法は要求していると指摘していた。

当裁判所のスパーノ判決以降、ニューヨーク州裁判所は明確にこの憲法上の法則に従っている。起訴後弁護人の立会いなしに被告人を密かに取調べることは刑事事件の処理方法の根底にある公正および犯罪で告発された人の基本的権利を侵害することになるというのである。このような見解は、当裁判所が〝手続の最も決定的な時期、すなわち（弁護人との）相談、徹底的な調査と準備が極めて重要な罪状認否手続から公判開始時までを通じて、被告人は……公判自体におけると同様にそのような（弁護人の）援助を受ける権利を有する〟と指摘した一九三二年のパウエル判決で確立した憲法上の原理を反映している。そしてスパーノ判決以降、これと同一の憲法上の基本的原理は当裁判所の【26】ギデオン判決等によって広く確認されてきたのである。

本件でわれわれは、州裁判所の有罪判決でなく第六修正の保障が直接適用される連邦事件を取り扱っている。われわれは、連邦捜査官が被告人（X）から起訴後弁護人のいないところで意図的に採取した（deliberately elicited）X自身の負罪的言葉が公判でXに不利に用いられたときXはかかる保障の基本的保護を否定されたことになると判示する。なるほどスパーノ判決の事案では被告人は警察署で取り調べられたのに対し、本件では不利益供述は保釈中で身柄を釈放されていた被告人からその知らないうちに採取された。しかし控訴裁判所の反対意見が指摘したように〝かような法則が何らかの実効性を有すべきものであるとするならば、それは拘置所（the jailhouse）で行われた取調べと同様に、間接的で秘かに行われた取調べにも適用されなければならない。〟本件では、マサイアは自分が連邦捜査官によって尋問されていることすら知らなかったのであるから、彼はさらに本当にだまされていたのである。

【28】ジャクソン任意性判断NY方式違憲警察官殺害事件判決（一九六四年六月二二日）

本判決（Jackson v. Denno, 378 U.S. 368）は、自白の任意性に問題が生じた場合、その判断を陪審に委ねつつ任意性が認められればその証明力も判断できるとするいわゆるニューヨーク方式の下で被告人が有罪とされた事案につき、第一四修正のデュー・プロセス条項に違反するとしたものである。

【事　実】　一九六〇年六月一四日午前一時ころ、ニューヨークのブルックリン地区にあるホテルにジャクソン（X）とノラ・エリオット（Y）の二人が入りYが記帳した。Xは間もなく、Yにそこから離れるよう命じた後で銃を抜き客室係員から現金を強奪しホテルを出たところYにばったり出会い、そして通りで警察官にも出会した。警察官ともみ合いになった過程で二人とも銃を抜き、警察官は致命傷を負いXは身体に二発撃たれたが、何とかタクシーを呼び病院に搬送された。

病院到着直後の午前二時ころ、刑事がXを取り調べた。Xは、名前を聞かれジャクソンと答え黒人のお巡りを撃ったと述べてホテルでの強盗も認めた。刑事によると、Xは傷を負っていたにもかかわらず〝比較的元気（strong）〟だった。

ジャクソン（X）は午前三時五五分ころ、鎮静剤等を与えられた。間もなく検事補がやって来て警察官および病院職員の立会いの下でXに質問した。この取調べは速記者によって記録された。肝臓と膵臓に銃弾を撃ち込まれていたXはすでに五〇〇ccの出血をしていた。Xはホテルでの強盗を認め、次いで〝ねえ、もう続けられないよ〟と言った。しかし、さらなる質問に応じて警察官を「先に撃った」ことを認めた。この取調べは午前四時に終了した。手術は午前五時に始まり午前八時に完了した。

ジャクソン（X）とエリオット（Y）は第一級謀殺罪で起訴され、併合審理された。Xが午前二時と午前三時五五分にした供述は、弁護人の異議なしに証拠として提出された。Xは自己を弁護するために証人台に立った。強盗および警察官射殺に関する彼の証言は、重要な点で当初の自白と異なっていた。Xの証言によると、ホテルからの退去と射殺事件との間にかなりの時間的間隔があり、そして警察官が先に銃を抜いたという。病院での取調べに関し、彼は当時、苦痛で苦しかったにもかかわらず水を拒否され警察官が希望する返答をするまで一人にさせないと告げられた、取調べを受けていたことは知っていたが質問も返答も覚えていないというのである。

訴追側は、Xの主張に反駁するため医師ほか数人の証言を提出した。彼らは、Xが水を拒否されたことについては認めたが、それは手術が差し迫っていたからであると証言した。弁護人は、病院の記録を利用して医師に対する反対尋問で取調べ直前に鎮静剤等が施用されたという事実を引き出した、しかしこれら薬物のXの取調べへの影響は否定された。

ジャクソンの弁護人は最終弁論で無罪を求めず、第二級謀殺罪または故殺（manslaughter）の評決を求めた。「弁護人の主たる努力は、第一級謀殺罪に必要な予謀および故意（premeditation and intent）を否認することだった。」そして弁護人は、ホテルからの退去と警察官との争いとの間に時間的間隔があったとする証言を大いに利用し、警察官が先に撃ったとする証言のあることも強調した。

公判裁判所は、自白の任意性に関し問題が生じた場合のニューヨークでの実務に従って、この争点を陪審の判断に委ねた。陪審は、自白を不任意であると認定すればそれを完全に無視し、その他の証拠だけに基づいて有罪・無罪を判断すべきである、そして自白を任意であると認定すればその信頼性を判断し、それ相応の証明力（weight）を付与すべきであると告げられた。

陪審はジャクソン（X）を第一級謀殺罪でエリオット（Y）を第一級故殺罪でそれぞれ有罪と認定し、Xは死刑、Yは拘禁刑を言い渡された。Xの有罪判決はニューヨーク州最高裁によって維持され、上告受理の申立ては合衆国最高裁によって否定された。そこでXは、自白の許容性を判断するためのニューヨーク方式は違憲であると主張して人身保護令状の発付を申し立てた。地方裁判所はこの申立てを却下し、控訴裁判所は訴追側の見解を受け入れ有罪判決を維持した。これに対し合衆国最高裁は五対四で原判決を破棄した。なお、法廷意見の執筆はホワイト裁判官である。

【判　示】　(1)　われわれの見解によれば、本件で採用されたニューヨーク方式（the New York procedure）は自白の任意性に関する信頼できる証拠を提供しておらず、強制による自白に基づいた有罪判決を受けないジャクソン（X）の権利を十分に保護していなかったので第一四修正のデュー・プロセス条項の下で憲法上の攻撃に耐えることはできない。われわれは、それ故、人身保護令状の発付を拒否した下級審判決を破棄する。

(2)　ニューヨーク方式の下では、公判裁判官は訴追側提出の自白に関する予備的判断（preliminary determination）をし、その自白は任意でないと認定するとそれを排除しなければならない。しかし、任意性に関して相当な疑問を示す証拠があれば、裁判官は一旦〝この自白を受理して、その任意性およびその真実性の判断を適切な説示の下に陪審に委ねなければならない。〟裁判官だけが自白の任意性を判断する伝統的なルールに従う法域においては裁判官の結論は記録から明らかである。裁判官は任意と認めて自白を許容するか不任意と認めて自白を排除するかのどちらかであるからである。これに対しニューヨークの陪審は、有罪・無罪の最終問題に関して一般的な評決（general verdict）を下すだけであり、自白を任意と認めたのか不任意と認めたのかが明らかでない。

ニューヨーク方式には問題が内在しているにもかかわらず当裁判所は【17】スタイン判決において、陪審の二者択一的前提（alternative assumptions）を根拠に被告人は憲法上の保障を奪われていないとした。陪審は争われている事実を被告人に不利に判断して自白を任意と認定した、それ故、それに依拠したのは適切だった、あるいは陪審は争われている事実を被告人に有利に判断して自白を不任意と考えた、この場合、陪審は説示に従って自白を無視し、それ以外の証拠に基づいて被告人の有罪を決定したことになる。いずれの前提に基づいても州裁判所の判断に誤りはないというのである。われわれは、【17】スタイン判決の見解に同意しない、この二者択一的前提のいずれにおいても、被告人の権利への危険が十分に考慮されていないからである。

ニューヨークの陪審は、自白の任意性にかかわる証拠と自白は真実であり被告人がその犯罪を犯したことを示している証拠とを一度に与えられる。それ故、陪審は自白を真実と信じて被告人がその犯罪を行ったことを確信するかもしれない。自白がなければ被告人の有罪の証拠が不十分である事案において、陪審は自白を真実と信じつつ不任意であると認めるのであれば、被告人は有罪とされるべきでない。しかし、強制されたが真実である自白に依拠することを禁止するポリシーを陪審が理解するのは困難である。いやしくも自白が用いられるのであればその自白は任意でなければならないということは、その自白を任意と認定する当然の強い圧力を生み出す。そうでないと、罪を犯した被告人が釈放されることになるからである。〃われわれの陪審裁判制度は、陪審は説示に従うであろう、すなわち陪審は任意性の問題を別個に判断し無視すべきとされていることは無視するであろうことを前提にしているという主張は可能であるが、陪審裁判は一般に、裁判官は陪審に証拠を委ねる前に排除法則を適用するであろうことを前提にしている。〃

第一四修正のデュー・プロセス条項が不任意自白の使用を禁止するのは、強制して獲得された自白はおそらく（probable）信頼できないという理由だけに基づいているのではない、捜査官が有罪を獲得する過程で被疑者からその意思に反して自白を無理矢理に引き出す（wrings）場合、貴重な人間の価値が犠牲になるというわれわれの強い確信的考えに基づいている、そして警察は法を執行する際に法に従わなければならないという深く根ざしたわれわれの感情に基づいているのである。すなわち、犯罪者と思われる者を有罪とするために違法な方法が用いられると、結局のところ、われわれの自由および生命が実際の犯罪者による危険と同一の危険にさらされうるというのである。

ニューヨーク方式の下では、任意性判断の際に自白の真実性判断が不可避的に注入されることになる。現に陪審は、自白の証拠価値を評価する際にその真実性を判断するよう告げられている。陪審は信頼できる証拠に基づいて被告人に不利益な事実を認定したと考えることはできない。このような根拠のない前提は先例としての【17】スタイン判決の権威およびニューヨーク方式の合憲性に関するその見解をほり崩している。

スタイン判決でのもう一つの仮定的選択肢――陪審は自白を不任意と認めるとそれを無視するということ――も同様に受け入れられない。ニューヨーク方式の下では、被告人が自白をしたという事実は陪審の心の中に深く刻み込まれている。陪審はそれを聞いただけでなくそれを検討してその任意性を判断するように説示されており、自白が真実か虚偽かを判断できる立場にあるからである。陪審は、その自白を不任意と認めると次いで説示に従ってその自白を無視することができるのであろうか。他の証拠の十分性に関してなお消え去らない疑念があれば、陪審は無意識に自白に頼ることによってその疑念を晴らすのではないか。合理的な疑いを越えて有罪を立証する証拠の十分性につき確信を持てないのであれば、被告人が真実の自白をしたことを陪審が知っているとき被告人は本当に無罪釈放されるのであろうか。〝法律問題として考慮すべきでないが心から払拭できない被告人に不利益な証拠によって陪審が影響されるのを訴追側は奇貨とすべきでない。〟〝陪審への偏頗な影響は説示によって克服できるとの素朴な考えは、全くのフィクションにすぎないことをすべての実務法曹は知っている。

ニューヨーク方式の下では、不任意自白は完全に無視され強制の問題は公正かつ信頼できる証拠によって判断されるという被告人の憲法上の権利に重大な脅威をもたらす。われわれはこのような危険を無視できない。ニューヨークの手続は、このような憲法上の要件を満たしていない。スタイン判決は変更される。

(3)　次に本件の検討に移る。ジャクソン（X）は自白の任意性に関し十分な審査を受けなかったのであるから、彼にはそれが与えられなければならない。本件で争われている重要な事実がある。傷口の苦痛が激しく息も絶え絶えで長話をすることはできなかったにもかかわらず、Xによると、当局が望むような回答をするまで水を与えず一人にさせないと警察に告げられたという。これらの口頭による脅迫は訴追側によって否定された。Xは施用された薬物によって彼の意思は影響されたと主張するが、州の証拠によれば、薬物による影響はなかったしそのような影響はありえなかった。Xが救済を得る権利があるかどうかは、これらの事実がどのように解決されるかにかかっている。検察側の主張を信ずることができれば、Xの自白は不任意であるということはできない、他方、Xの話を受け入れるのであれば、自白は不任意であり許容できないことになるからである。

ジャクソン（X）には、これらの証拠について信頼できる解決を求める権利がある。しかし、その手続は連邦の人身保護裁判所でなく、まず州の裁判所において始められるべきである。Xの裁判は憲法上の基準に合致しなかったのであるから、彼は州の有効な手続に従って州裁判所において自白の任意性につき判断してもらう権利があることになる。

【29】エスコビード接見要求拒否獲得自白第六修正違反殺人事件判決（一九六四年六月二二日）

本判決（Escobedo v. Illinois, 378 U.S. 478）は、取調べ未了等を理由に捜査官が弁護人との接見要求を拒否しかつ黙秘権の告知なしに起訴前の身柄拘束中の被疑者から入手した自白につき、捜査がもはや未解決の犯罪の一般的捜査ではなく身柄拘束中の特定の被疑者に焦点をしぼり始めた時にも【28】マサイア判決は適用されるとして、第一四修正を介して州に適用される第六修正の弁護人依頼権侵害を理由にこれを排除したものである。

【事　実】　被告人エスコビード（X）の義兄弟が一九六〇年一月一九日夜、何者かに射殺された。Xは翌二〇日早朝に逮捕されたが、弁護人（A）の人身保護令状の請求が認められ、同日午後釈放された。当時警察署で身柄拘束中で後にXとともに殺人罪で起訴されたゲルランド（Y）が同一月三〇日、致命弾を発射したのはXである旨供述したため、同日午後八時から九時ころまでの間に、Xとその姉妹（被害者の妻）が逮捕され警察署に連行された。連行の途中で捜査官PがYの右供述をXに伝えたところ、Xは「弁護人Aの助言を得たい」と答えた。ほどなく警察署に到着したAは繰り返しXとの接見を要求したが、「取調べが終っていないから」会わすことはできないとして接見を拒否された。Aは翌朝も担当刑事に「弁護人と依頼人の面会権を認める」州法の規定をたてに接見を要求したが、Xと接見する機会を与えられなかった。一方、Xは取調べ中に弁護人Aと相談したい旨繰り返したが、弁護人は「望んでいない」として接見を拒否された。後に公判廷で一人の警察官は、「Xの〝取調べを終えるまで〟Xに会うことができないとAに伝えた」旨証言した。

今まで警察と接触した経験のない二二歳のメキシコ生まれのエスコビード（X）は、手錠をかけて立たされたまま取り調べられ睡眠不足のため目にくまができ、苛立っていた。その間、Xの家族と旧知でスペイン語を話す警察官がXの相談にのった。他の警察官が、Yの前記供述をXに告げると「Yは嘘をついている」とXが言ったので、「嘘をついているとYに言えるか」と尋ねると、「もちろん、言える」と答えた。そこでXとYを対面させたところ、XはYに「お前は嘘をついている、俺はマヌエルを射っていない、お前が射ったのだ」と述べて、本件犯罪について知っていることを初めて認めた。Xがさらに本件殺人計画への関与を認める供述をした後で、供述書を作成するために検事補Qが呼びこまれた。ベテランのQは「後にその答弁の証拠としての許容性を確保する明確な意図の下に注意深く質問することによってXの供述を採取した。」Qは、Xに憲法上の権利を助言しなかったと証言した。そして取調べ中に、唯一人としてXにそのような助言をしなかったことに争いはない。
Xは公判前と公判中の二度にわたり右負罪供述の排除を申し立てたが、いずれも退けられ謀殺罪で有罪とされた。州最高裁は一旦右供述を排除したが、再審理の結果、結局、原判決を維持した。これに対し連邦最高裁は、Xの供述は彼の公判で許容することが憲法上認められるかを検討するために上告受理の申立てを容れ、五対四でその主張を認め、原判決を破棄差し戻した。なお、法廷意見（ウォーレン長官、ブラック、ダグラス、ブレナン各裁判官同調）の執筆はゴールドバーグ裁判官である。

【判　示】　本件での決定的問題は、取調べ中に弁護人と相談したいとの申立人（X）の要求を警察官が拒否したことが、本件状況下に〝第一四修正によって州を義務づけることになった〟第六修正に違反して〝弁護人の援助を受ける権利〟を否定したことになり、それ故、州の刑事裁判において取調べ中に警察官によって採取されたいかなる負罪的供述も許容できないといえるかである。
当裁判所は【28】マサイア判決において、公判での弁護人の助言を被告人に保障する憲法は警察官の取調べを受ける起訴された被告人にも同様にその保障が及ぶことを指摘した。……本件での取調べはXが正式に起訴される前に行われた。しかし本件の文脈においては、かような事実によって差異を設けるべきでない。Xが弁護人と相談する機会を求め、そしてこれが拒否されたとき、捜査は〝未解決の犯罪〟の一般的捜査でなくなった。Xは被告発者(the accused)となり、そして取調べの目的は、憲法上の権利がそうしてはならないとしているにもかかわらず、Xに有罪を自白させるべくその口を割らせる(get him)こととなったからである。Xの逮捕時から取調べの過程を通じて警察は、Xが致命弾を発射したことを確信する証拠を入手していることをXに告げていた。かかる告発(accusation)に直面してもXには黙秘する絶対的な権利のあることをXに告知することなしに、警察はXに供述するよう迫ったのである。

素人であるXは、イリノイ州法の下では殺人計画への〝単なる〟関与を承認するだけで致命弾を発射したことの承認として法律上決定的に不利になることを知らなかった。このような微妙な状況下においては、Xに彼の諸権利を助言する〝弁護人の導きの手〟が不可欠であった。これは〝法律家の助言と援助〟がXにとって最も必要な時期であった。それはアレインメントや予備審問の場合と同じく、明らかに決定的な段階であった。このような時に生じたことが〝全公判に影響を及ぼす〟ことは明らかである。……Xはすでに謀殺罪で告発されていた。……ところが訴追側の主張に従えば、公判は取調べに対する単なる上訴にすぎないこととなろう。事実上、有罪判決がすでに公判前の取調べで確保されてしまうことになれば、正式公判で弁護人を利用できるという権利はまさに空文に帰することになろうからである。

起訴前に弁護人依頼権が認められると、警察の獲得する自白の数が著しく減少する、けだし多くの自白は逮捕と起訴との間の時期に獲得され、謝金に相当する働きをする弁護人は、被疑者に不明確でない言葉でいかなる状況下においても警察には供述しないよう告げるであろうからであるという。この議論にはもちろん、二面がある。多くの自白がこのような時期に獲得されるという事実は〝法律家の助言と援助〟が本当に必要とされる段階としてのその重要性を示している。もし弁護人依頼権が自白がほとんど獲得されない時期に付与されるのであれば、それは空文に帰してしまう。自白を求める警察にとっての時期の重要性と法律家の助言を必要とする被疑者にとっての時期の重大性との間には、当然に直接の関係がある。われわれの憲法は、若干の国の憲法とは異なり、［このように両者の利益が衝突する場合には］弁護人の助言を受ける被疑者の権利に有利な方向にバランスをとるのである。新旧の歴史の教訓からわれわれは、〝自白〟に頼る刑事法の運用制度は、結局のところ、技術的な捜査を通じて独立に獲得した外的証拠に頼る制度よりも、信頼性に欠け、かつ濫用のおそれがあることを学んできた。……また当裁判所は、法執行官が有効かつ独立の証拠を獲得する努力と苦労を省くためにしばしば自白が強制されてきたことを歴史が十分に示していることを認めてきた。

われわれは、それ故、本件のように捜査がもはや未解決の犯罪の一般的捜査でなく、特定の被疑者（suspect）に焦点をしぼりはじめ、その被疑者が警察に拘束され、警察官が負罪的供述を引き出すために取調べを開始し、被疑者が弁護人と相談する機会を要求し、これが拒否され、そして警察が絶対的な憲法上の黙秘権を有効に告知していない場合には、その被告人は、第一四修正を通じて州をも拘束することになった第六修正を侵害して弁護人の援助を受ける権利を否定されたことになり、かかる取調べ中に警察官により採取されたいかなる供述も、刑事裁判において彼に不利な証拠として用いることはできないと判示する。

われわれが本日述べたことは〝未解決犯罪〟を捜査する警察の権利に何ら影響を及ぼすものでない。……われわれはただ、〝手続が捜査的なものから弾劾的なもの（investigatory to accusatory）に移行するとき――その焦点が被告発者に合わせられ、そしてその目的が自白を採取することであるとき――わが当事者対立的制度（adversary system）が機能を開始し、そして本件状況下では、その被告発者は弁護人と相談することを認められなければならないと判示するにとどまる。

第三節　まとめ

このようにみてくると合衆国最高裁は、第五修正の自己負罪拒否特権の州法への適用については一九〇八年の【A】トワイニング判決では否定したが一九六四年の【F】マーフィ判決では肯定した、そして不任意自白の許容性については一八八四年の【1】ホプト判決以降の数十件ものいずれの判決においてもいわゆる事情の総合説に依拠して当該自白の許容性を判断してきたのである。

以下、ひとまずその経緯をごく簡単にまとめておく。

一　自己負罪拒否特権

一九〇八年のトワイニング判決は、州の銀行頭取らが第五修正の自己負罪拒否特権は第一四修正のデュー・プロセス条項を介して州にも適用されると主張して公判での証言を一切拒否した事案につき、何人も自己に不利益な証人となることを強制されないという原理は合衆国成立以前のコモンローにおいて具体化されていたためデュー・プロセスという言葉が一二一五年のマグナ・カルタにいう〝国（邦）の法〟に含まれていたということはあり得ないとした。次いで一九三七年の［B］パルコ判決は、殺人罪で一旦終身刑が言い渡された後で裁判のやり直しが命じられた事案につき、同一の犯罪につき第五修正の二重の危険にさらされたことを理由に第一四修正のデュー・プロセスに違反するとする被告人の主張を退けた。本件で被告人に課せられた二重の危険は、市民的政治的諸制度の根底にある自由と正義の根本的原理に違反しないというのである。

そして一九五六年の［D］ウルマン判決において、NY大陪審での共産党への参加等にかかわる質問に対し自己負罪拒否特権を行使して答弁を拒否したため法廷侮辱罪に問われて有罪とされた事案につき、【2】ブラウン判決を再確認したうえで有罪判決を維持した。ところが一九六四年六月一五日の［E］マロイ判決では被告人が自己負罪のおそれを理由に答弁を拒否した事案につき、第五修正の自己負罪拒否特権は第一四修正のデュー・プロセス条項を介して州にも適用されることを初めて認めた。そして同じ日に言い渡された［F］マーフィ判決ではニュージャージ州での労働者のストライキに関して喚問されたマーフィが自己負罪を理由に証言を拒絶したため免責が認められたにもかかわらず連邦法の下で罪を問われかねないとして証言を拒絶し続けたため法廷侮辱罪で有罪とされた事案につき、マロイ判決を引照したうえで憲法上の自己負罪拒否特権は連邦法と同様に州法の下でも証人が負罪的供述を強制されないことを保障しているとして、連邦制度の下で一つの法域は、免責規定がない限り、他の法域で負罪的となる証言を強制できないとした。

こうして半世紀以上にわたり争われていた第五修正の自己負罪拒否特権は、一九六四年の段階で州法にもそのまま適用されることが確立したのである。

二　不任意自白とデュー・プロセス

他方、不任意自白とデュー・プロセスとのかかわりについては、一八八四年の【1】ホプト判決を嚆矢として誘因や約束なしに自由で任意になされた自白は証拠として許容できることが確立する。合衆国最高裁は当初、自白の任意性を重視するコモンローの原則に従い虚偽のおそれある不任意自白だけを排除してきたが、その後、被疑者の自由な意思決定の有無を任意性判断の基準とするに至る。連邦事件ではこの間、被逮捕者を直ちに裁判官の面前に引致せず違法な身柄拘束中に獲得された自白を排除するマクナブ＝マロリー法則が成立する。そして一九六四年五月の【27】マサイア判決では起訴後保釈中の被疑者から弁護人のいないところで秘かに採取した自白を公判で用いるのは第六修正の弁護人依頼権に反するとされた。そして同年六月の【29】エスコビード判決では弁護人との接見要求を拒否しかつ黙秘権等の告知なしに被疑者から採取された自白が同じく第六修正に反するとして排除されたのである。

それ以前の自白事件に関しては、当該自白に至る全体の情況を精査して許容性を判断することが確立していた。ただ、自白時の外部的状況のほか自白者本人の精神状態にまで立ち入り全体の情況を詳しく検討して自白の許容性を判断するため非常に複雑にならざるを得ない。このことはそれまでの関連判例を総括した【23】カランブ判決を繙けば一目瞭然である。フランクファータ裁判官が過去の先例―五〇件ほどある―を順次引用しつつウォーレン長官のいう慣習から逸脱した〝助言的意見〟を詳論したのは、従前の〝事情の総合説〟による自白の任意性の判断基準に依拠したものであるが、その内容が余りにも複雑であり五年後のミランダ判決登場の一因になったのではないかと思われる。そしてとりわけ注目されるのは、この段階ですでに糺問的捜査は繰り返し完全に否定されていたことが注目されるのである。

いずれにせよ、一八八四年のホプト判決以降の自白に至る事情を総合的に検討して当該自白の許容性を判断するという従前の手法を放棄して、黙秘権等の告知なしに身柄拘束中の被疑者から自白を採取したということだけで第五修正の自己負罪拒否特権に反するとする一九六六年のミランダ判決が言い渡されたのである。ちなみに筆者は、一九四一年一二月八日の【7】ライゼンバ判決に接し、パール・ハーバー奇襲当日の判決であることに気付き、日米両国のデュー・プロセスないし法の支配に関する歴史の重みの格段の相違に思いを致したことを付言しておく。

第四章　ミランダ判決（一九六六年）

このような状況下に合衆国最高裁は一九六六年六月のミランダ判決で、いずれも警察署での身柄拘束中の取調べの際に捜査官が弁護人立会権などの告知なしに被疑者から自白を採取したミランダなど争点類似の四事件について、二年前の【29】エスコビード判決の解釈をめぐり判例が対立し学説の論争も激しく捜査実務もとまどっているのが現状であるから「身柄拘束中の取調べに対する自己負罪拒否特権の適用の問題をいま少し解明し、法の執行機関と裁判所に具体的な憲法上の指針を提供する」必要があるとして上告受理の申立てを容れ、五対四で単一の判断基準を示していわゆるミランダ法則を明らかにしたうえで、いずれの自白も第五修正の自己負罪拒否特権を保護するための基準に合致していないとして排除した。ミランダ判決は身柄拘束中の取調べを一切禁止し、その間の自白をすべて排除する趣旨ではないことをとくに断っているものの、伝統的ないわゆる事情の総合的アプローチ(totality of the circumstances approach)を完全に否定し、ミランダの権利告知(Miranda warnings)を取調べの絶対的前提要件とするなど「刑事司法の革命」を樹立したというにふさわしいものであるだけに反撥も強く、連邦議会は二年後の一九六八年に「犯罪防止および街路の安全に関する総括法」を制定した際にミランダ以前の「任意性テストを成文化したものにすぎない」第三五〇一条を設けミランダの廃止を試みた。同条によれば「すべての事情を考慮して」任意性が認められれば自白は許容されることとなり、黙秘権等の不告知は従前どおり任意性判断のための一要素にすぎない、そのため賛否の議論が沸騰し続けたのも当然のことである。またミランダ判決は、合衆国最高裁のこの種事案では珍しく、事実の概要はまことに簡略で、ミランダの事実関係についても主として末尾で簡単に触れられているにすぎない。

そこで以下、わが国で余り知られていない事実関係については論述の便宜上、次章で詳述することとし、とりあえず法廷意見および反対意見についてのみ簡単に紹介した後、連邦議会の対応についてやや詳しく触れておく。

第一節　法廷意見

合衆国最高裁判所は一九六六年二月二八日、口頭弁論を開いた。合衆国最高裁がミランダ事件で上告受理の申立てを容れ口頭弁論を開いたため、連邦および州の下級審は自白事件の判決言い渡しを延期し、新聞雑誌はさまざまな特集を組んだ。例えば、ハーバード・ロー・レビューは七九巻で異例の長文の自白特集を組み（Developments in the Law-Confessions）、タイム誌は一九六六年四月二九日号の表紙にエスコビードの顔写真を掲げるなどした。

このような状況下に合衆国最高裁は同年六月一三日、新参のフォータスがウォーレンらの見解に与したため、五対四の判決で原判決を破棄差し戻したのである。ウォーレン長官執筆の法廷意見だけで公式判例集で六〇頁に及ぶ長文のもので、その朗読に小一時間を要したという。その要旨は、およそ次のとおりである。各判示のはじめに適当と思われるタイトルを付しておく。

一　要旨

本件はわれわれに、わがアメリカ刑事法の発想――すなわち節度ある社会は個人を犯罪で訴追する際に首尾一貫して憲法を順守しなければならない。――の根幹にかかわる問題を提起している。われわれは、この問題の若干の局面を最近エスコビード判決で取り扱った。同判決は二年前に言い渡されて以降、司法解釈と激しい法律論争の対象となった。州および連邦の各裁判所は、その意味内容を評価する際に、さまざまな結論に達した。……われわれは、自己負罪拒否特権を身柄拘束中の取調べに適用する際の若干の問題点をいま少し解明するために、そして法の執行機関と裁判所に従うべき具体的な憲法上の指針を与えるために、これらの四事件において上告受理の申立てを容れた。われわれは、エスコビード判決およびそこで表明された諸原理を徹底的に再検討した結果、これを再確認する。

われわれの考え方は後に明確に説明するが、手短かに述べれば、それは次のとおりである。すなわち、訴追側は、免責的であると負罪的であるとを問わず（whether exculpatory or inculpatory）、自己負罪拒否特権を保障するために効果のある手続上の保護手段（procedural safeguards）を用いたことを立証した場合を除き、身柄拘束中の被告人（defendant）の取調べに由来する供述を用いることができない。身柄拘束中の取調べとは、人が身柄を拘束され、もしくは何らかの重要な方法で行動の自由を奪われた後で法執行官によって開始された質問を意味する。採用すべき手続上の保護手段に関しては、被疑者（accused person）に黙秘権を告知し、その行使の機会をたえず保障するためにその他の十分に効果的な方法が工夫される場合を除き、次の方法が要求される。いかなる質問にも先だって、その人は黙秘権のあること、彼のするいかなる供述も彼に不利益な証拠として用いられうること、私選または公選の（retained or appointed）弁護人の立会いを求める権利のあることが告知されなければならない。被告人は、もしその放棄が任意に十分に理解しかつ理性的に（knowingly and intelligently）なされた場合には、かかる権利を効果的に放棄できる。しかしながら、彼が何らかの方法で、取調べ手続のいかなる段階であれ、供述する前に弁護人と相談したいことを示せば、もはや質問はなし得ない。それと同様に、もしその個人が何らかの方法でひとりで取り調べられたくないことを示せば、警察は彼に質問することができない。彼が自ら質問に答えた、あるいは任意に供述をしたかもしれないという事実があったとしても、それだけでは弁護人と相談し終るまで、それ以上のいかなる質問にも応じないという権利を彼から奪うことはできない、その後の同意は疑問とすべきである。

二　身柄拘束中の取調べの性質

われわれがこれら各事件において判断する憲法上の問題は、身柄拘束中にないしは何らかの重要な方法で行動の自由を奪われている間に質問された被告人から獲得された供述の許容性である。いずれの事件においても、被告人は外部世界から遮断された部屋の中で警察官、刑事あるいは検察官によって取り調べられた。いずれの事件においても被告人は、取調べの最初に彼の権利に関する十分で効果的な告知を受けていなかった。これらすべての事件において、取調べによって口頭による承認が引き出された。各事件はすべて、警察の支配する雰囲気の中で憲法上の諸権利に関する十分な警告を与えることなしに個人を外部から隔離して取り調べた結果、自己負罪供述を獲得したという際立った特色を共有している。このような取調べ時に生じたことを明らかにすることが困難であるのは、この国では取調べはほとんど外部から隔離して（incommunicado）行うという事実に由来する。有名なウィッカーシャム報告書を含めて一九三〇年代に行われた広汎な事実調査から、警察の暴力と〝拷問〟が当時はびこっていたことは明らかである。

〝拷問〟などを用いることがないとしても、身柄拘束中の取調べという事実それ自体が個人の自由への重い足かせとなり、個人の弱点につけ込むことになる。各事件において、被告人の供述は伝統的な意味で不任意であると認定することはできないであろう。いずれの事件においても、被告人は未知の雰囲気に投げ込まれて、恐ろしいけんまくの警察の取調べにさらされた。このような取調べ状況は、個人を取調官の意思に服従させるという目的以外の目的のために作り出されたものでないことは明白である。この雰囲気はそれ自体、脅迫（intimidation）を意味する。なるほど、これは肉体的強制ではないが、それと同様に人間の尊厳を破壊する。外部から隔離して取り調べるという現在の実務慣行は、個人は自己負罪供述を強制されないというわが国の最も重要な原理の一つと相容れない。取調べ状況に内在する強制を払拭するために十分な保護装置が用いられている場合を除き、被告人から獲得した供述は、真にその自由選択の産物であるとはいえないのである。

三　自己負罪拒否特権の沿革・先例

自己負罪拒否特権の起源および展開に光を投げかけた重要な歴史的出来事は多分、一六三七年に星法院で宣誓をさせられることになっていたあの声高な反スチュアートの平等論者であるジョン・リルバーン（John Lilburn）の裁判であった。宣誓をすれば、いかなるテーマに関するものであれ彼はすべての質問に答えなければならなかった。〝私が主張する基本的権利は、宣誓を課すことによって人の良心を拷問にかけて刑事事件とのかかわりに関する質問への答弁を強制すべきでないということである〟と述べて、彼はこの宣誓に抵抗し、このような手続に激しく抵抗した。リルバーンの裁判によって議会は星法院の糾問的裁判所を廃止し、そしてさらに彼に寛大な補いをしたのである。リルバーンがその裁判中に訴えた高尚な原理はイギリスにおいて一般の認容を得た、そしてイギリス植民地時代のアメリカに受け継がれ、権利の章典の中に植え付けられたのである。

かくして特権の歴史的展開は、市民に及ぶ政府権力の妥当な範囲の模索としてみることができよう。……われわれは最近、自己負罪拒否特権――わが対立的訴訟制度（adversary system）の不可欠の基柱――は複合的価値を基盤にしていると指摘した。これらのポリシーはすべて一つの優越的思考（overriding thought）、すなわち特権の根底をなす憲法上の基礎は、政府が――州であれ連邦であれ――その市民の尊厳と保全（integrity）に払わなければならない尊敬にあることを示している。〝公正な国家と個人のバランス〟を保ち人格の不可侵性を尊重するためにわが弾劾的刑事司法制度は、個人の処罰を求める政府がその個人自身の口からそれを強制するという残酷で簡便な方法によるのでなく、自らの独立した努力によって彼に不利益な証拠を提供することを要求する。

議会による連邦刑事訴訟規則五条(a)の採用および当裁判所の【9】マクナブ、【19】マロリー両判決における同規則の実効化によって、連邦での取調べに関してわれわれが憲法問題に言及する機会はここ四半世紀ほとんどなかった。〝不必要な遅滞なしに〟被逮捕者を裁判官（commissioner）の許へ引致することを要求し、かかる制定法の義務に違反して獲得された証拠を排除するこれら下級審への監督権に基づく規則は、第五修正のポリシーと同一の配慮に対応したものである。われわれはマクナブ、マロリー両判決において、取調べの危険性および取調べという事実それ自体に起因する予防法の必要性（the appropriateness of prophylaxis）を認めている。

われわれの【29】エスコビードでの判示は、警察が取調べ開始時に憲法上の黙秘する特権を被告人に告知しなかったという事実を強調し、そしてわれわれは同判決の若干の箇所で右事実に注意を喚起した。これは孤立した要素でなく、われわれの判決における不可欠の構成要素であった。そこでの警察の取調べの攻撃目標（entire thrust）は、本日のすべての事件におけるように、被告人をその合理的な判断能力を損なわせるような情緒的状態に押し込むことにあった。憲法上の特権の放棄——警察に供述するとの彼自らの選択——は、彼にその権利を告知していなかったため、十分に理解して有効になされなかった。すなわち、彼自らの独立した判断の結果でなく、身柄拘束中の取調べの強制的雰囲気の結果、被告人は供述するに至ったからである。

エスコビード判決は取調べ中の弁護人不在に注目している点で重要であった。同判決においてわれわれは、本日の各事件におけるように、取調べの強制的雰囲気を除去するための保護装置（protective device）を要求した。エスコビード判決では、警察は彼らが取調室で作り上げた不安を被告人から取り除くことをしなかった。むしろ警察は、弁護人の援助を求める彼の要請を拒否した。そのためその後の彼の供述はかかる強制の産物となった。弁護人の立会いは、本件でのすべての事件におけるように、警察の取調べ手続を特権の命令に従わせるために必要とされる十分な保護装置となろう。弁護人の立会いは、訴追側設定の雰囲気においてなされた供述が強制の産物でないことを保障することになろう。

取調べ中の個人から供述が採取されるときに弁護人が立ち会うことは、裁判所での事実認定過程の廉潔性（integrity）を高める。

四　自己負罪拒否特権の担保

われわれは、適切な保護手段が講ぜられない限り（without proper safeguards）、犯罪の容疑者ないし被疑者（persons suspected or accused of crime）の身柄拘束中の取調べ過程には、個人の抵抗意思を弱め、個人に供述を強要する内在的に強制的な圧力が含まれていると結論した。こうした圧力に抵抗し自己負罪拒否特権を行使する十分な機会を与えるためには、被疑者は自己の権利を適切かつ効果的に告知され、かかる権利の行使は十分に尊重されなければならない。

われわれの判断は、いかなる意味においても、改革への健全な努力を妨げる憲法上の拘束服（straitjacket）を作るものではないし、かかる効果を意図するものでもない。われわれは、議会や各州が法の効果的執行を促進しつつ、個人の権利保護のさらに効果的な方法を探索し続けることを推奨する。しかしながら、被疑者（accused persons）に黙秘権を告知し、そしてそれをつねに行使する機会を確保するうえで、少くとも同等に効果的な他の手段が示されない限り、以下の保護手段が順守されなければならない。

(1)　黙秘権の告知

まず第一に、身柄拘束中の者が取調べを受ける場合には、彼は最初に明瞭明確な言葉で、彼には黙秘する権利のあることを告知されなければならない。これは特権行使に関する理性的判断のための第一の要件である。さらに重要なことは、このような警告は取調べの雰囲気の内在的圧力を克服するうえで絶対的な前提条件（prerequisite）である。

第五修正の特権はわが憲法制度にとってきわめて重要なものであり、特権の利用可能性に関して十分な警告を与えるという方法はきわめて簡単なことであるから、警告を与えられなくとも自己の権利について知っていたかどうかを個々的な事案において判断する必要はない。警告は明確な事実（clearcut fact）である。さらに重要なのは、取調べを受ける者の経歴がどのようなものであれ、取調べ時の警告は取調べの圧力を克服するために、そして個人がその時点で熟知して特権を適宜自由に行使できることを保障するために、必要欠くべからざるものであるということである。

(2)　不利益証拠となる旨の告知

黙秘権の告知には、供述されたことはいかなることも、公判においてその個人に不利益な証拠として用いられううるという説明を伴っていなければならない。このような結果を認識することによってはじめて、特権を真に理解し、それを理性的に行使することが保障されうる。

(3) **弁護人の立会い**

身柄拘束中の取調べをとりまく諸状況は、取調官によって特権を告知されたにすぎない人の意思を素早く打ち負かすように作用しうる。それ故、取調べ時に弁護人を立ち会わせる権利が、われわれが本日詳論する制度の下で第五修正の特権を保護するために必要欠くべからざるものとなる。われわれの目的は、沈黙か供述かを選択する個人の権利が取調べ過程を通じて全く自由であることを保障することにある。取調官によって単に警告が与えられたというだけではかかる目的を達成するのに十分ではない。検察官自身も、黙秘権の告知それだけでは〝単に常習犯人や職業的犯人だけを利することになろう〟と主張している。自己自身の弁護人によって与えられた予備的警告であっても容易に秘密の取調べ過程に打ち負かされうる。かくして、第五修正の特権を保障するための弁護人の必要性は、取調べ前に弁護人と相談する権利だけでなく、もし被告人がそのように希望すれば、いかなる取調べにも弁護人を立ち会わせる権利をも含むのである。

個人は取調べ以前に弁護人を要求する必要はない。かかる要求は積極的に弁護人を得る権利を保障するが、弁護人を要求しなかったということは、それを放棄したことにはならない。明示に（specifically）なされたものである場合を除き、取調べ中の弁護人立会権の有効な放棄は認められない。自己の権利を知らず、それ故、（弁護人を）要求しない被疑者こそ、最も弁護人を必要とする者といえる。したがって、取調べのために身柄を拘束された者は、弁護人と相談する権利のあること、そして取調べ中に弁護人を立ち会わせる権利のあることを明確に告知されなければならない。黙秘権の告知および供述したいかなることも自己に不利益な証拠に用いられうるとの警告と同じく、この告知は取調べの絶対的な前提条件である。

(4) 公選弁護人の保障

もし個人が何らかの取調べが始まる前に弁護人の援助を希望する旨示した場合には、その個人が弁護人を選任していないとか弁護人を選任する経済的余裕がないという理由で当局はその要求を合理的に無視ないし拒否することはできない。特権を保障するための弁護人の必要性は裕福な者にも貧困な者にも存在する。当局は、被疑者の貧困からの救済を要求されないが、法（justice）の執行に際して貧困につけ込んではならない（not to take advantage of indigence）義務はある。取調べを受けている人に、弁護人と相談する権利のあることのみならず、もし彼が貧困者であれば、彼に代わる弁護人が任命されるであろうことをも告知することが必要である。貧困者——最もしばしば取調べを受ける人たち——に彼らもまた弁護人を立ち会わせる権利があることを言葉で伝えるのでなければ、弁護人依頼権の告知は空虚なものとなろう。黙秘権や一般的な弁護人依頼権の告知の場合と同じく、この権利に関する貧困者への有効かつ明示の説明があってはじめて、彼が本当にそれを行使する立場にあることが保障されるのである。

五　警告後の手続

一旦警告が与えられれば、その後の手続は明白である。もし個人が何らかの方法で取調べ前ないし取調べ中のいかなる時点においても、黙秘したい旨を示すと取調べは中止されなければならない。この時点で、彼は第五修正の特権を行使する意思を示したのである。すなわち、その人が特権行使後に採取されたいかなる供述も、巧妙なものであると否とを問わず（subtle or otherwise）、強制の産物以外のものではありえない。取調べを中止させる権利がなければ、身柄拘束中の取調べという環境（setting）は、特権が一旦行使された後で個人が自由に選択して供述することを妨げるものとして機能する。もし個人が弁護人に会いたいと述べると、弁護人が立ち会うまで（until an attorney is present）取調べは中止されなければならない。その時点で、弁護人と相談しその後のいかなる取調べ中にも弁護人を立ち会わせる機会が個人に与えられなければならない。そして彼が警察官に供述する前に弁護人に会いたいと述べると、警察官は黙秘するという彼の決意を尊重しなければならない。

このことは各警察署が被疑者に助言させるために常時〝警察署付弁護士（station house lawyer）〟をかかえておかねばならないという意味ではない。しかしそれは、もし警察がある人を取り調べようとするのであれば、彼には弁護人を求める権利のあること、そしてその経済的余裕がなければ、いかなる取調べにも先立って弁護人が提供されることを彼に理解させなければならないことを意味している。

六　権利放棄と挙証責任

弁護人の立会いなしに取調べが続けられて供述が採取されたとすると、被告人（defendant）が自己負罪拒否特権および弁護人を選任ないし請求する権利を十分に理解して理性的に放棄したことを立証する重い挙証責任が訴追側に課される。当裁判所は、憲法上の権利放棄に関しては常に高度の立証基準を設けてきた。われわれは、身柄拘束中の取調べにもこの基準が適用されることを改めて断言する。

被告人（the accused）による権利放棄に関する官憲の証言がどのようなものであろうとも、供述がなされる以前に長期間にわたる取調べないし外部から隔離した拘禁という事実があると、それは被疑者の権利放棄が有効でなかったことを示す強力な証拠となる。こうした状況下において被告人が結局供述したという事実は、取調べの強制的な影響の結果遂に供述させられるに至ったという結論と一致する。それは特権の任意の放棄といういかなる観念とも一致しない。警告および権利放棄の要件は第五修正の特権に関する重要な儀式であって、方法に関する単なる予備的儀式でない。

七　本判決の射程距離

本日の判決に従って要求される警告および必要な権利放棄は、十分に効果的な代替物（a fully effective equivalent）がない場合には、被告人によってなされた供述の許容性の前提要件である。直接的な自白である供述と犯罪の一部または全部についての〝不利益な事実の承認〟である供述とを区別することはできない。自己負罪拒否特権は、いかなる態様においても自己負罪供述を強制されないよう個人を保護するものであるから自己負罪の程度を区別していないのである。これと全く同じ理由で、負罪的供述と単にいわゆる〝免責的〟とされる供述とを区別することはできない。もしなされた供述が本当に免責的なものであれば、それが訴追側によって利用されることは決してないであろう。事実、被告人による単に免責を意図した供述（statements merely intended to be exculpatory）が、公判での被告人の証言を弾劾するために、あるいは取調べ中になされたその供述の不信用性を明らかにするために、しばしば用いられている。かかる供述は、言葉のいかなる意味（any meaningful sense）においても負罪的であり、その他のいかなる供述に対しても要求される十分な警告と有効な権利放棄なしには証拠として用いることはできない。

取調べを通じて獲得された供述を取り扱うにあたり、われわれはすべての自白を不許容とするつもりはない。自白は法執行において依然として然るべき構成要素（proper element）である。何らの強制的な影響なしに、自由かつ任意になされた供述は、もちろん、証拠として許容できる。個人が拘束されている間の特権の基本的趣旨は、警告および弁護人の恩恵（benefit）なしに警察官に供述することを彼に認めるかでなく彼を取り調べることができるかどうかである。任意になされた供述はいかなるものであれ、第五修正によって禁止されていない、そしてその許容性は本日のわれわれの判断の影響を受けない。

八　結　論

以上を要するにわれわれは、個人が当局によって身柄を拘束され、もしくは何らかの重要な方法で自由を奪われて取調べを受けるとき、自己負罪拒否特権は危うくなると判示する。この特権を保障するために手続的な保護手段が採用されなければならない、そしてその人に黙秘権を告知し、その権利の行使が誠実に尊重されることを保障するための他の十分に効果的な方法が採用されない限り、以下の措置が必要である。すなわち、彼はいかなる取調べにも先立って、黙秘権があること、彼の述べたいかなることも公判廷で不利益な証拠として用いられうること、彼には弁護人に立ち会ってもらう権利があること、そして彼に弁護人を依頼する経済的余裕がなければ、もし彼がそのように希望するのであれば、いかなる取調べにも先立って彼のために弁護人が選任されることが告知されなければならない。これらの諸権利を行使する機会が取調べの全期間を通じて彼に与えられなければならない。かような警告が与えられかつかような機会が与えられた後でその個人は、これらの権利を十分に理解して理性的に放棄し、そして質問に答えたり供述することに同意できる。しかし、かような警告および権利放棄が公判で訴追側によって立証されない限り、取調べの結果獲得された証拠を彼に不利に用いることはできない。

第二節　反対意見

本判決に対しては当然、エスコビード反対意見の四裁判官が揃って反対している。クラーク反対意見は比較的短くやや穏健であるが、ハーラン反対意見（スチュアート、ホワイト両裁判官同調）とホワイト反対意見（ハーラン、スチュアート両裁判官同調）はまことに痛烈である。各反対意見は、犯罪捜査における自白の重要不可欠性を強調して被疑者取調べに関する捜査実務の現状を容認しつつ、とりわけ自白の許容性の判断基準の根拠を第五修正の自己負罪拒否特権に求めることは両者の沿革および先例に反することはもちろん政策的にも容認できないとして、一切の事情を総合的に考察して任意性が認められれば自白を許容する第一四修正のデュー・プロセス条項を基準とする従前の任意性テストを妥当とする点で一致している。現在もなおミランダ以前の被疑者取調べを良しとし、いわゆる事情の総合説による任意性テストを自白の許容性の判断基準とするわが国の捜査および裁判実務を彷彿させて興味深いこともさることながら、いわばミランダ批判の源流であるだけに、反対意見の詳細な検討は欠かせない。ただ、反対意見は分量的にほぼ法廷意見に匹敵し実質的にはそれを上まわるほどの大部のものであるが、その後の判例の動向に照らしとくに重要と思われる部分のみを重点的に紹介することとしたい。

一　クラーク裁判官の反対意見

多数意見の断定（ipse dixit）には判例の裏付けがない。現に当裁判所は、〝被告人の供述は伝統的な用語法では不任意であったと認定できなかったであろう〟ことを認めている。当裁判所はさらに、この新しい手続に従わなければば、被疑者のしたいかなる供述も、その果実と同様、一律に排除されると判示する。このような厳格な憲法上の特効薬を犯罪摘発の神経中枢に注入すれば、患者を殺すことにもなりかねない（Such a strict constitutional specific inserted at the nerve center of crime detection may well kill the patient)。

身柄拘束中の取調べは古くから〝疑いもなく効果的な法執行における不可欠な道具〟として認められてきた。本日以前の法則は、事情の全体（a totality of circumstances）に依拠して自白の任意性いかんを判断してきた。わたくしは、同法則になお従いたい。法廷意見が下した専断的な第五修正の法則を採用するよりも、より柔軟な第五修正および第一四修正のデュー・プロセス条項の命令に従いたいのである。

二　ハーラン裁判官の反対意見

当裁判所の（本日の）判断は、貧弱な憲法（解釈）を示しており、わが国全般に対し有害な帰結をもたらすことになると考える。その帰結がどれほど重大であるかは、時間だけが証明しうることであろうが、当裁判所の論拠の根本的欠陥は明らかかと思われる。その細部は当裁判所が認めるほど明らかでないが、その趣旨は完全に明白である。その狙いは自白採取時のすべての圧力を否定し、究極的には一切の自白を思いとどまらせることにある。その目的は要するに、ユートピア的意味での任意性追求である。こうした観念を憲法に取り込むためには、沿革および先例をこじつけて読みとること（a strained reading）が必要となる。

当裁判所の新しい法則は、どのような警察の取調べにも本来備わっている小さな圧力と不利益とを相殺しようとする。自白強制の証人となることによって自白の正確性を促進し〝不信用性の危険を軽減する〟という当裁判所の描く弁護士像は、ほとんど空想上の所産（largely a fancy）である。弁護人が到着すると、警察署での自白は稀となろう。〝その報酬に値する働きをする弁護人は被疑者に不明瞭でない言葉で、どのような状況下においても警察に供述しないように告げるであろう〟からである。

当裁判所の新法典によって自白の数が激減する（markedly decrease）であろうことはほとんど疑うことができない。被疑者に黙秘しうることを警告してその自白が法廷で不利に用いられうることに気付かせるのは小さな障害である。被疑者による明示の権利放棄を必要とし彼が返事をしぶるときには常に取調べの中止を必要とするのは、取調べを著しく困難にするに違いない。

犯罪の中には自白なしには解決し得ないものがあり、多くの専門家の証言は犯罪闘争における自白の重要性を証明している。この新しい法則を危険な実験（a hazardous experimentation）にすぎないというのは、犯罪に関する社会的コストは余りにも大きすぎる。

三　ホワイト裁判官の反対意見

(1)　先例との関係

多数意見において明示された警告がなければ、かつ弁護人依頼権の明確な放棄がなければ、身柄拘束中の取調べは自己負罪拒否特権によって禁止されるとの命題は、特権の沿革上も第五修正の文言上も、その裏付けを欠いている。イギリスの判例およびコモンローの沿革に関しては、この特権は一七世紀後半に確立されたものの司法機関による取調べの強制を禁止するために適用されるにとどまった。強制による自白排除の法則はそのおよそ一〇〇年後に完成したが、自己負罪拒否特権にその根拠を有することを示す判例は一切ない。そして判例が明らかにする限りにおいて、この特権それ自体としては権限ある治安判事による予備審問を含めた司法手続においてのみ効力を生じていたように思われる。

当裁判所の理由づけに基づいて宣明された結論に到達するには、裁判所は強制された負罪的供述だけを禁止する第五修正の制限の枠内にとどまらなければならない。法廷意見の核心は、〝身柄拘束中の状況に内在する強制〟を理由にその明示する十分な保護的装置の使用がなければ〝身柄拘束中の被告人から入手した供述は真にその自由選択の産物とはいえない〟とするところにある。しかし、法廷意見は七〇年間の経験を退けるのに必要な新しい知識の導入を何ら示していない。

⑵　多数意見の矛盾

相当な理由に基づき逮捕された被疑者がうっかり自白することはありうる。しかし、その自白は、身柄拘束という事実があるにもかかわらず、彼が黙秘権や不利益な承認の効果を知っていたという立証がなくとも、証拠として許容されるであろう。ところが、当裁判所の法則の下では、警察官が彼に〝何か言うことはないか〟あるいは〝奥さんを殺したのか〟などのような簡単な質問をしたとすると、彼の応答は、もし応答があればであるが、どういうわけか強制されたものになるというのである。これは常識の教えに反している。質問がそれを誘発したという意味では不任意といえるかもしれないが、その応答が強制されたものになるというのは明らかに相当でない。

たとえ身柄拘束中の取調べ中に入手した自白はすべて強制の産物であるとの結論には十分に事実上の根拠があると仮定したとしても、多数意見の宣明した法則はなお不合理である、被告人が弁護人依頼権を告知されて、かつその権利および自己負罪拒否特権の両者を放棄する場合に初めて取調べに内在する強制的雰囲気（compulsiveness）が消滅するという。しかしながら、警告がなければ被告人（defendant）は〝昨晩どこにいたのか〟という質問に答えられず、その応答は強制されたものとするほかないというのであれば、裁判所はどうして、彼の私選弁護人または裁判所の選任する弁護人との相談を希望するかの質問に対する彼の否定的応答を受理できるのか。

自白や負罪的承認それ自体は禁止された証拠でない、強制されたものだけが禁止される。当裁判所が本日このような相違を認識しているかは疑わしい、当裁判所は強制による自白の使用を認めないだけでなく、事実上、弁護人の面前における以外のすべての取調べを禁止している。すなわち、強制的な自己負罪拒否権の保護にとどまらずに、一定の第五修正の弁護人の援助を受ける権利（a limited Fifth Amendment right to counsel）を創設したのである。

(3) バランスの必要性

それと同様に重要なのは、この法則の結果生ずる共同社会の諸価値との調和度の評価である。すなわち、社会における他人の人間としての人格もまた維持されなければならない。それ故、特権によって反映されている諸価値だけが唯一の必要物でない、社会の一般的安全への利益も同様に重要である。

本判決の明白な土台は、すべての自白に対する根深い不信感である。当裁判所が宣明するように、弁護人依頼権の放棄がなければ弁護人の立会いなしに被疑者を取り調べることができないということになると、強制であると否とを問わず、被疑者から入手した証拠は被疑者に不利に用いることはできないとの司法判断に片寄ることとなる。このことがそれほど微妙でない法廷意見の含みである、警察が被疑者自身から証拠を採取することは内在的に誤っているというのである。そしてこのことがまさしく、この反対意見の核心（nub）である。わたくしは、警察が逮捕する相当な理由のある被疑者（suspect）に対し少なくとも彼が完全に黙秘できることを明確に告知している場合、人を殺害したのかどうか質問し、あるいは逮捕の原因となった証拠を彼に付き付けて質問することには何らの誤りもなければ道徳に反することもない、ましてや憲法に違反するものではないと考える。

被疑者個人の人格の不可侵性に対する尊敬の価値を重視すべきでないとか、すべての自白を無差別に許容すべきであると言っているのではない。当裁判所は古くから、憲法を解釈して強制による自白を排除してきた。この有益な法則は後退させるべきでない。わたくしは、強制による自白の受理を禁止する現在の法則が不十分であり……画一的法則（the *per se* rule）と取り替えなければならないという結論に相当と思われる根拠を見い出せないのである。たとえこの新しい発想に現行法にまさる若干の利益があるとしても、そのような利益よりもそれ以外のきわめて重要な利益に及ぼすであろう望ましくない影響の方がはるかに大きい。

当裁判所の画一的アプローチは、〝明確な指針（bright line）〟を提供しているとの理由でも正当化できない。……この新しい法則の適用の容易さを理由に裁判所の時間や労力が節約されると主張することもできない。本日の判決は、被疑者が身柄拘束中であったのか、彼の供述は自発的であったのか、それとも取調べの産物であったのか、被疑者は効果的に権利を放棄したのか、公判で提出された非証言的証拠は禁止された取調べ中になされた供述の果実であったのか、このような問題をすべて積み残している。この時期に警察の取調べをさらに規制することが望ましいとしても、当裁判所の憲法上の拘束服（constitution straitjacket）よりも、より柔軟なアプローチの方がはるかに道理に適っているのである。

第三節　連邦議会の対応

連邦議会はミランダ二年後の一九六八年に「犯罪防止及び街路の安全に関する包括法」を制定し、その中に自白の許容性に関する三五〇一条（18 U.S.C. 3501）を規定した。三五〇一条の関連規定は、およそ次のとおりである。

(a)合衆国またはコロンビア地区によって提起された刑事訴追において、自白は任意になされたものであれば、証拠として許容される。当該自白が証拠として採用されるその前に公判裁判官は、陪審のいないところで任意性に関する争点を決定するものとする。公判裁判官がその自白は任意になされたものであると決定すると、それは証拠として許容される。(b)公判裁判官は、任意性の争点を決定するに当たり、①自白をした被告人（defendant）の逮捕とアレインメントまでの間に経過した時間、②自白時に被告人は起訴犯罪ないし被疑事実の性質を知っていたか否か、③被告人はいかなる供述も強制されないこと、および供述をすれば自己に不利益な証拠として、用いられうることを告知されていたか否か、またはそのことを知っていたか否か、④被告人は取調べを受ける前に弁護人の援助を受ける権利のあることを告知されていたか否か、⑤被告人は取調べを受けたときおよび自白をしたときに弁護人の援助を受けていなかったか否かを含む、当該自白をした際に関わりのあるすべての情況を考慮するものとする。(1)

同条によれば、当該自白は「任意になされたものであると認められる限り」、証拠として許容されることになり、黙秘権等の不告知、あるいは被逮捕者の治安判事（magistrate）等への引致の遅延は決定的でなく、任意性判断の一つの要素にすぎない。したがって、同条の意図は、黙秘権等の告知を自白の許容性の絶対的前提要件とするミランダ法則、および被逮捕者を「不必要な遅滞」なしに治安判事等への引致を要求する法律に違反して得られた自白を任意性の有無を問わず一律に排除するマクナブ＝マロリー法則を廃棄しようとするものであることは明らかであった。もっとも、マクナブ＝マロリー法則は、憲法上の要請でなく連邦最高裁の連邦下級審に対する「司法上の監督権」に基づいたものであるため、州裁判所を拘束せず、また連邦議会はこれと異なる法律を定めても憲法問題は生じない。

このように三五〇一条はミランダ廃棄を明確に意図した立法であるにもかかわらず、(2)この規定は今まで実務で利用されることはなかった。ところが、スカーリア裁判官が一九九四年のデイヴィス判決の同調補足意見で、制定法を無視するのは遺憾である旨の見解を明らかにしたため、反響を呼ぶことになった。この点については第六章で詳論する。

（1）詳しくは、河上和雄「最近の立法」アメリカ法一九六八年Ⅱ号二八八頁。

（2）Davis v. United States, 512 U.S. 452 (1994). なお、この判決は、被疑者が〝弁護人と相談すべきかな（Maybe I should talk to a lawyer）〟と言ったので、直ちに取調べを中止し、あらためて権利告知後にその真意を確かめたところ、〝弁護人はいらない〟と述べたので取調べを再開した事案につき、明確に弁護人依頼権を行使した場合には弁護人が利用可能となるまで取調べの再開を禁止した一九八一年のエドワーズ判決（Edwards v. Arizona, 451 U.S. 477）に違反しないとしたものである。ただ、結論は全員一致であるが、右のように被疑者が曖昧な供述をした場合に、取調べを中止してその意思を確認する義務があるかについては五対四で見解が分かれ、法廷意見は、意思確認は望ましいものの、それを義務付けることは相当でないとしていた。

第五章　州最高裁ミランダ再有罪判決（一九六九年）

アリゾナ州最高裁は一九六九年三月一一日、ミランダ判決によって命じられた再公判で改めて被告人ミランダを有罪とした第一審判決につき、被害者女性によるミランダを犯人とする識別供述および犯行当時ミランダと同棲していた女性によるミランダから犯行を告白された旨の法廷証言は被告人の違法な自白の〝果実〟でないとして同判決を維持した。State v. Miranda, 450 P.2d 364.

以下、事実の経緯および判示内容を精査した後、若干のコメントを加えることとしたい。

第一節　事実の経緯

ミランダのやり直し裁判で州下級審は、被害者パトリシア（P）による犯人識別証言およびミランダと同居していた女性ホフマン（H）への本件犯行直後の自白は合衆国最高裁ミランダ判決によって違法とされた自白の〝果実〟であるとの被告人の主張に主として取り組んだ。Pによる被告人を犯人とする識別供述を取り囲む事実およびHへのミランダの自白内容にほとんど争いがない。被告人は理由なしに逮捕された、彼は第五修正の特権について警告されなかった、その被害者（P）による彼を犯人とする識別供述と同居女性（H）へのミランダの自白はいずれも彼の憲法上の権利侵害の〝果実〟であるという被告人の主張は、陪審のいないところで取り上げられた。

一八歳の少女であるPは一九六三年三月三日早朝、誘拐され強姦されたと警察に通報した。彼女が警察に描写した犯人の人相は、被告人に当てはまった。彼女が（犯人に）乗せられた車は、一九五五年型シボレーまたはフォードと思われる旧式の車で外側はきれいな薄いグリーンで内部は茶色の布張りで実に汚なかった、さらに車の前部座席の背後には後部座席の乗客がしっかりとつかめるように二本のロープが取り付けられていたと彼女は述べていた。このような室内装飾は、一九五〇年以降の車の特徴であるとの証言があった。

この事件のおよそ一週間後にPは再び、劇場でのレジ係の遅い仕事を終えて自宅に向かっていた。彼女はバス停で義理の兄と待ち合わせており、一緒に歩いて帰宅することになっていた。兄は彼女を待っている間に、その周辺をあてもなく乗り回している旧式の車に気付いた。そして彼らは、Pがバス停に到着したとき無理矢理に乗せられたとする車が一ブロック離れた横の通りに停車しているのに気付いた、その車はPがその中で強姦されたという車に似ているというのがPの意見だった。その車の運転手は車の外にいたので兄はその男を彼の車で追跡したが、近付いて質問する前にその男は車で走り去った。兄はこの車の型を一九五三年型パッカードであると識別した。そして古車市場（used car lot）で一九五三年型パッカードを見せられたとき彼は、このことを改めて確認した。兄は自動車の登録番号を突き止め〝DFL 312〟（アリゾナ）と警察に知らせた。警察は陸運局に照合した結果、このナンバーで登録された一九五三年型パッカードはないことが判明したが、ホフマンの名前で登録されていたライセンスナンバー DFL 317 の車があった。

登録されていた住所をアリゾナ州メサ周辺で調べると、アーネスト・ミランダとその家族がその住所に住んでおり、最近転居したことが明らかになった。近隣の人が、この住所で住んでいたミランダの人相を明らかにした。それはAの述べていた犯人の人相に類似していた。近隣の人はまた、被告人の現在の雇用者の名前を警察に知らせた。警察はこの雇用者から、被告人は通常夜間に雇用されているが事件が発生した三月二日と三日の夜は働いていないことを知った。メサ警察への照合の結果、被告人には強盗、強姦目的での暴行による有罪判決、その他飲酒による争いなど多くの警察記録のあることが判明した。雇用者から被告人の新しい住所を入手した警察が新住所に着いたとき、その家の横に一九五三年型パッカードが停車していた。家の玄関に行く前に刑事が車の中を見ると、後部座席の背後にパトリシアによって描写されたように二本のロープ等があった。

刑事は玄関でホフマンに出迎えられた。同人は玄関に来るよう被告人に大声で伝えた。刑事は、捜査するつもりの事件について家族の前でなく警察署で話したいので同行するよう求めた。被告人はこの求めに応じて、午前一一時三〇分ころ刑事と一緒に出かけた。これは一九六三年三月一三日のことだった。

被告人が警察署に到着すると、警察はおよそ三〇分間取り調べた。この間に彼は、(1)この犯罪とのかかわり、(2)他の女性への強姦未遂、(3)財布のひったくり事件とのかかわりを否認した。そこで被告人は面割り行列への参加を求められた、彼はそれに同意し、一番の位置を選んだ。面通しを観察するためにPは警察署に呼ばれていた。三月三日朝にPが参加して行われた先の面通しは、否定的な結果だった、今回の面割り行列でPは、一番の人物が彼女を襲った人物と体格が類似していると述べたが、その男が犯人と同一人物であるとまでは確認（identity）できなかった。彼女は、被疑者の声を聞くことができれば、彼の声で犯人と同一人物と確認できるかもしれないと述べた。

この情報を得たので警察は再び被告人を取り調べ、そしてPはすでに彼を犯人と同一人物であると確認していると伝えた。この取調べの時間は第一回目の取調べより短かった、そしてこの犯罪につき被告人の全面的自白が獲得された。何があったのかに関する彼の口頭による説明は、Pが先にしていた供述とほぼ一致していた。

この口頭による自白後にPは部屋に招き入れられた、そして彼女の面前で被告人は、彼が襲った少女であることを認めた。Pはその後、直ちに積極的に犯人の識別をした。陪審のいない法廷で彼女は、被告人の声を聞かなくても積極的に被告人を犯人と識別できると証言した。被告人はこのころ書面による自白（調書）に署名した。被告人は午後一時三〇分ころ、誘拐、強姦および前科者登録を怠った（failure to register as an ex-convict）として正式に逮捕された。

この面通し後にかつ正式逮捕の前後に、被告人は同じ日の午後、もう一つの面通し行列にかけられた結果、他の女性への強姦未遂事件での犯人識別供述と本件犯罪に関する自白が獲得され、さらに財布の引ったくりに関する自白も獲得された。これらの他の犯罪に関する証拠は、ホフマンへの自白時に違法に留置されていたという被告人の主張を検討する際に、本件と副次的に関連するとされている（become collaterally pertinent here）。

被告人は三月一四日、登録を怠ったとして市治安判事の面前に引致された、そして前科のある重罪犯としての登録を怠ったことを認め、フェニックス市への移送後にこの犯罪で刑務所での一〇日間の刑を言い渡された。被告人は三月一五日の昼前に、財布の引ったくり事件との関連で警察により一時間五分取り調べられた。被告人はこれらの告発に対し、〝正確に思い出せない〟と述べた。この点に関してそれ以上の自白は獲得されなかったが、陪審のいないところで財布の引ったくり犯罪につき積極的に識別を示している証拠として警察の報告書は許容された。これと同時に、被告人は一五日、彼が否認していた殺人の告発（homicide charge）に関して取り調べられた。

この取調べ後に被告人は、誘拐と強姦の告発および強盗（財布の引ったくり）の告訴（complaint）に関し治安判事の面前に引致された。治安判事面前に出頭したとき被告人は、刑事手続規則第一六条の要求に従って、彼に対する種々の起訴の内容、手続中に弁護人の援助を受ける権利、ただし彼自身の負担による、および予備審問を放棄できる権利について告げられた。治安判事面前での最初の出頭時に被告人は、再起訴に関し予備審問を希望すると述べていたため、予備審問は三月二七日に設定された。被告人は三月二七日に治安判事に対し経済的な理由で弁護人を雇用できない、このような理由で予備審問を放棄すると述べた。この放棄に基づいて被告人は、彼に対する重罪の告発に答えるために上級裁判所（the superior court）に直接移送（bound over）されることになった。

治安判事面前での最初の出頭後に被告人は、警察によってさらに取り調べられることはなかった。それまでの取り調べ時間の合計は三時間を越えていなかった。彼は三月一六日にホフマンの訪問を受けた。被告人は、陪審のいないところで、誘拐と強姦の告発につき自白したことを彼女に告げたと証言した。この最初の裁判でホフマンはいかなる自白についても証言しなかったが、この裁判のおよそ二週間後に警察によって取り調べられた（interviewed）とき被告人は、刑務所にいた間に彼女に全面的な自白をしたこと、そして同犯罪の内容の詳細を彼女に語ったことを警察に告げた。

裁判所面前での審理中に裁判所は、被告人が取調べのために自宅から警察によって連行された一九六三年三月三日朝の時点で被告人は〝逮捕〟されていなかった、そして自白するまで実際に〝逮捕〟されていなかったと決定した。裁判所はさらに、被告人が取調べのために警察に行くように求められた時点で彼を逮捕する合理的理由はなかったことを示唆した（indicated）。裁判所はさらに、法廷外の証言の結果として、被告人が彼女の面前で自己の有罪を認める供述をした後でなされた被告人を犯人とするPの識別供述は被告人に不利益な証拠として用いることはできないと決定した、それは違法な自白の〝果実〟であったというのである。裁判所はさらに、同様の異議申立てにもかかわらず、ホフマンへの被告人の証言に関して許容すべきであると決定した。

陪審の面前での公判の間、Pは直接尋問で、被告人からの異議なしに、彼女（P）は彼女の攻撃者として被告人を〝選んだ（picked out）〟と証言した。その後にPは、被告人の弁護人による質問への答えとして面通し行列で被告人を〝識別（identify）できた〟と証言し、かつ法廷でその男を〝識別〟できると述べ、そして彼女の攻撃者として被告人を指し示した。Pはまた陪審のいるところで、彼女の攻撃者によって使用されていたのと〝類似する〟一九五三年型パッカードに関し犯罪のおよそ一週間後に彼女の家の近くで気付いたと証言した。

州の主張の最後に裁判所は、被告人の申立てに基づきPのこのような証言のすべてを排除する申立てを容れた、そして弁護人の要求（stipulation）に基づき、陪審は次のように説示された、すなわち

〝この時点で当裁判所は、彼女――その名前パトリシアを挙げる――が市警での面通しで被告人を選び出したという趣旨でのP証言のすべてを記録から削除するつもりです、それ故、陪審員には審理中にその全体を無視するよう説示します。

〝それ故、その代替案として弁護人は、Pを再び証人席に呼び戻すのであれば彼女は今度は次のように証言するであろうことを明らかにしています、すなわち

〝警察官は三人のメキシコ人男性を市刑務所から呼び出しアーネスト・ミランダとともに面通し行列に参加させた。アーネスト・ミランダは番号を選ぶように求められて一番を選んだ。パトリシアは、双方向性の鏡（two-way mirror）を介して犯人識別をした、そして被疑者を識別できないと述べた。彼女は、一番の男が被疑者すなわちアーネスト・ミランダと体格および特徴が同一であると付け加えた。〟

第二節　判　示

一　被告人は違法に留置されたか？

われわれはまず最初に被告人の主張、すなわち彼は違法に留置されたのでPによる識別供述の過程で生じたことおよび彼のホフマンへの有罪の暴露は違法な手続の〝果実〟であるので一九六三年のワン・サン判決（Wong Sun v. United States, 371 U.S. 471）で明らかにされた原理の下で排除しなければならないとの被告人の主張を検討する。

本件を支配するのは第四修正である。この第四修正の関連部分は、〝不合理な捜索……からの安全を保障されるという人民の権利は、これを侵してはならない〟と規定する。この第四修正は〝場所ではなく、人を保護する。〟キャッツ判決（Katz v. United States, 389 U.S. 347, 351）。しかし、〝憲法が禁止しているのはすべての逮捕・押収ではなく、不合理な捜索・押収である。〟エルキンズ判決（Elkins v. United States, 364 U.S. 206, 222）。一九六八年のテリー判決（Terry v. Ohio, 392 U.S. 1）において最高裁は、この第四修正は逮捕ではなく捜索に向けられているという事実にわれわれの注意を求めた。

テリー判決はまた、〝憲法上の権利は必ずしも正式逮捕時の技術性に依拠しない状況下で合理的となりうることを教えている。第四修正の問題での本当の争点は、合衆国最高裁によって詳述されているように、捜索または逮捕押収をする際の警察の行為は特定の状況下において合理的であったかまたは警察の活動が不作法（rude）なプライバシーの侵害のカテゴリーに入るか……である。〟【24】マップ判決六六〇頁から引用。

本件犯罪の捜査で用いられた警察の方法に不合理なものは一切ない。あらゆる事案において被疑者に質問する前に彼が捜査中の犯罪に関して取り調べに応ずる用意があるかの質問を警察に要求することは、われわれの文化に役立たないだろう。そのようなルールは、自らの嫌疑を容易に晴らしうる人への正式告発を要求することとなり、もし合理的な取調べが認められるのであれば、または被疑者への一般的質問が禁止されるのであれば、わが国において今日行なわれている犯罪のかなりの部分が解決されないこととなろう。

被告人の〝妻〟の面前で相当と思われない質問をするために警察署への同行を被告人が求められたその時点で、被告人がかかわっていると警察が疑う十分な理由があった。一時間にも満たない取調べでこれらの強い嫌疑は、完全な自白と積極的な犯人識別で頂点に達した。この時点で正式逮捕が行われた。もしこれが不合理でありかつ憲法に反するというのであれば、そのとき憲法は、わが社会の最大の利益となるそれとは実質的に全く異なる何かになる。ホフマンへの自白時に被告人はまた、他の告発に関して正当に拘束されていた。被告人は本件での決定的時点で違法に〝逮捕〟されていなかったとわれわれは判示するので、犯人識別供述と自白に関する限り、この点に関して破棄する理由はない。

二　本件被害女性の犯人識別供述は汚れていたか?

われわれは次に、本件被害女性による犯人識別供述はミランダの違法な自白の〝果実〟であったとの主張に移る。違法に獲得された証拠と非常に結びついているため〝汚れている〟それ故、そのような証拠は陪審の検討から排除すべきであるかの問題は法の問題であり、公判裁判官によって最初に判断されるべきである。〝果実〟の法理の先駆け（progenitor）は一九三九年の【5】第二次ナードン判決である。同判決は違法な盗聴を介して獲得された情報は証拠として利用できるかの問題にかかわりがあった。同事件の背景下に、最高裁は法の問題として当の証拠は用いられるべきでないと判示した。しかし最高裁は、証拠排除のルールは違法に受理された証拠がなければ獲得されていなかったであろうすべての証拠を含まないことを示すために注意深い文言を用いた。すなわち

〝手の込んだ複雑な議論によれば、違法な盗聴によって得られた情報と訴追側の証拠との因果関係が立証されるかもしれない。しかしながら、良識の問題としては、そのような関係が極めて稀薄なためその汚れが除去されていることもありうる。このような状況に対処する賢明な方法は、経験ある裁判官の権限に委ねられるべきである。むろん、盗聴は違法に行われたことを公判裁判官の満足するまで立証する責任はまず被告人側にある。一旦これが立証されると――本件で明白になされたように――公判裁判官は被告人に、被告人に不利益な証拠の重要部分は毒樹の果実（a fruit of the poisonous tree）であることを立証する機会を与えなければならない。このことは、他方、訴追側に訴追側の証拠は独立の源を有することを公判裁判所に納得させる十分な機会を与えることになる。〟

〝果実〟の法理は、ワン・サン判決で示されたように、一本の釘の消失で王国が消失するルールではない（not a for-the-loss-of-a nail-a-kingdom-was-lost rule）。ワン・サンは、もし彼が以前に〝……相当な理由または合理的な根拠なしに〟逮捕されたとき法の物理的権限に気付いていなかったのであれば、彼の負罪的供述をするために麻薬取締局に〝任意に〟出頭することはなかったと思われる。だが、ワン・サン判決において最高裁は、当該自白はその汚れを除去するほど十分に稀釈していたと認めた。

当最高裁にとって〝果実〟は少なくとも三つのカテゴリーに分類できることは明らかと思われる。第一のカテゴリーはワン・サン判決で提示された情況――被告人自身のその後の自白――である。第二は証拠価値のある物的証拠であろう。第三は犯罪につき個人的知識を有する証人の証言であろう。

われわれはまず最初に被害女性（Ｐ）の〝犯人識別供述〟に注目する。被告人と犯人との同一性を証言することをＰに認めたのは誤りであった、そしてこの誤りは、当の証言を無視せよとの説示によって治癒されなかったというのが被告人の主張である。しかし当裁判所は、なかりせば（but for）のルールに従うことを拒絶している。われわれは本件でのＰの証言は、法の問題として十分に稀釈している、〝良識の問題として〟被告人のいた部屋に入るや否や彼を識別できたというＰの証言は陪審に語ることを認められるべきであった、公判裁判官がＰの識別供述を陪審の検討から除外したのは誤りであったとわれわれは判示する。

三　ホフマンへの被告人の自白は汚れていたか？

ホフマンによって被告人から獲得された自白に関して公判裁判官は、この供述をもたらした情況に関する数日間の証言を聞いた後でそれは許容すべきであると判示した。【5】ナードン判決の下で、これは裁判官の裁量権の濫用ではなかったというのがわれわれの見解である。ホフマンは、被告人と同居しており夫として言及していた被告人を刑務所に訪問したどの時点においても警察のために行動していなかったことが決定的であるとわれわれは考える。被告人自身の説明によれば、合計およそ二時間以上取り調べられていなかった。そしてこの取調べは、被告人がホフマンに供述をしたときにはすでに終わっていた。この卑劣な（sordid）犯罪の詳細を彼女に語った背景には、彼はすでに警察に自白していたという事実のほかに、潜在意識の奥底に多分閉じ込められていた支離滅裂な理解し難い動機（disjointed motive）があったに違いない。彼の被害女性との関係は、彼にとっても彼女にとっても極めて個人的なものであり、捜査官の行動はこのような二人の関係の形成にいかなるかかわりもなかった。ミランダの警察への自白とホフマンへの自白（告白）との間にある〝出来事の流れの中断〟は、この証言を当裁判所が許容するのに十分であったのである。

四　被告人への反対尋問は相当でなかったか？

被告人は、陪審のいないところでの裁判所面前での審理において本件犯罪への彼の自白は真実の自白であるかとの質問に答えることを求められたことに不服を申し立てている。任意性の問題に関する判断は、当の自白が真実であったかどうかの問題とは完全に別個に判断すべきであると主張し、ミランダ判決の以下の指摘に依拠する、すなわち〝もし彼の有罪判決が全部または一部において、その真実または虚偽にかかわらず不任意自白に基づいているのであれば、被告人の憲法上の権利は侵害されたということは今では公理である。〟

本件記録から公判裁判官が、被告人が自己の自白は真実であると認めたという事実を任意性の問題に決定的と見なさなかったのは明らかである。いずれにせよ、このことがなぜ（how）原判決の破棄を要求する誤り（reversible error）となるのかわれわれには分からない。証拠としての資格のない証拠の許容は無害の誤りであることは十分に確立している。

われわれはまた、この反対尋問を認めたのは誤りであったとは考えない。この権限の範囲（jurisdiction）は反対尋問での非常に幅のある許容差（a broad leeway）に委ねられている。公判裁判所面前での仕事は、少なくとも一部において、被告人の精神作用の検討を必要とする。任意性の問題のとらえ所のない性質（elusive nature）は、われわれの最高裁判所によってコメントされてきた、すなわち〝任意性の観念はそれ自体、水陸両生（amphibian）である。それは内面の精神状態を示すと同時に法的目的のためにその状態を明らかにするという性格を有する（characterize）。このような性格は、当裁判所が吟味するまさにそのような問題である。【14】ワッツ判決五一頁（フランクファータ裁判官の意見)。このように述べられている事柄(matter of description)は当然に本件でも明らかである。

【23】カランブ判決六〇五頁。

被告人自身の有罪の概念(concept)と交錯(amalgamated)することのない自白の任意性にかかわる精神作用を当裁判所が想像するのは難しい。陪審のいないところでかつ被告人が証人台に立つことを選択した後で、当の自白時での自己の有罪または無罪に関する被告人の信念に関する反対尋問を裁判所が認めたのは誤りであると考えることはできない。

五　予備審問で弁護人を提供しなかったことでこれらの有罪判決は無効となるか?(略)

六　偏見ある関連性なき証拠が許容されたか?(略)

七　被告人は反対尋問権を否定されたか?

被告人はホフマンを反対尋問する機会が十分に与えられなかったとして不服を申し立てている。彼女(ホフマン)は被告人の法律上の妻でなかったと証言した後で、被告人と彼女との関係(すなわち、証人は被告人の妻として生活していたか、彼女には彼との間に子供がいたか)に関して質問されたとき、さらに若干の不一致供述や行動(すなわち、アリゾナ州福祉局に彼女は宣誓の下で被告人の妻であると供述したか、そして被告人との共同の納税申告書を提出したか)について質問されたとき、第五修正を主張した。彼女が初めて証人台に立ったとき裁判所は、証人の特権の主張のすべてを支持し、ホフマンが公設弁護人事務所から弁護人の助言を得ることができるまで公判を休廷とした。しかし裁判所はその後、この決定を破棄して再び証人台に立つことをホフマンに要求し、そして彼女への全面的な反対尋問を認めた、ただし、彼女は被告人の妻であることを宣誓したか、そして彼女は被告人と共同の収入に関する納税申告書を提出したか、およびその資格で払い戻しを受けたかの質問に関する判断は除かれた。このような限定的な反対尋問の制限で被告人が利益を受けたとすることには疑問があるが、われわれの判示は公判裁判官の判断の適切さに誤りはなかったことに基づいている。

本件は、証人の証言の一部の虚偽を示すために以前の不一致供述が提出された事案でない。被告人は、そのような反対尋問は被告人の法律上の妻でなかったとのホフマンの供述は信用できないとするために認められるべきであると主張しているのではない。被告人は、陪審のいない審問中ずっと、彼はホフマンと一度も結婚したことはなかったと証言していた。その主張は、証人は他の機会に嘘をついている、それ故、彼女は陪審に嘘をついているかもしれないことを陪審に示すことが被告人に認められるべきであると主張していたのである。われわれの法の下で、このような証人を以前の不正行為（misconduct）によって弾劾するのは相当でない。

八　被告人は州検事の不当な主張によって不利益（prejudiced）を受けたか？

被告人による最後の誤りの主張は、最終弁論時に郡検事が偏頗な主張をした際に原判決破棄の誤りを犯していたという。われわれの見解によれば、被告人が証人台に立たなかったことについて検察官によるコメントを禁止するグリフィン判決（Griffin v. California, 380 U.S. 609）のルールからのいかなる逸脱（transgression）も本件では認められない。

第三節　コメント

本判決の経緯がやや複雑でわれわれ日本人にとって理解し難い側面があるのは、アメリカ法では被告人は自己に不利な配偶者の証言を阻止できるためミランダと同棲中のホフマンは〝配偶者〟かが争われたことによる。コモンローに由来するこのような配偶者の権利は、一九八〇年のトラメル判決[(1)]で完全に否定された。〝配偶者が刑事事件で自ら進んで他の配偶者に不利な証言をする場合には両者の関係はほとんど破綻状態にあり、特権により保護されるべきものはほとんど存在しない。かような情況下に被告人に自己に不利な配偶者の証言阻止を認める古いコモンロー上のルールは、家庭の平和を促進するよりもはるかに正義（の実現）を阻害する〟というのである。

このような配偶者の権利ないし特権が現代に至るまで効力を有したのは、社会の基礎である家庭ならびに夫婦関係の維持・促進に一定の役割を果たすと考えられたからである。これに対し早くから男女の平等と独立が推進されている今日、この特権は「時代錯誤の最たるものであり」、実際上も、真実解明に対する障害であることは疑問の余地なしとする激しい批判が寄せられていた[(2)]。一九四二年の模範証拠法典ならびに一九五三年の統一証拠法則[(3)]は、夫婦間の秘密交通（confidential communication）の特権だけを認める。連邦最高裁は一九五八年のホーキンズ判決において、広汎な法的確信を理由に自己に不利な配偶者の証言を阻止しうる特権は依然として有効であると判示したが、将来における変更を排除するものではないことを特に明らかにした。一九七五年七月一日施行の連邦証拠規則第五〇一条も「証人……の特権は、連邦裁判所が理性と経験に照らして解釈するコモンロー原則に従う」とし、特権の変更の可能性を認め、その権限を裁判所に与えていた。そして前出トラメル判決は、今日の理性と経験によればホーキンズ原則はもはや是認できないとして、被告人には自己に不利な配偶者の任意の証言を阻止する特権はないことを初めて明らかにした。わが刑訴一四七条もこれと一見同旨の規定を設けているが、ホーキンズ判決は第三者の面前での情報について配偶者の証言阻止の特権を否定したにすぎず、夫婦間の秘密交通については従前通り特権の保護を受けることに留意したい(4)。

ちなみにわが国ではいわゆるロッキード事件丸紅ルート公判において、被告人榎本の元夫人が事件発覚直後の夫婦の会話を法廷で暴露したことから、この問題がマスコミをにぎわし国民の広汎な関心をひくという事態が発生した、いわゆる〝ハチの一刺し〟事件である。元配偶者の任意の証言を検察側が利用することは、現行法上、問題なく肯定されているが、その法意が必ずしも明確でないこともあり、元夫人の証言をめぐる議論にはいささか感情的で冷静さを欠くうらみがある。ただ、この問題について深い検討がなされてきたアメリカ法の動向を考察しておくことは、わが刑訴一四七条の法意を深化させる一つの素材たりうることは否めないと思われる(5)。いずれにせよこの問題は、日米法の決定的に異なる興味深い一側面であることは間違いない。

（1）Trammel v. United States, 445 U.S. 40 (1980). 本判決につき、小早川義則・アメリカ法一九八二年Ｉ八九頁以下。
（2）8 Wigmore, Evidence §2227, at 232 (McNaughton Rev. 1961).
（3）Hawkins v. United States, 358 U.S. 74 (1958).
（4）詳しくは、小早川義則「配偶者の証人適格――アメリカ法について――」名城法学三二巻二号（一九八二年）一頁以下。
（5）樋口範雄「親子関係を理由とする証言拒絶特権」『親子と法――日米比較の試み』三八頁以下（弘文堂、一九八八年）。

第六章　ミランダ以降の合衆国最高裁

前述のように連邦議会はミランダ二年後に「犯罪防止及び街路の安全に関する包括法」を制定した際に、自白の許容性に関する三五〇一条を設け、ミランダの廃棄を試みた。同条によれば、「すべての事情を考慮して」任意性が認められれば自白は許容されることとなり、黙秘権等の不告知は任意性判断のための一要素にすぎない、したがって、同法はミランダを廃棄し、ミランダ以前の法状態の復活を意図したものであることは明らかであるにもかかわらず、訴追側がこの規定を利用することはなかった。他方、合衆国最高裁はミランダ以降の関連判例で、ミランダを第五修正に直接由来するものでなく、自己負罪拒否特権の実効性を保障するための〝予防法則〟にすぎないことを繰り返し、ミランダ法則に〝弾劾例外〟を肯定するなどした。しかしミランダ判決自体は、一九八〇年代に入ると判例として確立するに至る。ところが、スカーリア裁判官が一九九四年のデイヴィス判決の同調補足意見で三五〇一条の積極的活用を主張し、学説上も一旦終息したかに思われたミランダ攻防戦が「ミランダ生誕三〇周年」を機に再燃するなどの新しい動きが生じた。このような状況下に、第四巡回区連邦控訴裁判所は一九九九年二月、ミランダ違反供述にはじめて三五〇一条を適用しその許容性を肯定した。これに対し合衆国最高裁は二〇〇〇年六月二六日のディカソン判決で、ミランダを再確認し、原判決を破棄したのである。

そこで以下、ひとまずミランダ以降の主要な関連判例に言及した後、デイヴィス判決でのスカーリア同調意見に触れ、ディカソン判決についてはその経緯を含め詳しく紹介しておく。

第一節　ミランダ関連判例

ミランダ判決はウォーレン・コート（一九五三―六九）の司法積極主義の代表的判例といえるが、その後のバーガ・コート（一九六九―八六）下に「ミランダ違反は憲法違反ではない」としてその適用範囲を限定する判例が相次いだ。その主なものは、次のとおりである。

合衆国最高裁は一九七一年のハリス判決(1)で、ミランダ違反供述であっても、被告人の法廷証言の信用性を弾劾するためには利用できる旨判示した。すなわちミランダ違反供述はおよそ証拠として許容できないとの結論をミランダ判決から導き出すことはできず、訴追側主張の積極的証拠として利用できないとすることで十分な抑止効があるし、自らの意思で証人台に立った被告人には正直に証言する義務があり、ミランダの排除法則を「偽証の許可状と曲解してはならない」というのである。この弾劾例外はその後も貫徹されており、例えば一九七五年のハス判決(2)では、本件（自転車）窃盗は友人二人の犯行であって自分は一切関与していない旨の被告人の法廷証言を弾劾するために逮捕直後の被告人の指示に基づき盗品が発見された旨の警察官の証言が許容された事案につき、「ハリス判決と本件とに実質的な差異はない」(3)として弾劾例外を肯定している。

また一九七四年のタッカー判決では、公選弁護人請求権の告知を欠く不十分なミランダ警告後に強姦事件の被告人がアリバイ証人の存在を主張したところ同証人が逆に被告人に不利な証言をしたためその毒樹の果実性が争われた事案につき、「ハリスの論理は本件にも適用される」として右証言を許容してもミランダに違反しないとして次のような判断を示した。すなわち、合衆国最高裁はミランダ判決においてはじめて憲法第五修正の自己負罪拒否条項が警察署での取調べに適用されることを明らかにしたが、「かかる手続上の保護手段はそれ自体憲法によって保護される権利でなく、強制的な自己負罪を禁止する権利を確保するための手段であることを認識していた。」ミランダ違反供述は「公判での訴追側主張を立証する証拠として用いることはできない」が、本件での警察官の行為は「被告人の憲法上の自己負罪拒否特権を侵害したものでなく、かかる特権を保護するためにミランダが示した予防準則（prophylactic standards）を逸脱したにすぎない。」ミランダは法的基準を満たしている信用性ある証拠を一切排除するものでないとの「ハリスの論理は、本件にも同様に適用される」というのである。

さらに一九八四年のクォーリズ判決(4)は、パトロール中の警察官が銃を用いた強姦被疑者の身柄確保時に〝銃はどこだ〟と尋ねたところあごで示しつつ〝銃はそこにある〟と答えその供述どおりスーパー内から銃が発見されたので正式に逮捕しその後にミランダの諸権利を告知した事案につき、「公共の安全を憂慮してなされたものと合理的に判断できる」場合には取調べ前のミランダ警告は必ずしも不可欠ではないとしてミランダ法則に〝公共の安全の例外（public safety exception）〟を肯定した。「予防的なミランダ警告は〝それ自体憲法によって保護された権利ではなく、強制的な自己負罪を禁止する権利が保障されることを確保するための手段〟である。」本件ではスーパー内に銃を隠したことを疑うに足りる十分な理由があり、その銃の所在を直ちに確かめる必要性があった。このような状況下において、銃の所在を尋ねる前にミランダ警告が必要であるとすれば被疑者は応答をためらうかもしれないし、公共の場所での銃の隠匿によって公共に対する危険が生ずることを防止するためにも警察官はその質問に対する被疑者の応答を必要としていた。「公共の安全に対する脅威が生じた状況下」に質問をして応答を求める必要性は「第五修正の自己負罪拒否特権を保護するための予防法則の必要性に優る」というのである。そして一九八五年のエルスタッド判決(5)は、被疑者の自宅で逮捕令状執行時に窃盗事件へのかかわりを認める供述を得て警察署に連行しミランダ警告後に再び自白を得た事案につき、第二自白を許容してもミランダに違反しないと判示した。「〝予防的なミランダ警告はそれ自体憲法によって保護された権利でない〟」、第二自白は以前のミランダ違反供述によって

「汚されているから〝毒樹の果実〟として排除されねばならないとの主張は憲法違反を前提としている」が、ミランダ警告の欠如それ自体は第五修正違反でない。ミランダ判決自体〝憲法上の拘束服〟を創出する意思はないとして、議会や各州に特権を保護するに足りる代替物の開発を勧めている。「タッカーの理由付けは、強制的でないミランダ違反のいわゆる〝果実〟が証人でもなければ証拠物でもなく被告人自身の任意の証言であるときにも同様に適用できる」というのである。

このように合衆国最高裁はバーガ・コートの下で、憲法に直接由来するものでなく第五修正の特権を実効あるものとするための単なる予防法則にすぎないとして、ミランダを格下げしてその適用範囲を限定する。しかし、その一方で、例えば一九八一年のエドワーズ判決(6)では、被疑者が明確に弁護人との接見を要求した場合には、現に「弁護人が利用可能となるまで」取調べの再開は禁止されるとし、一九八八年のロバソン判決(7)では、別件についてもこのエドワーズ法則が拡大適用されると判示している。いずれにせよミランダ判決自体は、一九八〇年代に入ると判例として確立するに至る。このことを端的に示したのが一九八〇年のイニス判決(8)でのバーガ長官のミランダ支持の表明であり、驚いたことにバーガ長官がその同調補足意見でにわかに「わたくしは今さら、ミランダを変更したり非難したりする気はない」と述べて、ミランダ支持を明らかにしたのである。

このようにミランダ判決自体は一九八〇年代に入ると判例として確立する。そして三五〇一条はミランダ廃棄を明確に意図した立法であるにもかかわらずこの規定は実務に利用されることはなかった。ところがスカーリア裁判官が一九九四年のデイヴィス判決(9)の同調補足意見で、制定法を無視するのは遺憾である旨の見解を明らかにしたため、反響を呼ぶことになった。スカーリア補足意見の内容は、およそ次のとおりである。

合衆国法典一八編三五〇一条は、あらゆる事情を考慮して自白が任意になされたものと判断されればその自白は証拠として許容できることを明らかにしている。「このような規定に言及することなく自白の許容性を法的に分析するのは、証拠規則を参照することなく伝聞の許容性を法的に分析することに相当する。すなわち、それは実体に基づかない権利行使（an unreal exercise）である。ところが合衆国（訴追側）が本件で試みたのはまさにこのようなことであった。合衆国は下級審で三五〇一条を持ち出さずそれは本件での〝争点ではない〟と主張したのである。合衆国がこの問題を提示していないことに鑑み、三五〇一条を考慮することなく判決を言い渡すのは相当であるとの当法廷の見解には同意する、しかし提示されていない議論を検討しないというのは健全な分別ある慣行（a sound prudential practice）にすぎないから、時には分別がそれと反対のことを命ずることもある。わたくしに関する限り、この制定法の文言に合致する（comes within the terms）事案が次にわれわれに提示されたとき、そのような時が到着したということになろう。今世紀の大半、任意性いかん（voluntariness *vel non*）が自白の許容性の試金石であった。三五〇一条の意味をめぐる議論について「わたくしは全くの白紙の状態である。しかし行政府がわれわれに三五〇一条の命令を順守することを求めていないという理由だけで当裁判所はその命令を無視し続けるべきである旨の議論にはもはや白紙ではおれない。」行政府には、検察官のいわゆる裁量権を行使する権限がある。しかし一旦起訴が開始され自白が提出されると、自白の許容性へのどのような異議申立てが法律上有効であるかを決定する権限は行政府にないのは明らかである。「問題は、われわれが三五〇一条の検討を拒否し続けるのは、法に従って判断するという司法部門の義務と一致するか否かであり、わたくしは一致しないと考える。」

（1）Harris v. New York, 401 U.S. 222 (1971).
（2）Oregon v. Hass, 420 U.S. 714 (1975).
（3）Michigan v. Tucker, 417 U.S. 433 (1974).
（4）New York v. Quarles, 467 U.S. 649 (1984).

（5）Oregon v. Elstad, 470 U.S. 298（1985）.
（6）Edwards v. Arizona, 451 U.S. 477（1981）.
（7）Arizona v. Roberson, 486 U.S. 675（1988）.
（8）Rhode Island v. Innis, 446 U.S. 291（1980）.
（9）Davis v. United States, 512 U.S. 452, 462（1994）.

第二節　ディカソン判決（二〇〇〇年）

このような状況下に合衆国最高裁は二〇〇〇年六月二六日のディカソン判決（Dickerson v. United States, 530 U.S. 428）において、ミランダ違反供述にはじめて三五〇一条を適用した第四巡回区連邦控訴裁判所の判断を破棄したのである。本件での主たる争点は三五〇一条の合憲性ないしミランダの憲法上の根拠いかんであるが、控訴審も指摘するように、本件での「重要な法律上の争点を理解するうえで有用と思われるので、やや長いが」事実関係について補足し、控訴審判決について詳しく触れた後、法廷意見についてはほぼ全文を紹介することとしたい。

一　事実の概要

一九九七年一月二四日、ハンドガンと黒革のバッグを持った男がヴァージニア州A地区の旧市街にある甲銀行からおよそ八七六ドルを奪い逃走した。目撃者によると、男は銀行を出て通りを走り抜け、コロンビア地区の車輛ナンバーD五二八六の白い車のトランクに何かを入れ助手席に乗り逃走したという。その後の調査で、逃走車はメリーランド州在住の本件被告人ディカソン（X）所有のものであることが判明した。同年一月二七日、およそ一〇名のFBI捜査官と地元警察刑事がXの住居地に赴いたところ、Xのアパート前の道路にD五二八六の白い車が駐車していた。特別捜査官ローラ（P）は、ドアをノックし、身分を明らかにして、銀行強盗事件を捜査している旨告げた後、ワシントンDCのFBI事務所への同行を求めた。Xは同意したが、寝室からコートを持参することの許可を求め、ベッド上の大量の現金をコートのポケットに押し込みつつ、アトランタ市での賭博で得た金であると説明した。アパート内を捜索したいとの要請を拒否した後、XはPらとFBI事務所に向かった。数名の捜査官は、Xのアパート周辺にとどまっていた。

FBI事務所で、Xは、特別捜査官Pと地元のQ刑事の取調べを受けた。Xは強盗事件との関わりを否定したものの、当日朝レストランを探しに旧市街に出かけたことを認め、甲銀行近くで偶然出会わした知人の要請に応じてメリーランド州S地区まで車を走らせ、酒店近くで彼を降ろしたと主張した。Pは取調室を出て、Xのアパートの捜索令状を入手するため合衆国治安判事Kに電話した。PとKの会話はテープ録音されていたため、次のことに争いがない。すなわち、Pは、ハンドガンを用いた強盗がX登録の車に乗り逃走したことを含め、強盗の犯行状況を説明した後、Xが五五〇ドル以上の現金を所持していたこと、当日一三五〇ドルの滞納家賃を家主に支払っていたこと、そしてXは犯行時に甲銀行近くにいたことを認めていると報告した。そしてPは、Xは逮捕されていないため帰宅すれば銀行強盗に関する証拠を隠滅するおそれがあるとして、令状を電話で請求した。Pの宣誓供述書に基づいて、K判事が〝問題の銀行強盗事件に関する証拠がXのアパートに存在すると考えられる相当な理由がある〟ことを確信したと述べたため、Pは、捜索物の特定につき「銀行強盗事件に関する証拠」、令状発付の時間を午後八時五〇分と令状に記載したうえ、Kの指示に従い、Pの名前に続いてK判事の名前を記した。Pは、Xのアパート近くに待機している地元警察のR刑事に電話で捜索令状が発付された旨告げた。Rらは直ちにXのアパートの捜索に着手した。

Pは取調室に戻ると、アパートの捜索開始をXに伝えた。間もなくXは、PとQに話をしたいと述べ、一連の銀行強盗事件で逃走車の運転手であったことを認めた後、ロチェスタ（Y）が実行犯である旨供述した。一九九七年一月二四日に二人（X、Y）で旧市街まで車で出かけたと述べ、甲銀行近くで車を停めたところ、Yが車から降り、暫くして戻ってくるとトランクに何かを入れた後、車に乗り込み、二人で現場を立ち去ったことを認めた。Xはさらに、後にアパートの捜索の結果発見されたハンドガンと染色された現金をYから受け取ったことを認めた。これらの供述後にXは正式に逮捕され、間もなくYも逮捕された。Yは逮捕時に、ジョージア州で一六件、ヴァージニア州で甲銀行を含め三件、メリーランド州で四件の銀行強盗を働いたことを認めたうえ、メリーランド州およびヴァージニア州の各銀行強盗事件でXが逃走車を運転していたことを認めた。

Xのアパートの捜索の結果、ハンドガン、染色された現金、おとり紙幣、弾丸、マスク等が見つかり、また一見して（in plain view）若干の覚せい剤（drugs）が発見された。また後に令状を得てXの車を捜索した結果、黒の皮袋と染色された現金を洗浄するのに用いる薬品も見つかった。Xは連邦大陪審により、銀行強盗のコンスピラシーのほか、銀行強盗等で起訴された。

Xは一九九七年五月一九日、「①FBI事務所でのXの供述、②Xの供述の結果発見された証拠、③アパートを捜索して獲得された物的証拠、④車を捜索して獲得された物的証拠」、以上四点をすべて排除する申立書を提出し、ヴァアージニア州東部地区合衆国（連邦）地方裁判所で同年五月三〇日、右証拠排除の申立ての審理が行われた。Pは、Xが自白する前にミランダの諸権利を告知したと証言し、捜索令状を入手して〝間もなく（shortly after）〟Xは自白したと証言した。これに対しXは、ミランダの諸権利を告知される前に自白したと証言し、捜索令状発付を知らされて「およそ三〇分後に」自白したと証言した。権利告知書によれば、Xは九時四一分にミランダの諸権利を放棄していたため、公判裁判所は、両当事者に補充書の提出を命じ、訴追側は六月三日、補充書を提出した。

地裁は七月一日、命令書（an Order and Memorandum Opinion）を発し、甲銀行強盗事件に関し「X自身とYとを巻き込むXの供述」は必要なミランダ警告なしに身柄拘束中に警察の取調べに応じてなされたものであると認め」これを排除した。Xの公判廷での証言はPのそれよりも信用できるとし、令状入手後〝間もなく〟ミランダ警告をした旨のP証言は、捜索令状（八時五〇分に発付）および権利告知書（九時四一分に執行）と矛盾しており、その信用性をほり崩す証拠もあることを理由に、〝Xは供述を完了するまでミランダの諸権利を告知されなかった〟と認めたのである。しかし地裁は、Xを逃走車の運転者とするYの供述排除の申立ては退けた。「ミランダに違反してなされた供述の結果発見された証拠は、第五修正のデュー・プロセス条項の意味において不任意であるときに限り排除されうる」と指摘し、Xの供述は任意であるから、その結果発見された証拠は公判で許容できると結論した。しかし、アパートの捜索時に発見された物的証拠については、捜索の対象物の特定が不十分であり、捜査官は〝悪意で令状を執行〟したから善意の例外も適用されないとして排除した。車のトランクの中から発見された証拠物については、対象物が特定されており、目撃証言の裏付けもあるとして、証拠排除の申立てを退けた。訴追側は一九九七年七月一五日、証拠排除命令に対し、再考の申立てをした。その申立書には、Q、R両刑事の宣誓供述書が含まれていたが、訴追側はさらに「ディカソン供述は任意であるから、合衆国法典一八編三五〇一条の命令の下で許容できると主張した。」

二　第四巡回区判決

第四巡回区連邦控訴裁判所は一九九九年二月八日、連邦法域での自白の許容性はミランダでなく三五〇一条によって規制されるとし、さらに令状の特定性の要件は十分満たされているうえ、捜査官も善意で令状を執行したとしてXのアパートから発見された物的証拠の許容性を肯定し、いずれについても地裁の決定を破棄した。その要旨は、およそ次のとおりである。なお、この判決文は三〇頁近い長文でかなり煩雑であるが、本決定に至る背景を中心に、適宜サブタイトルを付し、やや詳しくその内容を分説しておく。

(1)　背景

地裁はディカソン（X）の自白は任意になされたものと認めながら、三五〇一条を考慮せずに技術的なミランダ違反を理由にそれを排除した。「議会は立法によってミランダを変更し自白の許容性の判断基準としての任意性を復活する明確な意図で三五〇一条を制定したのは明らかである。したがって、もし議会は三五〇一条を制定する権限を有しているというのであれば、任意の自白は訴追側の主張を積極的に立証する実質証拠として（as substantive evidence in the Government's case in chief）許容できることになる。」

議会はミランダ判決二年後に一九六八年の包括的犯罪防止法の一部として三五〇一条を制定した。「合衆国最高裁は〝連邦訴追における自白の許容性を規制する制定法〟として三五〇一条に言及しながら、同法がミランダを変更したか否かを検討することはなかった。若干の下級審がミランダでなく三五〇一条が連邦裁判所における自白の許容性を規制すると認めていたにもかかわらず、同条の制定以降、行政府はこの点を詰めることをしなかった。実際、現政府は三五〇一条の適用可能性に関して見解を明らかにすることを当初拒否し、その後に何らの説明もなしに、今では同規定は違憲であると主張しているのである。レノ司法長官の連邦議会への一九九七年九月一日付文書回答を見よ。最近、スカーリア裁判官は、司法省が三五〇一条を執行しないことに懸念を表明し、これでは多くの危険な重罪犯人が野放しになりかねないと指摘した。デイヴィス判決での同調補足意見を見よ。本件はまさにそのような事案である。Xは一連の銀行強盗事件への加担を任意に供述した。その自白を用いることがなければ、彼は釈放されることもありうる。このような事実があるにもかかわらず、司法省は、法よりも政治を優先して（elevating politics over law）、合衆国検察庁（United States Attorney's Office）に対し、Xの自白は三五〇一条の命令の下で許容できると主張することを禁止したのである。

　幸いわれわれは、政府の裁判所でなく、法の裁判所である。司法省が自白を規制する法の適用を主張しないという理由だけで、そのような規制法の下でわれわれが本件を審理することを司法省は妨げることはできない。本件では、明らかに三五〇一条の命令の下で許容できる自白、すなわちデュー・プロセス条項の下で任意であるが、技術的なミランダ違反によって獲得された自白を地裁は排除した。それ故、三五〇一条が連邦裁判所における自白の許容性を規制するか否かの問題が本日正面からわれわれに提起されたことになる。

　議会が三五〇一条を制定する権限を有しているか否かの判断は、比較的簡単である。議会には、憲法上の要求でなく裁判所によって創造された（judicially created）証拠法則や手続法則を変更する権限がある。したがって、議会には三五〇一条を制定する権限があるか否かは、合衆国最高裁がミランダで明らかにした法則は憲法上の要求であるかどうかにかかっている。ミランダ法則は憲法上の要求でないのは明らかである。最高裁判所はミランダにおいてミランダ警告を憲法上の権利であるとは一切述べていない。実際、最高裁判所は、警告は憲法の要求ではないことを認め〝憲法上の拘束服（costitutional straightjacket）〟を創出する意図を否定し、警告を〝手続的保障（procedural safeguars）〟であると述べ、議会や州に特権保護のためのそれぞれの保障を開発することを推奨している。ミランダ以降、最高裁判所は一貫して、ミランダ警告を〝予防的なもの〟であり、〝それ自体憲法によって要求された権利ではない〟と述べている。それ故、三五〇一条を合憲であるとすることにほとんど困難はない。その結果、われわれは、連邦裁判所における自白の許容性は、司法上創出されたミランダ法則でなく、三五〇一条によって規制されると考えるのである。

本件では、証拠排除再考の申立が却下され、これに対し本件上訴がなされたという特異な経緯があるため、まず最初に、訴追側の再考の申立を却下した地裁決定は誤っていたかどうかを検討しなければならない。他の巡回区では、裁量権の濫用と認められる場合に限り、証拠排除手続きの再開を拒否した地裁の決定を再審査できるとする。われわれも、この基準を採用する。

(2) 司法省の態度

再考の申立てに当たり、検察官事務所は次の二つの理由で、証拠排除の決定を破棄するよう地裁に求めた。第一、訴追側は、ミランダ警告をディカソン（X）に告知した時期に関する特別捜査官ローラ（P）の証言を補強するさらなる証拠を地裁に提出した。第二、訴追側は、たとえXの自白が技術的なミランダ違反によって獲得されたものであるとしても、それにもかかわらず、その自白は合衆国法典一八編三五〇一条の下で許容できると主張した。各主張につき順次検討する。

再考の申立てを却下した点に裁量権の濫用があったとは認められないので訴追側の第二の主張について検討する。「訴追側は、再考の申立時に三五〇一条の適用可能性を申し立てていたにもかかわらず、本上訴ではこのことを申し立てていない。しかしながら、このことは単純な見落し（simple oversight）でないことを指摘しておく。合衆国司法省は現に、この争点を申し立てることを検察官事務所に禁止するという異例の手段をとってきた。過去数年間にわたり司法省は、三五〇一条を適用しないだけでなく積極的にその執行を妨げてきたのである。」例えば、一九九四年のデイヴィス判決（前出）において司法省は三五〇一条の適用を求めず、その結果、多数意見はこの争点を検討しなかった。スカーリア裁判官は同調補足意見で、三五〇一条を適用しない司法省の態度を非難（chided）したのである。なお、訴追側が三五〇一条の合憲性を弁護しないことに照らしアミカス・キュリーは、訴追側に割り当てられた口頭弁論の時間を五分間割いて参加することの許可を求めた。「司法省が議会の制定法の合憲性を弁護するのを拒否するというのは異例な出来事であるので」、われわれはこれを認めた。両当事者が重要な問題を弁護しない場合、連邦裁判所がアミカス・キュリーを任命して口頭弁論に参加させるのはよくあることである。司法省は前述のように、検察官が本件で三五〇一条の適用を申し立てることを禁止したため、口頭弁論時に立会いの検察官は、司法省の上司によって三五〇一条の適用の申立てを禁止されている旨述べている。制定法を適用するのはわれわれの義務であるから、不幸なことであるが、司法省の申立てなしに手続を進めることが必要であったのである。

過去数年間にわたりキャリアの連邦検察官は、当裁判所において三五〇一条の適用を求めようとしたが、司法省によって変更される憂き目に会った。このようなことは当巡回区に限定されていない。レノ司法長官は当裁判所の命令に応じて、司法省が連邦制定法の合憲性を弁護しないときには常に連邦議会への報告を要求する法律の規定に従い、「三五〇一条の合憲性を弁護しない」旨議会に報告したことがあり、同旨の申立書を当裁判所に提出している。なお、司法省は、合衆国最高裁がミランダを変更しない限り、合衆国は〝三五〇一条に依拠するよう〟下級審に求めることはできないとの立場を明らかにしている。

このような背景下に訴追側が本件上訴で三五〇一条の適用可能性に言及しなかったのは驚くべきことでない。しかし、より重要なのは、そのことは上訴審としてわれわれが三五〇一条の適用可能性を検討することの妨げにならないことである。さらに重要なのは、われわれは両当事者によって提示されなかった争点を検討しているのではない。上訴審での争点は、地裁の証拠排除決定である。われわれは上訴審での争点たりうるいかなる法律問題にも自由に言及することができる。したがって、訴追側は地裁の証拠排除決定に対し上訴したのであるから、われわれは三五〇一条の適用可能性を自由に検討することができるのである。デイヴィス判決では被告人の曖昧な弁護人の要求は弁護人の援助を求める権利を明確に行使したものとはいえないと判断されたので、三五〇一条の下で被告人の自白を許容できるかにつき検討する理由はなかった。ところが、ディカソン（X）の自白はミランダに違反して獲得されたものであるから、デイヴィス判決での状況と異なり、司法省は今では三五〇一条は違憲であるとの態度を明らかにしている。その結果、デイヴィス判決で三五〇一条の適用可能性を検討しない旨の最高裁の判断の動機となった慎重な関心事は、本件では提示されていないことになる。

司法省は三五〇一条の合憲性を弁護しないし、刑事被告人がこの争点を持ち出すことはないから、ミランダでなく制定法が連邦裁判所での自白の許容性を規制するか否かの問題は、控訴裁判所が裁量権を行使してこの争点を検討するまで、答えられないことになる。本件では地裁が、三五〇一条の命令の下では明らかに許容できる自白、すなわちデュー・プロセス条項の下では任意であるが技術的なミランダに違反して獲得された自白を排除した。その結果、われわれは本件でこの争点を検討するよう求められていることになる。

(3)　ミランダ前後の自白の許容性

初期のコモンローでは自白は制限なしに許容されたが、一八世紀の後半になると裁判所は次第にある種の自白は信用できないことを認識するようになった。自白の信用性判断の基準が開発されたが、自白は任意になされたものである限り一般に信用できると考えられるようになった。合衆国最高裁は一八八四年の【1】ホプト判決で、「自白は信用できる、それ故、任意になされたのであれば、許容できるとのコモンロー上の法則を採用した。」その後の判例で最高裁は、コモンロー上の任意性の基準を自白に適用しつつ「被疑者が身柄を拘束されていたとの理由だけで自白を不任意とする主張を退けてきた。」同様に一八九六年のウィルソン判決（Wilson v. United States, 162 U.S. 613）で最高裁は、被疑者に黙秘権や弁護人依頼権を告知しなかったというだけでは自白は不任意とはならないと判示した。合衆国最高裁は一八九七年の【3】ブラム判決ではじめて、自白に任意性を要求する憲法上の根拠を明らかにした。第五修正の自己負罪拒否特権が任意の自白だけが証拠として許容されるとのコモンロー上の法則の〝結晶物（crystallization）〟であるというのである。合衆国最高裁は一九三六年の【4】ブラウン判決で自白に任意性を要求する他の憲法上の根拠、すなわちデュー・プロセス条項を援用した。その後、自白はデュー・プロセス条項の意味において任意であるときに限り許容された。このようにミランダ以前においては、連邦裁判所における自白の許容性を規制する法則は、ほぼ一八〇年間、同一であった。すなわち、自白は任意になされたのであれば証拠として許容されたのである。

ところが、最高裁はミランダ判決において自白の許容性への新しい分析的アプローチ（a new analytical approach）を明らかにした。最高裁は、自白が任意であるかどうかの個別的判断（a case-by-case determination）を退け、その代わりに「身柄拘束中の被疑者の取調べに由来するいかなる供述も不任意と推定される（presumed involuntary）、したがって、警察が最初に被疑者に四つの警告を与えない限り、許容できない」と判示した。最高裁は、任意性は第五修正の要求であるとした前出のブラム判決を裏付けの先例としているが、〝取調べ過程に内在的な強制力を解消するための特定の解決策〟を憲法は要求していないことを認め、四つの警告と同等に効果的である限り〝特権を保護するためのそれぞれの解決策〟を開発する余地を残し、そのような時が到来するまでミランダ警告の〝保障は順守されなければならない〟と判示したのである。

連邦議会は二年後に三五〇一条を制定し、自白は任意になされたのであれば許容できるとの規定を設けた。この制定法の文言によれば、連邦議会は立法によってミランダを変更し、自白の許容性の判断基準として任意性を復活する明確な意図で三五〇一条を制定したのは全く明白なことである。この法案はマクナブやマロリーなどの判決をも廃棄しようとするものであるが、三五〇一条に関する上院報告書は「同法案の意図はミランダ判決を破棄することである」と指摘し、その直接の狙いがミランダにあったことを明らかにしている。もっとも、議会は任意性の復活を意図して三五〇一条を制定したが、ミランダの中心的な判示部分を完全に廃棄したのではなかった。すなわち四つの警告は第五修正の特権を保障する上で重要とされており、三五〇一条は任意性判断の諸要素としてミランダ警告を列記している。議会は単に、被疑者への警告を欠いたとしても、その後の自白は不任意と推定されることはないと定めたにとどまる。

(4) 議会のミランダ廃棄の権限

議会は、自白の任意性の有無を個別的に判断するミランダ以前の法状態への復帰を意図して三五〇一条を制定したことは明らかである。では、ミランダ警告なしの警察官への供述は不任意であり、それ故、証拠として許容できないとする「ミランダで創出された反証不能の推定（irrebuttable presumption）を廃棄する権限を議会は有しているか」、これが次の検討課題である。

興味深いのは、ミランダをめぐる学者の文献の多くは、議会には「ミランダで創出された推定を立法によって変更する権限」があるか否かを論ずることなく、ミランダを変更すべきか否かを論じていることである。カッセル教授（Professor Paul Cassell）のようなミランダ反対者は、多くの暴力犯が毎年ミランダの直接の結果として処罰を免れていると主張し、これに対しシュルホファ教授（Professor Stephen Schelhofer）のようなミランダ支持者は、自白を採取する法執行能力にミランダはほとんど影響を与えていないと主張する。しかし、このような議論はわれわれの介入不要の議論である。議会がミランダを変更すべきかどうかは、ミランダを変更できるかどうかについては何の役にも立たない。この問題に回答することは、われわれの役割でない。法はどうあるべきかということでなく、何が法であるかを判断するのが司法部の職分であるからである。「議会に三五〇一条を制定する権限があるかは、ミランダで最高裁によって明らかにされた法則は憲法によって要求されているかどうかによる。憲法上の要求であるというのであれば、議会には三五〇一条を制定する権限はない。憲法上の要求でないというのであれば、議会には立法によってミランダを廃棄する権限があるから、三五〇一条は連邦裁判所での自白の許容性を支配することになる。」なお、同一の分析方法を用いて、いくつかの連邦裁判所は、三五〇一条によってマクナブ＝マロリー法則が廃棄されたことを認めた。例えば、第八、第六巡回区は、マクナブ＝マロリー法則は連邦下級審への監督権（supervisory power）に基づくものであり憲法上の要求ではないから、議会には立法によってこれを破棄する権限があったと結論した。

まずミランダ判決の分析から始める。ウォーレン長官執筆の六〇頁に及ぶ法廷意見の中には、ミランダ警告は憲法上の権利を保護するためのものであるとの文言が散見されるが、「警告なしに被疑者から獲得した供述は不任意と推定されるとのその判示の根拠をとくに述べていない。」それどころか、ミランダ法則の根拠は「マクナブ判決、マロリー判決で明らかにされたそれと同一であることを強く示して」おり、また「ミランダ警告を憲法上の権利である」とは一切述べていない。現に、「憲法は（ミランダ）警告を要求していないことを認め、〝憲法上の拘束服〟を創出する意図はないとし、繰り返し警告を〝手続上の保護手段〟として、議会や州に〝特権を保護するためのそれぞれの保護手段の開発〟を推奨しているのである。」ミランダ判決以降、最高裁は一貫してミランダ警告を予防的なもの（prophylactic）とし、〝それ自体憲法によって保護される権利でない〟としている。一九七一年のハリス判決では、「技術的にはミランダに違反して獲得されたが、その供述は任意になされたことを理由に」証人台に立った被告人の信用性を弾劾するためには許容できるとした。一九七四年のタッカー判決では、不十分なミランダ警告に基づく取調べはミランダで明らかにされた予防準則（prophylactic standards）を逸脱したにすぎない〟と指摘し、憲法上の権利は侵害されていないことを理由に〝毒樹の果実〟の法理は適用されないとした。さらに〝公共の安全の例外〟を肯定した一九八四年のクォーリズ判決では、タッカーを引用して、〝予防的なミランダ警告はそれ自体憲法によって保護された権利ではない〟と指摘し、「ミランダ違反は必ずしも憲法違反でない」ことを明らかにしている。また反覆自白に関する一九八五年のエルスタッド判決では、「〝汚れた果実〟の法理はタッカーで適用されなかったのと同じ理由で第二自白にも適用されない」と判示し、〝被疑者の憲法上の権利は現実に侵害されなかったのであるから、憲法違反の果実は排除されなければならないとする一九六三年のワンサン判決（Wong Sun v. Unitd States, 371 U.S. 471）で明らかにされた法理によって規制されない〟と判示している。

上記の諸判例に照らすと、〝ミランダ警告を告知しなかったことそれ自体は憲法違反でないというのは十分に確立している〟ことは明らかである。その結果、ミランダで最高裁によって創出された反証不能の推定――警告なしに獲得された自白は不任意と推定される――は、なおさら（a fortiori）憲法上の要求でないことになる。したがって、議会は当然、ミランダによって創出された決定的な推定（conclusive presumption）を立法によって廃棄する権限を有していることになる。なお、混乱を生じないように一言しておく。本日の判決は、法執行官に対し、今では周知のミランダ警告の中止を求めるものでは一切ない。上述のように、ミランダ警告は、地方裁判所が自白の任意性を判断する際の諸要素の一つである。実際、連邦裁判所が技術的なミランダに従って獲得された自白を第五修正の下で不任意であると認定するのは稀なことである。それ故、ミランダの四つの警告を告知するのは依然、任意性を保障する最上の方法である。

(5) 結　論

以上を要するに、「関連判例を包括的に検討した結果、三五〇一条は合憲である」ことを確信し、「連邦裁判所における自白の許容性は、司法上創出されたミランダ法則よりもむしろ三五〇一条によって規制されると判示する。」

三　司法省の主張

これに対し、被告人が上告受理の申立てをしたところ、合衆国司法省は一九九九年一一月一日、異例にも、上告受理および第四巡回区控訴審の決定破棄を求める被告人に同意する上告趣意書（the government brief）を提出し、これにはレノ司法長官も署名していた。司法省は、控訴審判決の中でも指摘されているように、地裁決定への再考の申立時には三五〇一条の活用を主張していたが、控訴審の段階では一転して、明確に同条の違憲性を主張し、ミランダ弁護の論陣を張ったのである。ちなみに、ディカソン事件担当の検察官はこれに抗議して辞職し、後に公開の席上、カッセル教授らとともに、三五〇一条の合憲性を主張するに至ったという。

ところで、合衆国司法省は右趣意書の中で「裁判所は一貫して州事件での証拠排除の救済手続（suppressiooon remedy）にミランダ法則を適用しており、人身保護令状手続についてもミランダ違反の主張を認めてきた」ことを強調し、ミランダ法則には「憲法上の根拠（a constitutional basis）があるから、三五〇一条を適用するというのであれば、その前にミランダを変更しなければならないと論じたうえで、ミランダを維持すべきか否かに関し、次のような見解を明らかにした。すなわち、「年月を経てミランダが警察実務、司法手続及び国民の知識の中に摂取（absorbed）されたこの時点でミランダ判決を変更すべきでない。このことは先例拘束性（stare decisis）の原理を適用すれば当然のことである。」なるほどミランダは裁判の真相解明機能にコストを課しているが、そのコストはミランダの変更を必要とするほど法執行の妨げにはなっていない。ミランダ警告の実施は困難でない。被告人は自白の任意性を争うことはできず、たとえ争ったとしても、任意性判断の裏付けの提供は容易であるから、裁判はより容易となる。ミランダ以前の法状態への逆戻りは、全体の事情から自白の任意性を判断することとなり、実務上それより良く機能すると考えられない。「実際、種々の要素を考慮しての任意性の判断は、おそらくミランダよりもその適用が困難かつ不確実であろう。」警察官は一九六六年当時よりも良く教育されているが「身柄拘束中の取調べは依然として内在的に強制的である。ミランダ警告が解毒剤（an antidote）として効果的でもないし必要でもないとはいえない」「ミランダは〝刑事司法制度は公正であるとの国民の信頼感を促進する〟ことによって、わが刑事司法制度に関する国民の考え方にユニークで重要な役割を果たしている。ミランダ判決の変更は司法制度の公正への国民の信頼を損なうこととなろう」「ミランダ判決は、明確な指針を提供することによって法執行官にも役立っている」というのである。

合衆国最高裁は同年一二月六日、「合衆国法典一八編三五〇一条を可決し、ミランダ判決を立法によって変更しようとした議会の試みは憲法違反であったか否か」を検討するために上告受理の申立を容れた。両当事者が共同歩調をとったため、合衆国最高裁は、カッセル教授を指名し、控訴審支持の弁論を命ずることとした。同年四月一九日に開かれた口頭弁論では、被告側弁護士のほか、ワックスマン訟務長官、アミカス・キュリーとしてカッセル教授が順次それぞれの見解を述べ、各裁判官からの質問を受けた。

四　合衆国最高裁判決

以上の経緯を経て、合衆国最高裁は二〇〇〇年六月二六日、七対二で三五〇一条の違憲性を明示し、ミランダ判決を再確認した。その要旨は、およそ次のとおりである。論述の便宜上、適宜サブタイトルを付し、引用判例等を除き、ほぼ全文を分説しておく。なお、法廷意見はレンキスト首席裁判官が執筆し、これにスティヴンズ、オコーナ、ケネディ、スータ、ギンズバーグ、ブライア各裁判官が同調している。

(1) 結論要旨

われわれは一九六六年のミランダ判決で身柄拘束下の取調べ中になされた被疑者の供述を証拠として許容できるとするためには、その前に若干の警告が与えられなければならないと判示した。ミランダ判決に続いて、合衆国議会は、要するに、そのような供述の許容性は任意になされたか否かによる旨の三五〇一条を制定した。われわれは、ミランダは当裁判所の憲法判断（a constitutional decision）であるので、議会の制定法によって事実上それを変更することはできないと考える。そしてわれわれ自身がミランダを変更することも拒否する（decline to overrule Miranda ourselves）。それ故、われわれは、ミランダおよび当裁判所でのミランダ関連判例（its pogeny）が州および連邦裁判所における身柄拘束下の取調べ中になされた供述の許容性を規制すると考える。

(2) 自白の許容性の沿革

ミランダ以前には、被疑者の自白の許容性は任意性の有無という判断基準に従って判断された。この判断基準のルーツは、コモンローで発展した。英国の裁判所、次いで合衆国の裁判所は、強制による自白は内在的に信用できないことを認めた。われわれの判例は時を経て、任意になされた自白は証拠として許容できるという要件に対するその憲法上の根拠を認めるようになった。すなわち、第五修正の自己負罪拒否の権利と第一四修正のデュー・プロセス条項である。例えば、一八九七年の【3】ブラム判決（任意性の判断基準は、何人も刑事事件において自己に不利益な証人となることを強制されないことを命じている第五修正のこの部分（that portion）によって規制されていると指摘する）、一九三六年の【4】ブラウン判決（内在的強制によって獲得されたものであることを理由にデュー・プロセス条項の下で有罪判決を破棄した）を見よ。

ブラム判決はブラウン判決およびその関連判例より前に言い渡されたのに、二〇世紀の三〇年代半ばまで判例は、専らとはいわないまでも主として、デュー・プロセスの観点に依拠してきた。ブラウン判決と一九六四年の

【29】エスコビード判決との間に下されたおよそ三〇件の相異なる事案で〝デュー・プロセスの任意性テストが適用されてきた。これらの判例は、任意性の判断基準を洗練（refined）し、自白を取り巻く事情によって〝被告人の意思が打ち負かされた（a defendant's will was overborne）かどうか〟を検討することとした。このデュー・プロセスの判断基準は、〝被疑者の性格および取調べの詳細を含む自白を取り巻くすべての事情の全体〟を検討する。〝自白に付随するすべての事情が検討されなければならない〟というのである。その判断は〝被疑者の性格および取調べの詳細を含む自白を取り巻くすべての事情の全体〟を検討する。〝自白に付随するすべての事情が検討されなければならない〟というのである。その判断は〝そのような全体の事情の強制力と自白者の抵抗力との比較衡量による。〟われわれは、このデュー・プロセスの法理（due process jurisprudence）を放棄したことは一切ない。それ故、不任意に獲得された自白は依然として排除されることになる。しかし、マロイ（Malloy v. Hogan, 378 U.S. 1）、ミランダの両判決は、被疑者の負罪的供述の任意性を判断する際に焦点となる調査方法を大きく変えてしまった。マロイ判決でわれわれは、第五修正の自己負罪条項は第一四修正のデュー・プロセス条項の中に組み込まれている、それ故、州に適用されると判示し、マロイに続いて、ミランダを言い渡したのである。

(3)　ミランダの意味内容

「われわれはミランダで、近代的な警察での身柄拘束中の取調べの到来とともに、強制によって獲得された自白への関心が高まったことを指摘した。警察での身柄拘束中の取調べは、その性質上、個人を孤立させ、強制することになるので、〝たとえ拷問などを用いることがなくても、身柄拘束中の取調べという事実それ自体が個人の自由への重い足かせとなり、個人の弱点につけ込むことになる〟と指摘した。われわれは、身柄拘束中の取調べに内在する強制力は任意な供述と不任意な供述との境界線を曖昧にし、それ故、個人の意思が〝自己負罪を強要されないという第六修正の下での特権と合致〟しない危険性を高めることになると結論した。したがって、われわれは、

〝法執行官および裁判所に対し順守すべき具体的な憲法上の指針を提供した〟のである。これらの指針は、被疑者の身柄拘束中になされた供述の証拠としての許容性は、警察官が被疑者に四つの警告を告知したか否かによって判断されることを明らかにした。これらの警告（それは世にいわゆるミランダの諸権利として知られるようになった）は、被疑者には〝黙秘する権利がある、供述したことはいかなることであれ（後に）公判で不利な証拠として用いられうる。弁護人の立会いを求める権利がある。そして弁護人を依頼する余裕がなければ、もし希望すれば、いかなる質問にも先立って（国選）弁護人が選任される〟というものである。」

なお、判例は早くから、デュー・プロセス条項と自己負罪条項とはともに強制自白のない公正な裁判を被告人に保障する（accorded）ものであると解釈してきたが、それを警察での身柄拘束中の取調べに適用したのは比較的最近のことである。けだし、そのような取調べの日常化は比較的新しいことであるからである。

(4)　三五〇一条

議会はミランダ判決二年後に三五〇一条を制定した。その関連部分は次のように規定する。それは要するに、任意性の有無を許容性の試金石とし、ミランダ警告の欠如は決定的要因でないことを明示しているから、「議会はそれを制定することによってミランダを変更しようとした」との控訴裁判所の見解には同意する。デイヴィス判決でのスカーリア同調意見（ミランダ以前には任意性の有無が自白の許容性の試金石であったと述べている）をも見よ。「ミランダ判決と三五〇一条との矛盾は明らか（obvious conflict）であるから、議会にはこのようにミランダを変更する憲法上の権限を有しているかを検討しなければならない。議会にそのような権限があるのであれば、自白の許容性を全体の事情から総合的に判断するという三五〇一条のアプローチ（totality-of-the-circumstances approach）がミランダの警告の要件に優るとしなければならず、権限がないというのであれば、三五〇一条はミランダのより特定した要求に屈服しなければならない。

当裁判所は連邦裁判所に対する監督権を有しているから、この権限を用いて、これら裁判所を拘束する証拠法則や手続法則を規定できる。しかし、非憲法的な〝連邦裁判所に対する手続や証拠規則〟を創出し強制する裁判所の権限は、議会の関連法規がない場合に限られる。議会は、裁判所の創出した憲法の要求でない証拠や手続法則を改廃する最終的な権限を保持している。しかし、議会は憲法を解釈し適用するわれわれの判例を立法によって廃棄することはできない。それ故、本件は、ミランダ法廷（Miranda court）は憲法上の法則を宣明したのか、それとも単に監督権を行使して、議会の命令を欠いている証拠（法）を規制したにすぎないのか（の解釈いかん）にかかっている。控訴裁判所はこの点を認識して、ミランダの憲法上の地位を判断するためにミランダおよびその関連判例を精査した。われわれがミランダ警告の要件に若干の例外を創出してきたこと、そしてわれわれが繰り返し〝予防的なもの（prophylactic）〟であり〝それ自体憲法によって保護された権利ではない〟としてミランダ警告に言及してきたという事実に依拠して、控訴裁判所は、ミランダで明らかにされた保護策（protections）は憲法によって要求されたものでない（not constitutionally required）と結論したのである。

(5)　ミランダの憲法上の地位

判例の中に控訴裁判所の見解を裏付ける文言のあることは認められるが、その結論には同意できない。「他の側面――ミランダは憲法判断（a constitutional decision）である――に関する要素の中で最も重要なこと（first and foremost of the factors）は、ミランダとその争点類似事件の二判決はともに、州裁判所――すなわち、アリゾナ、カリフォルニア、ニューヨークの各州裁判所――での手続にミランダ法則を適用したということである。そのとき以降、われわれは一貫して、ミランダ法則を州裁判所で生じた訴追に適用している。州裁判所での手続に関するわれわれの権限は、〝合衆国憲法の命令を実施することに限定されている〟。」なお、ミランダの憲法上の根拠（Miranda's constitutional basis）に関するわれわれの結論は、ミランダ違反の主張を人身保護令状手続において連邦裁判所に提起することをわれわれが確定囚（prisoners）に認めてきたという事実によってさらに補強される。人身保護手続は、〝ある人が合衆国の憲法または法律、または条約に違反して身柄を拘束されている〟という主張に対してのみ利用できる。ミランダ法則は、連邦の法律または条約に基づいたものでないのは明白であるから、ミランダ違反の主張に対する人身保護令状の審査を認めるわれわれの判例は、ミランダにも憲法上の起源（of constitutional origin）のあることを明らかに前提としている。

ミランダの法廷意見それ自体、まず最初に〝自己負罪拒否特権を適用する際の若干の問題点をいま少し解明し、そして法の執行機関および裁判所に順守すべき具体的な憲法上の指針を示すために上告受理の申立てを容れたと述べている。事実、多数意見には憲法上の法則を宣明しようと考えていたことを示す文言が充満（replete with statements）している。現に、当裁判所の最終的結論は、ミランダにおいて当裁判所の面前で（審理された）四事件において獲得された警告を欠く自白は（いずれも）〝特権保護のための憲法上の基準に合致しない状況下で被告人から獲得された〟ということであった。なお、その他の判例の多くも、ミランダの憲法上の基盤（Miranda's constitutional underspinnings）に言及している。

ミランダには憲法上の根拠がある（constitutionally based）というわれわれの結論の裏付けは、強制的な自己負罪を禁止する憲法上の権利を保護するための立法活動をミランダ判決裁判所が促しているということの中にも見い出される。警察での身柄拘束中の取調べに内在する〝強制的な圧力〟を論じた後でミランダ判決裁判所は、〝こうした圧力と戦い、自己負罪拒否特権を行使する十分な機会を与えるために、被疑者は自らの権利を効果的に告知され、かかる権利の行使は十分に尊重されなければならない〟と結論した。しかし、同裁判所は、〝議会または州によって考案される特権を保護するための代替案〟を予知できないことを強調した。したがって、同裁判所は、特定のミランダ警告とは異なるが、被疑者に黙秘権を告知し、それをいつでも行使できる機会を保障する点で少なくとも同等に効果的な立法上の措置を憲法は妨げていないと述べている。なお、控訴裁判所は、ミランダ判決はいかなる意味においても〝憲法上の拘束服〟を創出するものではないとの文言に一部依拠している。しかし、ミランダでの意見を再吟味すると、このこと（this disclaimer）は、第五修正の権利を保障するうえで効果的な手続を憲法は要求していないという意味でなく、警察官による特定のミランダ警告の実施は憲法上の要求でないことを示しているにすぎないのは明らかである。

控訴裁判所はまた、ミランダ以降のクォーリズやハリスなどの判決が、ミランダに例外を認めてきたという事実に依拠する。「しかし、われわれはまた一九七六年のドイル判決（Doyle v. Ohio, 426 U.S. 610）や一九八八年のロバソン判決（Arizona v. Roberson, 486 U.S. 625）でミランダ法理の適用を拡大している。これらの判決は、ミランダは憲法上の法則でないとしたものでなく、憲法上の法則も不変（immutable）でないという原理を示しているにすぎない。」控訴裁判所はまた、一九八五年のエルスタッド判決（Oregon v. Elstad, 470 U.S. 298）でわれわれが〝ミランダの排除法則は、第五修正に奉仕し、第五修正よりもその適用範囲が広い（sweeps more broadly）〟と述べたことをも指摘する。「われわれの同事案での判断は、第四修正の事案で発展した伝統的な〝果実〟理論の適用を否定したものであり、ミランダは非憲法的な判決であることを立証するものでない、単に第四修正の下での不合理な捜索は第五修正の下での警告なしの取調べと異なるという事実を認めているにすぎないのである。」

カッセル教授はアミカス・キュリーとして（なお、両当事者はいずれも本件で三五〇一条の合憲性を支持する主張をしなかったので、われわれは同教授を指名し、下級審支持の弁論を求めることによって、われわれの審理に資することとした）「三五〇一条は、強制自白を阻止するうえで同等に効果的であるとのミランダの立法上の代替物の要件に合致していると主張する。ミランダが言い渡された当時よりも乱暴な警察官の行為に対し利用できる救済策は多いとのアミカス・キュリーの主張には同意する。しかし、これらの付加的な救済策が三五〇一条を補っているから、憲法上の最小限の要求を十分に満たしているということには同意できない。ミランダは身柄拘束中の被疑者に黙秘権を警告し、その権利の行使は尊重されることを被疑者に保障する手続を要求している。上述のように三五〇一条は、取調べ前の警告の実施を被疑者の自白の任意性を判断する単なる一要素とみるアプローチに賛成して、そのような取調べ前の警告の要件を明示に退けている。アミカスの引用する付加的な救済策は、われわれの見解によれば、三五〇一条と相俟っても、それらをミランダによって要求された警告に十分に代替するものでない。」

反対意見は、それ以外のいかなるものも憲法上の要求を満たすのに十分でないという意味で、ミランダ警告は憲法によって要求されていると判示するのでない限り、当裁判所が三五〇一条を違憲と判示するのに司法機関としての権限を越えている（judicial overreaching）と主張する。しかし、このことを判断するためにミランダで指摘した以上のことを述べる（go farther than Miranda）必要はない。ミランダで当裁判所は、伝統的な全体の事情のテストに依拠すると、身柄拘束中の不任意自白を看過する危険があり、自白が有罪を立証するための積極的証拠として提出（offered in the case in chief to prove guilty）されると、この危険は受け入れ難いほど大きくなると指摘し、全体のテスト以上の何かが必要であると結論したのである。上述のように、三五〇一条は全体の事情のテストを十分なものとして復帰させている。三五〇一条は、それ故、ミランダが法である限り維持できない。

(6)　先例拘束性の原理

ミランダの理由付けおよびその結果としての法則に同意するか否かにかかわらず、もし第一審としてこの争点に言及するとすれば、今では先例拘束性の原理がミランダを変更することに大きく立ちはだかっている。例えば、一九八〇年のイニス判決でのバーガ補足意見（〝ミランダの意味は合理的に明らかとなり、法執行の実務はその枠組に順応した。わたくしは今さらこの時点で、ミランダを非難する気もなければ、それを拡大する気もない〟）を見よ。とりわけわれわれが憲法を解釈するとき、先例拘束性は絶対的な命令ではないが、「憲法事案においても、この原理はきわめて説得的な力を有しているので、先例からの離脱をするには特段の正当化理由（special justification）による裏付けのあることを必要としてきた。」ミランダを変更するこのような正当化理由があるとは思われない。（ミランダ）警告がわが国の文化の一部となったといえる程までにミランダは日常の警察実務に溶け込んでしまっている。われわれは、その後の判例が先例の原理上の基盤（doctrinal underpinnings）を侵害してしまったとき、先例を変更してきたが、そのようなことがミランダ判決に生じているとは思われない。仮に多少あるとしても、ミランダ以降の判例は、警告なしの供述は訴追側主張の積極的証拠（evidence in tne prosecutions case in chief）として用いることはできないというミランダ判決の核たる部分（the decision's core ruling）を再確認する一方で、ミランダの法執行へのインパクトを減少してきたのである。

ミランダ法則のマイナス面（disadvantage）は、自己の〝権利〟を熟知している被告人の決して不任意とはいえない供述であっても、排除されることになり、その結果、犯人たる被告人が釈放されかねないということである。しかし、経験の示すところによれば、三五〇一条が復活を求めている事情の全体のテストの方がミランダよりも法執行官がそれに従い、裁判所が一貫した方式でそれを適用するのは難しい。ミランダ警告を告知すべきという要件は、もちろん、任意性の調査を不要とするものでない。しかし、一九八八年の判例（Berkemer v. McCarty, 468 U.S. 420）で述べたように、〝法執行官がミランダの命令に従ったという事実があるにもかかわらず、自己負罪供述が強制されたと被告人がもっともらしい主張（colorable argument）をなしうるという事案は稀である。

(7) 結　論

以上を要するに、われわれは、議会が立法によって廃棄することのできない憲法上の法則をミランダは表明したものであると結論する。先例拘束性の法則に従い、われわれがミランダを変更することには応じられない（we decline to overrule Miranda ourselves）。したがって、控訴裁判所の判決（judgment）を破棄する。

【スカーリア裁判官の反対意見】〈トマス裁判官同調〉〈略〉

第三節 まとめ

ディカソン判決の最大の意義がミランダ法則を再確認した点にあることは明らかであるが、国民文化としてのミランダの定着性をも指摘し先例拘束性の原理からもミランダの変更はあり得ないことを明示した点もそれに劣らず重要である。さらに、従来ミランダに必ずしも好意的でなかったレンキスト首席裁判官が、法廷意見を執筆したことは特筆に値する。同長官が法廷意見を言い渡すと告げると、満席の法廷でざわめきがあった（there was cinsiderable drama in the court）と伝えられる。過去三五年間にわたりミランダに憲法上の土台がない（Miranda's lack of constitutional foundation）と主張し続けてきただけに、あるいは多数意見としてミランダの変更を告げるのではないかと思われたというのである。

以下、ミランダ再確認の意義を整理しつつ、わが捜査実務および捜査弁護の問題点について少し考えてみたい。

一 ミランダ再確認の意味

ディカソン判決の最大の意義は、憲法上の自己負罪拒否特権を根拠としたミランダ法則を再確認するとともに連邦議会がミランダ二年後の一九六八年に制定した合衆国法典第一八編第三五〇一条をミランダと矛盾する違憲立法であると判示したことにある。本判決が指摘したミランダの憲法上の位置付けに関する判示部分は、およそ次のようにまとめることができよう。

第一、ミランダ以降の一連の関連判例も州裁判所での手続にミランダ法則を適用しており、ミランダ違反の主張は人身保護令状手続においても認められている。合衆国最高裁の州裁判所での手続への介入は「合衆国憲法の命令を実施する」場合に、そして人身保護令状の利用は「合衆国の憲法」等に違反する場合に限られているから、ミランダには憲法上の根拠があることは明らかである。

第二、ミランダ判決の法廷意見それ自体がまず最初に、〝自己負罪拒否特権を適用する際の問題点をいま少し解明し、法の執行機関および裁判所に順守すべき具体的な憲法上の指針を提供するために〟上告受理の申立てを容れたと述べており、事実、多数意見には〝憲法上の法則を宣明しようと考えていたことを示す文言が充満している。〟さらにミランダで争点類似事件として一括審理された四事件のいずれの自白も〝憲法上の基準に合致しない状況下で獲得されたものである〟と結論されている。

第三、ミランダ判決自体がミランダに代わりうる憲法上の自己負罪拒否特権を保護するための立法府の活動を促し、被疑者に黙秘権を告知し、それをいつでも行使できることを保障するうえで〝少なくとも同等に効果的な〟立法措置には憲法上の妨げはないと強調しているのは、ミランダには憲法上の根拠があることの裏付けでもある。

第四、ミランダ以降の関連判例で〝弾劾例外〟や〝公共の安全の例外〟が認められたのは事実であるが、ミランダ法則の適用を拡大した判例もあり、これら諸判例は「憲法上の法則も不変でないという原理を示している」にすぎない。またミランダ違反供述後の反覆自白に第四修正の事案で発展した毒樹の〝果実〟理論の適用が否定されているのは、第四修正の下での不合理な捜索押収と第五修正の下でのミランダ警告を欠いた取調べとは異なるという事実を認めたにすぎず、いずれもミランダが非憲法的判決であるということを証明するものでない。

第五、ミランダ判決は、自白に至った一切の事情を総合的に勘案して任意性の有無を判断するいわゆる事情の総合説の下では不任意自白を看過する危険があり、当の自白が有罪立証の積極的証拠として用いられるときにはこの危険はとりわけ大きいので受け入れ難いとの結論に達したのである。したがって、このような従前の伝統的な事情の総合的アプローチの復帰を意図した三五〇一条は、ミランダが法である限り、維持できない。

第六、以上の理由付けおよびその結論としてのミランダ法則の維持に同意すると否とにかかわらず、先例拘束性の原理に照らすとミランダの変更は至難であり、先例から離脱する特段の正当化理由も認められない。ミランダ警告はアメリカ文化の一部として定着し、警察の実務にも浸透している。ミランダ関連判例は「ミランダの核心部分を再確認しつつ、ミランダの法執行へのインパクトを減少したにすぎない。」ミランダの結果、真犯人たる被告人が釈放されかねないとの批判もあるが、法執行官にとっても裁判官にとっても「三五〇一条が復活を求めている事情の全体のテストの方が、ミランダよりも」その適用が困難である。

このようにディカソン判決は、ミランダ法則の州手続での適用を基軸に、ミランダは直接憲法の要求ではないにしても、憲法上の根拠があるから、議会は制定法によってミランダを廃棄できないとの判断を示したのである。ちなみに、筆者もかつて及ばずながら、ミランダ関連判例の分析の結果、ミランダは一九八〇年代はじめの段階で判例として確立し、このことを端的に示したのが一九八〇年のイニス判決でのバーガ補足意見（〝ミランダの意味は合理的に明らかとなり、法執行の実務はその枠組に順応した。わたくしは今さら、ミランダを変更したり、非難したりする気はないが、またそれを拡張する気もない〟）であり、さらにミランダは「今日では単一のものではなく数十件にも及ぶ関連判例を含めたいわば複合体」として捜査実務に定着しているばかりか、その「核心部分である身柄拘束中の取調べに弁護人の立会いを求める被疑者の権利についてはさらに貫徹強化されて」いると指摘したうえで、先例拘束性の原理からしても「ミランダ自体の変更はもはや考えられない」と結論したことがある。それだけに合衆国最高裁が今回のディカソン判決で「ミランダの核心部分を再確認しつつ」その範囲を限定しているミランダ関連判例の状況を指摘し、さらに前記バーガ補足意見をそのまま引用していることに格別の思いがしたのである。

しかし問題は、その先にある。ミランダとは何か、ミランダの複合体はミランダにどのような意味付けを与えてきたのか。ミランダは有名であるにもかかわらず、わが国ではこの点の理解が必ずしも十分とは思えない。すでに筆者なりに論証済みのことであるが、この機会に改めてミランダの革命的意味について触れておく。

まずミランダ判決は、「何人も、自己に不利益な証人となること（to be a witness against himself）を強制されない」と定める合衆国憲法第五修正の自己負罪拒否特権の実効性を確保するために権利告知を自白の許容性の前提要件とするいわゆるミランダ法則を明らかにしたものであることは間違いない。しかし第五修正の自己負罪拒否特権は、何人も自己に不利益な証人となることを強制されないと規定するにとどまり、人に供述義務を課して負罪的供述を強制することを禁止しているにすぎず、このことは沿革上からも明らかである。したがって、警察官への供述義務を負わない捜査段階での被疑者取調べに自己負罪拒否特権を拡大適用し、しかも権利告知を欠くという理由だけで任意性に疑いのない自白を画一的に排除するのは、第五修正の沿革に反し自白法則との区別を曖昧にするものであるとの批判は免れ難い。ミランダ判決直前に雑誌タイムは一九六六年四月二九日号の表紙にエスコビードの顔写真を掲げるとともに、「憲法、警察署の中へ」という表題を大きく掲げたのは、まことに象徴的であり、そしてホワイト裁判官をはじめとしたミランダ反対意見は、この点を激しく攻撃したのである。

なお、この点に関し、Y・カミサー教授がエスコビード判決翌年の一九六五年、法廷を心地よい邸宅に、警察署をみすぼらしい門番小屋にみたてた古典的エッセイ（"Equal Justice in the Gatehouses and Mansions of American Criminal Procedure"）を書き、[10] 警察署での手続は事実上糺問的で、被疑者は〝敵〟から窮地に追い詰められた獲物であり、巧みに自白に追い込まれる、このような現状を解消するには自己負罪拒否特権を解釈して（some version）警察署での取調べに適用すべきであると主張し、これが自己負罪拒否特権条項を利用して警察での取調べを規制するという新しいアプローチの引き金になったということに留意しておきたい。

次にミランダ判決は、被疑者の同意を不可欠とするものの、身柄拘束中の被疑者取調べを一切禁止し、その間に得た自白をすべて排除するものでない。現に、ミランダ判決は〝われわれはすべての自白を不許容とするつもりはない。自白は法執行において依然然るべき構成要素である。何らの強制的な影響なしに、自由かつ任意になされた供述は、もちろん、証拠として許容できる。任意になされた自白はいかなるものであれ、第五修正の禁ずるものではなく、その許容性は本判決の影響を受けない〟旨付言し、取調べないし自白の必要性自体についてはこれを肯定しているのである。ただ、犯罪の解明を任務とする警察官に被疑者への権利告知を義務付けると同時に被疑者から権利放棄の同意を取り付けるという「相反する義務」を課し、さらに身柄拘束中の取調べに内在する強制的圧力を強調しながら、「全く同一の状況下に」被疑者は任意に権利を放棄し弁護人の立会いなしに取調べに応ずることができるとするところにミランダの根本的矛盾のあることが当初から指摘されていた。ミランダ判決は被疑者が諸権利を熟知したうえで〝権利を放棄したことの重い挙証責任〟を訴追側に課していたが、その後の判例でこの重い挙証責任は次第に緩和され、いわゆる事情の総合テストの下で任意性が認められる限り、被疑者の権利放棄の有効性が肯定されることとなり、その意味では当初の予測と異なり、ミランダの捜査実務への影響は余り大きくはなく、ミランダは〝幻想〟にすぎなかったことが指摘されていたのである。

要するに、警察官に被疑者への権利告知を義務付け、身柄拘束中の被疑者に任意の権利放棄を認めるところにミランダの根本的矛盾ないし欠陥があり、被疑者がミランダ警告後に権利放棄をすれば、その後は従前の取調べ方法が容認される。したがって、犯罪の解明を任務とする捜査官が被疑者からの権利放棄の同意獲得に腐心するのは当然のことである。そして権利放棄の有効性は、従前の自白の任意性の判断基準であった「事情の総合テスト類似の事情の総合テスト」によって判断されるから、任意性をめぐる争いが絶えず、ここにミランダの積み残した最大の課題がある。その意味で、ミランダ以降も捜査の実態に変化はなく、問題の焦点が「自白の任意性」から「権利放棄の任意性」に移行したにすぎないとの見解も的を射ている。

このようにみてくると、ディカソン判決が再確認したミランダの意義と限界は明らかであろう。ミランダの革命的意義は、第五修正の保障する自己負罪拒否特権を警察署での取調べに適用し、それを根拠に弁護人立会権を含む四項目の告知を被疑者取調べの絶対的前提要件としたことにあるのは疑いない。しかし、犯罪の解明を任務とする警察官に四項目の告知義務を課すと同時に、〝内在的に強制的な雰囲気〟を除去するための弁護人依頼権の重要不可欠性を強調しながら弁護人の立会いなしの権利放棄を被疑者に認めるという根本的矛盾ないし弱点を抱えていたのである。

二　わが国の捜査実務への影響

ミランダ判決はわが国でも衝撃的ともいえる反響を呼び、その内容が直ちに紹介されるとともに、学説に大きな影響を与えたが、今日に至るまで捜査実務への影響は皆無であり、身柄拘束中の被疑者には取調べ受忍義務があるとして、ミランダ以前の密室下での被疑者取調べが基本的に容認されている。その背景には、英米法流のいわゆる弾劾的捜査観ないしミランダ流の被疑者取調べはわが国の文化ないし国民性に合わないとする考え方があるといってよい。このような「日本社会ないし日本人の特性という文化的な要素を重視しすぎ〈る〉」のは他国での成果を無視することにもなりかねないだけに根本的な疑問があるが、(11)とりあえず先にも触れた「ミランダの会」の弁護活動方針と対比しつつ、改めてミランダの捜査実務への影響について考えてみたい。

「ミランダの会」はミランダ流の取調べ実務の導入を意図した一部弁護士によって一九九五年二月に結成された

もので、当初から、取調べへの弁護人の立会いを要求し、それが認められない場合には取調べを拒否し、さらに調書内容の弁護人による確認が認められない限り、署名押印を拒否するよう被疑者に助言することを弁護活動方針としてきた。その結成直後に発生したいわゆるオウム関連事件の被疑者に接見した当番弁護士の一部が偶然「ミランダの会」の一員であったことから、かねてからの同会の弁護方針に従い、弁護人が同席しない限り取調べを拒否するよう助言し、被疑者がこれに応じて同旨の書面を担当検事に提出するなどしたため、検察当局が痛烈に弁護士批判を展開し、主要各紙がこれを比較的大きく報道した。その後も両者の徹底抗戦は続いており、このような「黙秘の勧めを中心とする」弁護活動方針を不相当とする裁判例も散見される(12)。

ミランダ判決は、身柄拘束中の被疑者が黙秘の意思を示した場合には「取調べは中止されなければならない」「弁護人を必要とすると述べた場合には、弁護人が立ち会うまで取調べは中止されなければならない」とし、被疑者には常に取調べを中止させる権利があり、さらに弁護人の同席を求める権利のあることを明示し、身柄拘束中の被疑者が任意に権利放棄に同意した場合に限り、捜査官は被疑者を取り調べることができるとしている。その後の判例も右の核心部分についてはこれを貫徹強化し、少なくとも被疑者が弁護人依頼権を行使した場合には、別件を含めて弁護人の現実の立会いのない限り、捜査官による取調べの再開は一切禁止されている。しかし、それはあくまでも「被疑者限り」の固有権であるから、被疑者自身が明確に第五修正の弁護人依頼権を行使する意思を示さなければならない。一九八六年のバービン判決（Moran v. Burbine, 475 U.S. 412）が示しているように、例えば、被疑者不知の間に家族が選任した弁護人の接見意思を伝達しなくても、被疑者本人がその効果を熟知したうえで任意に権利放棄をして取調べに応じたものと認められると、その権利放棄は有効とされている。「適用の容易さと明確性」はミランダの長所であり、「第三者でなく被疑者本人が」弁護人依頼権を行使しなければならないというのである。その限りにおいて、権利行使時の弁護人の役割を強調する「ミランダの会」の弁護活動方針とはいささか趣を異にすることは否定できない。この点にも関連するが、参考とすべきミランダの積極的意義について、さしあたり以下の数点を指摘しておきたい。

まず、密室下での被疑者取調べと憲法との関係である。不利益供述の強制を禁止するわが憲法三八条一項の規定が合衆国憲法第五修正の自己負罪拒否特権ないし黙秘権に由来し、その文言もほぼ同一である以上、解釈論としてもミランダ判決を無視することはできまい。また実質的にみても、被疑者取調べに内在する強制的雰囲気を除去して憲法を実効的に保障するにはミランダ法則しかないとの判断は示唆に富む。再三指摘したように、少なくとも身柄拘束中の被疑者が権利行使の意思を示した限りにおいて、それは徹底的に尊重強化されているのであって、取調べ受忍義務を肯定し密室下での一対一の「カウンセリング的取調べ」こそ望ましいとするわが国の捜査実務との隔たりは大きい。この点、法廷を心地よい邸宅に警察署をみすぼらしい門番小屋にみたて、「憲法は法廷では実に多くのことを要求する一方で、警察署ではほとんど意味を持たない」、なぜ両者の手続はこれほどまでに異なるのか、その合理的理由はないと喝破しミランダ判決の引き金にもなったとされるカミサー教授の一九六五年の前出古典的エッセイでの指摘は玩味に値し、現在のわが国の捜査実務への批判としてもそのまま当てはまるように思われる。要するに、日米の捜査実務はミランダ以前の一九六〇年代前半の段階では基本的に同一であり、ミランダが憲法を警察署の中に持ち込み、従前の可視性に欠ける密室での取調べに大きな風穴をあけたため両者に根本的な相違が生じたにすぎない。この点については第七章において、早くから糺問主義的捜査を否定してきた【23】カランブ判決等を振り返りつつ取調べ受忍義務と憲法上の自己負罪拒否特権のかかわりについて改めて詳論することとしたい。

なお、ミランダ判決は、第五修正の自己負罪拒否特権ないし黙秘権の実効的保障という観点から弁護人依頼権を肯定したにとどまり、第六修正の弁護人依頼権とは直接かかわりのないことに留意しておかねばならない。前者の弁護人依頼権がその場所いかんを問わず、人が何らかの方法で自由を奪われた状態で取調べを受ける場合に機能するのに対し、後者の弁護人依頼権は、起訴前の被疑者にも保障されるが、それはあくまでも予備審問やアレインメントなど正式な司法手続開始後の「決定的段階」に限定されている。この段階で「訴追側と被疑者・被告人との相対立する立場が固定化」していわゆる当事者主義的な対立的訴訟手続が開始されるため、いわば訴追側の宣戦布告に直面した被疑者・被告人に第六修正の弁護人の援助を受ける権利が不可欠となるというのである。

次に、身柄拘束中の自白の危険性がある。ディカソン判決も指摘するように、従前のいわゆる事情の総合テストの下では「身柄拘束中の不任意自白を看過する危険があり」、この危険は自白を有罪立証の積極的証拠として用いる場合にはとりわけ大きいので受け入れ難い。個別的な自白の任意性をめぐる裁判官の矛盾判断はこのことを示しており、これがミランダ法則が導入された一因である。被疑者の供述をそのまま記述しても取調べ状況を正確に反映できず、その任意性・信用性判断が困難であるのは、わが国でもつとに指摘されていることであり、ましてや被疑者の供述内容を取調官が整理・要約した「作文」でもある自白調書からの任意性・信用性判断には、いかに眼光紙背に徹した職業裁判官であっても、一定の限界があることは否定し難い事実である。さらにわが最高裁は、黙秘権等の告知を欠いても直ちに自白の任意性が失われるものではないとし、検察実務家の中には「自白の証拠能力を任意性の有無によらしめている[13]」前記三五〇一条の存在を強調する向きもあっただけに、合衆国最高裁がディカソン判決で権利告知の有無を「自白の任意性判断の単なる一要素にすぎない」とした同条を違憲と断定した意義は大きい。いわゆる違法排除説は強固な足がかりを得たことにもなり、わが国への影響も大きいと思われる。

そして最後に、シンボルとしてのミランダの価値である。確かに権利放棄を認める点でミランダには大きな弱点のあることは否めない。しかし、ミランダ攻防戦の中でも繰り返し強調されていたのは、公正な刑事裁判を保障するシンボルとしてのミランダの価値である。ミランダ以降も捜査の実態は変わらず「自白の任意性」から「権利放棄の任意性」に局面が移行したにすぎず、その意味でミランダは単なるシンボルにすぎないとしても、低劣な被疑者をも対等な人間として取り扱う風土作りに貢献したのであり、ここにミランダの最も重要な価値がある。たかがシンボル、されどシンボルであるというのである。合衆国司法省はミランダの定着を指摘したうえで、「ミランダは〝刑事司法制度は公正であるとの国民の信頼感を促進する〟ことによって重要な役割を果たしている」「ミランダ判決の変更は司法制度の公正さへの国民の信頼を損なうことになる」と主張した。ディカソン判決はこれを受けて、ミランダの国民文化としての定着を指摘し、先例拘束性の原理からも、もはやミランダの変更はあり得ないと判示したのである。

一国の刑事司法の有り様は、その国の文明の尺度といわれて久しい。合衆国最高裁が司法省の見解をほぼ採用し、それと軌を一にして、公正な刑事司法制度のシンボルとしてのミランダを再確認したのに対し、わが最高裁は旧態依然たるミランダ以前の捜査実務を基本的に容認しており、両者の落差は余りにも大きい。

(10)　このカミサー教授のエッセイは論文集（Yale Kamisar, Police Interrogation and Confession: Essays in Law and Policing (1980)）に収められており、本書につき、アメリカ法一九八三年I号五九頁以下に田宮裕教授の紹介がある。

(11)　鈴木義男『日本の刑事司法再論』（成文堂、一九九五年）「はしがき」参照。

(12)　例えば、東京地判平成六・一二・一六判時一五六二号一四一頁、浦和地裁越谷支判平成九・一・二一判時一五九九号一五五頁、浦和地判平成九・八・一九判時一六二四号一五二頁、東京高判平成一〇・四・八判時一六四〇号一六八頁など。ミランダの会は一九九九年六月、会員の手掛けた個別事例に関する法務省意見に反論するために、法務省「被疑者弁護をめぐる諸問題」に対する意見書（未公刊）を公表している。なお、渥美東洋＝高野隆「対論ミランダ判決を語ろう」季刊刑事弁護一三号（一九九八年）一一二頁以下参照。

(13)　例えば、河村博「毒樹の果実」刑事訴訟法の争点（新版）二二六頁（一九九一年）。

第七章　問題点の検討

以上、六章にわたり身柄拘束中の被疑者取調べをめぐるわが国の問題状況を概観した後、ミランダ以前の自白の任意性とデュー・プロセスをめぐる主要な合衆国最高裁判例をほぼ網羅的に分析することによりミランダの革命的意義を解明してきた。ただ、ミランダの排除法則という語句が端的に示しているように、ミランダ法則は第四、第五、第六の各修正条項違反に適用されるためやや複雑な様相を呈している。

そこで以下、問題の所在を明らかにした後、日米の捜査実務を対比しつつ、とりわけ憲法上の自己負罪拒否特権と取調べ受忍義務とのかかわりについて少し考えてみたい。

第一節　問題の所在

ミランダの革命的意義は、自己負罪拒否特権を警察署の中に持ち込み身柄拘束中の被疑者に第五修正の弁護人依頼権を保障したことにある。〝すべての刑事上の訴追において……被告人は……自己の防禦のために弁護人の援助を受ける権利を有する〟と規定する第六修正の弁護人依頼権とともにミランダでいわば創出された第五修正の弁護人依頼権が確立しているのはこのためである。ただ、第六修正の弁護人依頼権は、予備審問やアレインメントなど正式な司法手続開始後の「訴追側と被告人との相対立する立場が固定化」する時点で保障されるためわが国の裁判官による勾留質問手続にほぼ相当する段階で付与される。前述のように第一次ウィリアムズ判決につき「こんな事案でも有罪にならないのか」というわれわれ日本人にとってほぼ共通の思いの背景には、【27】マサイア判決に至る第六修正の弁護人依頼権に関する一連の確立した判例があるにもかかわらず、そのことの理解が必ずしも十分でないことがあり、いずれにせよ両弁護人依頼権を峻別したうえで、その意味を正確に理解する必要がある。さらに一九八四年の第二次ウィリアムズ判決で毒樹の果実排除に対する〝不可避的発見〟の例外が正面から認められたため、わが国での議論に直結する意味でもウィリアムズ判決はきわめて重要な意義を有するのである。

以下、事件の経緯をやや詳しく振り返りつつ、ひとまず排除法則と不可避的発見とのかかわりについて触れておく。

一　事件の経緯

この犯罪は一九六八年のクリスマスイヴに発生した。地元ＹＭＣＡ体育館で家族とともに兄の出場するレスリングを観戦していた一〇歳のパメラ・パワーズ（Ｐ）がトイレに立ったまま行方不明になった。強姦事件で無罪判決後に送致された精神病院を抜け出しＹＭＣＡの建物に住みこんでいたウィリアムズ（Ｘ）が毛布にくるんだ大きな包みを抱えてロビーに現れ近くにいた一四歳の少年に出入り口のドアを開けてもらい、外に停めてあった車の前部座席にその包みをおいて車で走り去った。少年は〝包みの中に二本の足があり、そしてそれは細くて白かった〟ことに気づき、後にこのことを警察に報告した。その後にＰおよびＸの衣類各数点とＸが大きな包みをくるむのに用いたと見られる軍隊用毛布がＭ市とＤ市の間にあるグリネル（Ｇ）近くの州間高速道路八〇号線の休憩所で見つかったため、誘拐の容疑でXに対し逮捕状が発付された。アイオワ州捜査当局は一二月二六日、大規模な捜索を開始し、二〇〇人ものボランティアがこれに参加した。捜索隊は、Gの所在するP郡からJ郡へと次第に東へと移動したが、廃屋、溝、暗渠等、子供の死体を隠しうるすべての場所をチェックするよう指示されていた。

一方、M市の弁護士甲は一二月二六日朝、M市の警察署を訪れXから長距離電話があったのでD市の警察署に出頭するよう助言した旨伝えた。Xは同日朝、D市の警察署に出頭したためD市の警察幹部とリーミング刑事(Detective Leaming)との間で、同刑事ほか一人がXの身柄を引き取りM市に直行し、その間Xに質問しない旨合意された。Xはミランダの権利告知後に拘置された。この手続の際(甲弁護士が手配した)乙弁護士も、M市で甲弁護士と相談するまで一切供述しないようXに助言し、Xの身柄を引き取りにきたリーミング刑事に対しても、Xが甲弁護士と相談するまでA失踪に関して一切質問しないように繰り返した。

リーミング刑事(L)らは正午ころD警察署に到着しXの身柄を引き取ると、再び一六〇マイル離れたM市に向かった。Xには精神病歴がありかつ極めて信仰が厚いことを知っていたLは、間もなく宗教問題を含めXといろいろなことについて話し始めた。LはD市出発後ほどなくXを〝師(Reverened)〟と呼びかけて、次のように話しかけた。これが後に〝教会葬の話(christian burial speech)〟として有名になった会話(取調べ)である。「このあたりで少し考えて欲しいことがある。……この天気の状態をみて欲しい。今雨が降っている、みぞれまじりだ。……視界は悪く、間もなく暗くなる。今夜は数インチの雪が降るとの予報が出ている。あの女の子の死体の隠し場所を知っているのは君だけだ、死体に雪が積れば君でも分からなくなるだろう、M市への途中で丁度そのあたりを通るから、車を停めて死体を捜し出すことができる、クリスマス・イブに誘拐されて殺されたあの女の子のご両親に子供のための教会葬をしてあげたらどうだろうか。吹雪の後では探し出すことはできなくなるだろう。……答えて欲しいというのではない。よく考えて欲しいだけだ」と語りかけたのである。護送車がD市から一〇〇マイル離れたG

に近づくと、XはPの靴を見つけたかと尋ね、L刑事が知らないと答えると靴を捨てたという場所に案内したが、靴は見つからなかった。さらにXは、毛布をみつけたかと尋ね毛布を処分したという場所にも案内したが、何も見つからなかった。この時点でLらの一行は捜索をしていた警察官らと合流した。M市に近づくと、Xはそれ以上の会話はしないままL刑事らを子供の死体のある場所に案内することに同意した。捜索を指揮していた捜査官は午後三時に捜索の中止を命じた。Pの死体は州間高速道路八〇号線の南二マイルにある道路横の排水溝の暗渠近くで発見された。そこは捜索予定地で、捜索隊の一組はその二・五マイルのところに迫っていた。

Xは一九六九年二月、第一級謀殺罪で起訴された。被告人側は、リーミング刑事の違法な話しかけによって得られた供述の〝果実〟であることを理由に被害者Pの死体およびこれに関連する一切の証拠の排除を申し立てた。公判裁判官は弁護人依頼権の放棄を理由にこれを却下し、Xの有罪は州段階で確定した。これに対し被告人側が合衆国地方裁判所に人身保護令状による救済を求めたところ、同裁判所は、Xの供述は弁護人の援助を受ける権利を侵害して得られたものでエスコビード判決およびミランダ判決にも違反して不任意になされたものであるとしてこれを容れ、第八巡回区控訴裁判所もこれを維持した。これに対し合衆国最高裁は、ミランダ違反等の主張については判断を回避したが、五対四で本件事案とマサイア判決の事案とに「憲法上の差異は認められない」として第六修正の保障する弁護人の援助を受ける権利を侵害してリーミング刑事はXから負罪的供述を獲得したことになると判示した。ただ、法廷意見は脚注で、Xの負罪的供述以外の証拠が〝毒樹の果実〟として排除されるかの問題に触れるものでないことをとくに付言し、ウィリアムズ（X）の負罪的供述それ自体もウィリアムズが警察官を被害者の死体のあるところに案内したとするいかなる供述も憲法上証拠として許容できないが、死体の発見場所およびその状態に関する証拠は、たとえウィリアムズから負罪的供述が引き出されていなかったとしても、いずれにせよ死体は発見されていたであろうという理論に基づいて許容されることはありうる旨付言した。

これを受けて一九八四年の第二次ウィリアムズ判決（Nix v. Williams, 267 U.S. 431）において訴追側は、ウィリアムズ（X）の供述を証拠として提出せずXが警察官をPの死体のあるところに案内したことを立証しようともしなかった。「しかし発見時のPの死体の状態、Pの衣服数点およびその写真、そして死体に関する死後の医学的科学的な検査結果は許容された。」たとえXが警察官を被害者の死体のあるところに案内していなかったとしても、捜索が中止されていなければ、Pの死体は間もなく現に発見されていたのと本質的に同一の状態で発見されていたであろうことを訴追側は証拠の優越（a preponderance of the evidence）によって立証したとアイオワ州地方裁判所は結論したのである。陪審は再びXを第一級謀殺罪で有罪と認定し、Xは終身刑の言い渡しを受けた。そして合衆国最高裁はこれを支持したため本件は事件発生後一五年ぶりに決着した。

冒頭でも述べたように、第一次ウィリアムズ判決は第五修正のミランダ判決でなく第六修正のマサイア判決に違反するとして当該自白を排除したのである。正確を期すため改めてその内容を明らかにしておく。

「第一次ウィリアムズ判決で州裁判所は殺人罪での有罪判決を支持したが、連邦裁判所は人身保護令状に関し、リーミング刑事はウィリアムズのミランダの諸権利を侵害したと結論して新公判を命じた。アイオワ州が同事件を一九七六年開廷期に最高裁に提示したとき、多くの論者は、最高裁はこの機会を利用してかねて争われているミランダの法理自体を変更するのではないかと考えた。しかしスチュアート裁判官執筆の多数意見は、ミランダ違反の主張を退け、たとえ非強制的な被疑者の内密の取調べ（noncoercive surreptitious questioning）であっても正式な当事者対抗手続が始まった後では第六修正の弁護人依頼権に違反するという曖昧な一九六四年のマサイア判決の法理を回復させて（reinvigorating）ほぼすべての人を驚かせた。」当面の問題として最高裁の五人の裁判官がウィリアムズの憲法上の権利を侵害したと考えたことを指摘しておけば十分である。[1]

二　ウィリアムズ判決と〝不可避的発見〟

このように第一次ウィリアムズ判決は不可避的発見の例外が適用される余地のあることを脚注で指摘するにとどめたが、一九八四年の第二次ウィリアムズ判決は七対二で正面からこの例外を肯定した。不可避的発見の例外の正確な理解に資すると思われるのでその内容を明らかにしておく。

【多数意見】　不可避的に発見されていたであろう物的証拠を排除しても刑事裁判の廉潔性ないし公平に付加するものは何もない。第六修正の弁護人依頼権は、提出された証拠の信用性が反対尋問で吟味される当事者対抗手続(adversary process)を保持することによって不公正を防止する。ところが本件では、リーミング刑事の行為は問題の証拠――子供の死体と発見時のその状態、死体にあった衣類数点、および検屍――の信用性を何ら損なうものではなかった。リーミング刑事がウイリアムズ(X)の人間としての当然の本能(decent human instincts)に訴えたとき警察の車の中に弁護人がいたとしたら、証拠としての死体の信用性に何らかの影響を及ぼしたであろうと真面目に主張する者は一人もいないであろう。このような状況下における証拠排除は、裁判過程の簾潔性を何ら促進しないばかりか刑事司法の運営に全く受け入れ難い負担を課すこととなろう。

証拠は不可避的に獲得されていたであろう、それ故、警察の違法行為にかかわりなく許容されていたであろうことを訴追側が立証できるのであれば、裁判過程の公正を確保するためにかかる証拠を陪審に提示しないという合理的根拠はない。このような状況下に訴追側は公判で何ら利益を得たこともなく、そして被告人は何ら偏頗な取扱いを受けたこともない。不可避的発見は受け入れ難い価値衡量であるとのXの主張には理由がない。

【ホワイト裁判官の補足意見】　私は法廷意見に完全に同調するが、スティヴンズ裁判官の補足意見での見解の多くは的外れであることを指摘しておきたい。リーミング刑事が「法の要求を無視しようとした」あるいは「法を順守する代わりに手続上の近道をとることを決意した」というのはとうてい正当化できない。彼は、同じ状況下におかれた他の警察官が行動するように行動し当時の法に従って行動したのである。

【スティヴンズ裁判官の補足意見】　〝不可避的発見〟の法理を暗に認めたのは第一次ウィリアムズ判決の多数意見にほかならない。本件は「警察官が明示の約束に反して弁護人不在中の内在的に強制的な状況を巧妙に利用した」事件であった。第一次ウィリアムズ判決は、対審的手続の継続中にその手続の外で被告人から巧妙に負罪的供述を引き出すことによってリーミング刑事は〝マサイア判決の明白な法則〟を侵害したと判示した。〝教会葬の話〟は、憲法の命ずる対審を打ち砕きそれを一方的な糺問的手続で代替しようとするものにほかならなかった。被害者の死体が不可避的に発見されていたであろう場合にそれを証拠として許容しても、その裁判が糺問的手続の産物であることを意味しない、違法行為による汚れがないからである。本件は、憲法違反時にすでに捜索が開始されていたことを示す証拠を訴追側が提出していたから、訴追側が憲法違反の責任を推定によって回避しうるような事案ではない。私は、証拠が不可避的に発見されていたであろうことを訴追側は明白かつ説得的な証拠でなく証拠の優越によって立証すれば足りるとの多数意見に同意する。〝不可避的発見〟の認定は「客観的に確証または弾劾しうる現に進行中の捜索の範囲に関する客観的証拠に基づいている。」それ故、通常とは異なる立証の負担は必要とされないのである。

多数意見は証明力ある証拠を排除する〝社会的損失〟に言及している。私見によれば、より関連性ある損失は法を順守する代わりに手続上の近道をとることを決意した警察官によって社会に課せられたそれである。リーミング刑事がD市に到着するまでの一時間程度を待とうとせず近道をとった結果はどのようなものであったか、それは不必要で費用のかかる一五年間の長期にわたる訴訟であった。

【ブレナン裁判官の反対意見】（マーシャル裁判官同調）　本日の判決が排除法則に対する〝不可避的発見〟の例外を採用する限りにおいて、それは単に一九二〇年のシルヴァーソン判決において当裁判所がはじめて認めた〝独立入手源〟の例外に類似する法理を認めたにすぎない。私は、本件状況下での排除法則に対する〝不可避的発見〟の例外は憲法の要求に合致していることに同意する。

しかしながら、排除法則を骨抜き（emasculate）にしようとする熱心さのあまり、当裁判所は〝不可避的発見〟の法則とそれが派生したところの〝独立入手源〟の例外との重要な差異を看過している。正しく適用された場合、〝独立入手源〟の例外は当該証拠が完全に合法的手段によって実際に獲得された場合に限り、訴追側がその証拠を利用することを認める。それ故、それは排除法則が確保しようとする憲法上の保護を侵害するものでない。〝不可避的発見〟の例外も同様に憲法と両立しうるが、重要な一点においてその縁者（its next of kin）と異なる。すなわち、公判で提出されようとしている証拠は実際に独立の源から獲得されたものでなく、独立の捜索が続行されていたと認められた場合に当然の事柄として発見されていたであろうというのである。

私見によれば、このような相違に鑑みると、高度な立証責任を果たしてはじめて訴追側はこのような証拠の利用を認められるというべきである。「不可避的発見の例外は当然、独立入手源法理の適用の前提となる現実的な事実認定（factual finding）とは種類を異にする仮定的な事実認定を伴う。この仮定的事実認定を独立入手源法理に機能的に相当する状況に限定することを確保し、そして排除法則の奉仕する基本権を十分に保護するために、私は、訴追側がこの争点に関する立証責任を果たしたと結論する前に明白かつ説得力ある証拠（clear and convincing evidence）を要求したい。」事実認定者に判決の重要性を印象づけることに役立ち、かくして違法収集証拠が許容される危険が減少される。それ故、私は法廷意見に加わることができないのである。

なお、わが国では〝不可避的発見〟の仮定性を強調して排除法則の例外とすることに反対する向きが多いようだが、右のようにブレナン反対意見もその例外自体は憲法に合致することを認めている。ちなみにアメリカの刑事物のテレビ映画で思いがけず〝毒樹の果実〟や〝不可避的発見〟の字幕に接することがよくある。(3)これは先にも指摘したようにウィリアムズ判決が事件の性質上アメリカ中で大いに話題になったことによるものと思われる。しかしその背景には法の支配の貫徹があり、そして筆者はわが国の裁判員制度と異なり、一般市民が広範に参加する二〇〇年以上の歴史を有する陪審裁判の意義ないしその教育的効果に思いを致したのである。

(1)　Phillip E.Johnson "The Return of the 'Christian Burial Speech' Case, 32 Emory Law Journal 349, 352-353. なお、著者はカリフォルニア大学バークレイ・ロースクール教授である。

(2)　小早川義則『毒樹の果実論——証拠法研究第二巻』三六八頁（成文堂、二〇一〇年）。

(3)　小早川義則「アメリカ法研究の意義と課題——刑事手続法を中心に——」桃山法学第二〇・二一号（二〇一三年）。

第二節　日米排除法則の対比

一　合衆国最高裁の動向

排除法則およびそれと密接不可分の毒樹の果実論はアメリカで生成、展開され、それがわが国に導入されたものである。今日のアメリカでは、合衆国憲法第四修正の不合理な捜索・逮捕押収の禁止、第五修正の自己負罪拒否特権、第六修正の弁護人の援助を受ける権利など憲法の定める刑事手続上の諸権利は第一四修正のデュー・プロセス条項を介して州にも適用されることが確立している。その結果、自白であると有体物であるとを問わず違法に獲得された証拠はすべて排除されるため、毒樹の果実論の対象は広範囲にわたるが、それとほぼ同時に果実排除に対する周知の三例外、すなわち〝独立入手源〟〝稀釈法理〟および〝不可避的発見〟の例外則も確立している。

合衆国最高裁は早くも一九二〇年のシルヴァーソン判決（Silvethorne Lumber Co., v. United States, 251 U.S. 385）において、第四修正に違反して獲得された証拠は「およそ用いられてはならない」としつつ、それが独立の源から得られている場合には排除する必要はない旨判示し、さらに一九三九年の【5】第二次ナードン判決ではじめて〝毒樹の果実〟という言葉を用いて排除法則は派生的証拠にも及ぶことを強調しつつ、違法盗聴との関係が「極めて稀薄なためその汚れが除去されていることもありうる」と判示した。そして一九六三年のワン・サン判決（Wong Sun v. United States, 371 U.S. 471）で包括的な毒樹の果実論を展開し、排除法則は違法行為の「直接の産物と同様に間接的なものにも及ぶ」としつつ、〝独立入手源〟の例外と〝稀釈〟の例外のあることを再確認した。合衆国最高裁はその後、一九七七年の第一次ウィリアムズ判決で事実上〝不可避的発見〟の例外を認め、一九八四年の第二次ウィリアムズ判決において、独立入手源の法理と不可避的発見の法理には「機能的類似性」があることを理由に正面から不可避的発見の例外を肯定したのである。

また合衆国最高裁が一九八四年のレオン、シェパード両判決（United States v. Leon, 468 U.S. 897, United States v. Sheppard. 468 U.S. 981）で善意の例外を肯定したため合衆国最高裁が「遂に排除法則の実質的修正に乗り出すに至った」（井上正仁氏）ことが強調されているのは周知のとおりである。

前述のように法定手続すなわちいわゆるデュー・プロセスを保障する第三一条のほか、「侵入、捜索及び押収を受けることのない権利」を保障する憲法第三五条や不利益供述の強要を禁止する憲法第三八条第一項の規定は合衆国憲法第四修正および第五修正をいわば母法としその文言もほぼ同一であるため、わが法の解釈としても合衆国最高裁判例の動向が引き合いに出されてきた。とくに「捜査の分野については、その重要な部分のほとんどが連邦最高裁の判例によって規制されるに至り、各法域の法制でもこれに従って実定法を改めるというゆき方がとられている」(4)のであり、最高裁の判例分析が欠かせないのである。

二　わが国とのかかわり

わが最高裁はこのようなアメリカ法の影響を受けて一九七八年（昭和五三年）の大阪天王寺覚せい剤事件判決(5)において、証拠物の押収等の手続に「令状主義の精神を没却するような重大な違法」があり、これを証拠として許容することが「将来における違法な捜査の抑制の見地からして相当でない」場合には、その証拠能力を否定すべきであると判示し、一般論としてではあるが、違法収集証拠の排除法則を採用することを明らかにした。もっとも、最高裁はその後も一連の判例で、同様に当該警察官の行為を違法としながら、その違法性は〝重大ではない〟として獲得された証拠の証拠能力を肯定していた。しかし、二〇〇三年の大津覚せい剤事件判決(6)において、覚せい剤の自己使用、所持及び譲渡の事案で違法逮捕後に被告人が任意提出した尿の鑑定書の証拠能力および同鑑定書を疎明資料として発付された捜索差押許可状に基づき被告人方から押収された覚せい剤の証拠能力が争われた事案について、前者の尿の鑑定書にはじめて排除法則を適用してその証拠能力を否定しつつ、後者の覚せい剤については右鑑定書との関連性は密接でないとしてその証拠能力を肯定した。そのため毒樹の果実排除の適用範囲が現実の問題となり、排除法則が新局面を迎えることになった。そして同判決について「アメリカ判例法上の〝不可避的発見〟の法理を意識してこれを参考にしたとみる余地があろう」と指摘（調査官解説）されているのである。

この点に関しわが国では、「アメリカ合衆国の判例法では、証拠収集手続に違法があれば即証拠の排除という一般的な法則（rule）をたてた上で、不都合が生ずる毎にこれに例外（goodfaith exception, inevitable discovery eception etc.）の抜け穴を穿ってその客観性を制約するとともに……主観面にも制約を加えることによって結果の妥当性を担保しようとしているように見うけられる」との指摘[7]がある。しかし前述のように、アメリカの排除法則とその例外は事実上ほぼ同時に確立されている。ただ、善意の例外についてはやや様子が異なるのでブレナン裁判官の反対意見（マーシャル裁判官同調）を以下に掲げておく。

> 排除法則の総合的な（overall）教育的効果を考慮すれば、個々の警察官が自分たちの行動は権限を与えられたものであると考えたのは合理的だったが実は誤っていたというそのような状況下に行動した場合であっても、排除法則を適用すれば相当長期の抑止効が期待されうる。このような状況下で証拠が一貫して排除されるのであれば、警察部門は警察官に令状を申請するときには相当な理由をより注意深く疎明するに足りる十分な情報を提供し、治安判事が署名した書類であれば第四修正の要求に当然一致していると自動的に考えるのではなく、発付された令状の様式により注意するように教育するよう求められるであろうことは間違いない。
>
> 本日の判決の主要な結果は、令状発付の判断をすればその後の司法審査を受けないことを明確に治安判事に告げることになる。このような令状に関する新しい善意の例外の創出（creation of this new exception for goodfaith upon a warrant）は、令状申請を吟味する際に余り注意を払う必要はないことを治安判事に黙示に告げることになる。彼らの令状発付の判断が正しければ証拠は許容される、その判断が正しくなかったが警察官が令状を善意で信頼したのであれば、その証拠もまた許容されるからである。治安判事は刑事裁判の結果に警察官と同一の関心を共有していないと指摘するのは正しいけれども、注意深く令状申請を吟味するという重要な仕事を果たし続けるために彼らの

役割は少しは重要（of some moment）であることを彼らに認識させることが必要である。本日の判決は、このような誘因（inocentive）を効果的に除去するものである。（Id. at 955-956.）

ちなみに筆者はかねて、とりわけ善意の例外については事実関係を精査せずにアメリカ法に従ってそれを肯定すると思わぬ誤りを犯すことにもなりかねないと指摘していた。排除法則の主たる目的は令状裁判官のミスでなく捜査官の違法行為を抑止することであるからである。いずれにせよ、アメリカでの排除法則の適用範囲はわが国よりもはるかに広範に及ぶことに留意する必要があることを示す顕著な一例と思われる。

（4）　鈴木義男「アメリカ捜査手続法序説（上）」亜細亜大学国際関係学会『国際関係紀要創刊号』三二三頁（一九九一年）。なお、同「アメリカ捜査手続法序説（下）」同三巻一号二三頁以下（一九九三年）参照。

（5）　最一小判昭和五三・九・七刑集三二巻六号一六七二頁。

（6）　最二小判平成一五・二・一四刑集五七巻二号一二一頁。

（7）　高木俊夫＝大渕敏和『違法収集証拠の証拠能力をめぐる諸問題――裁判例を中心として――』司法研究報告書第三九輯第一号（一九八八年）二五一頁。

第三節　取調べ受忍義務

ミランダ判決は学説に大きな影響を与えたが、捜査実務への影響は皆無に近く今日に至るまで密室下での取調べが基本的に容認されている。その理由として前述のように、身柄拘束下の取調べの重要不可欠性の認識が実務側に根強いこと、そして取調べ受忍義務を否定する学説からの解釈論が文理上実務家を納得させるに至っていないことが指摘されている、しかしより根本的には、捜査機関と被疑者との対等性を基調とする英米法流の弾劾的捜査観ないしミランダ流の被疑者取調べはわが国の国民感情に合わないとする考えがある。

ディカソン判決も指摘するように、従前のいわゆる事情の総合テストの下では「身柄拘束中の不任意自白を看過する危険があり」個別的な自白の任意性をめぐる裁判官の矛盾判断はこのことを示しており、これがミランダ法則が導入された一因である。被疑者の供述をそのまま記述しても取調べ状況を正確に反映できず、その任意性・信用性判断が困難であるのは、わが国でもつとに指摘され、そのため早くから可視化が主張されてきたのである。(8)

最大の問題は、取調べ受忍義務と刑訴法一九八条一項但書とのかかわりにある。平野龍一氏は早くから、一九八条一項但書の規定は「出頭拒否・退去を認めることが、逮捕又は勾留の効力自体を否定するものではない趣旨を、注意的に明らかにしたにとどまる」確認規定と解するほかない。捜査実務ではこの規定に基づいて逮捕・勾留中の被疑者の取調べ受忍義務を肯定しているが、「これでは、供述の義務はないといっても、実質的には供述を強いるのと異ならない。」被疑者には何らの供述をする義務もなく包括的な黙秘権が保障されているにもかかわらず、「黙秘権を告知したとしても、その［捜査官の］面前にすわって質問を受けなければならないとすれば、黙秘権の実質的な保障はなくなってしまう」と主張していた。(9)文理解釈上の難点は否めないにしても、憲法上の黙秘権保障に関する平野氏の見解と合衆国最高裁の判示との類似性は明らかである。

ところでわが最高裁は平成一八年（二〇〇六年）の判決で、(10)従前争いのあった刑訴法三二八条の「証明力を争う」意義につき限定説を採用することを明らかにした。刑訴法三二八条の文理解釈によれば、証人等の「供述の証明力を争うためには」伝聞証拠であっても証拠能力が認められるにもかかわらず、伝聞排除の原則規定を重視しいわゆる自己矛盾に限られる旨判示したのである。

このように刑訴法三二〇条の原則規定を重視して刑訴法三二八条の文理解釈に反して自己矛盾供述に限られるとする解釈が認められるのであれば、憲法三八条一項の黙秘権の実効的保障の観点から刑訴法一九八条一項但書の反対解釈から導き出される身柄拘束中の被疑者の取調べ受忍義務につき、平野説のように「逮捕又は勾留の効果自体を否定するものではない趣旨」の確認規定にとどまると解することもあながち不可能ではあるまい。この点においても「憲法の趣旨に従って」取調べ受忍義務を否定した平野氏の先見性は明白である。

一　自己負罪拒否特権の沿革

〝何人も刑事事件において自己に不利益な証人となることを強制されない〟と規定する合衆国憲法第五修正のいわゆる自己負罪拒否特権は一六世紀後半から一七世紀にかけてイギリスにおいて形成されたコモンローで一般に認められていた、そして〝何人も自己自身を罪に陥れる義務はない〟として徹底的に争ったのが一七世紀前半のジョン・リルバーンである。そして免責規定がない限りおよそ自己負罪的供述を強制できないとした一九六四年の

[F] マーフィ判決で次のように判示された。

自己負罪拒否特権は、〝われわれの自由の発展における重要な進展を示しており自らを文明化しようとする人類の闘いにおける偉大な画期的事件の一つであり、われわれの基本的価値および極めて高貴な大望の多くを反映している、すなわち犯罪の被疑者に自己告発か偽証かそれとも法廷侮辱かの残酷な三すくみ（cruel trilemma）に陥らせることをわれわれが好まないこと、刑事司法の糺問制度より弾劾制度の方をわれわれが好むこと、非人道的取扱いと濫用によって自己負罪供述が引き出されることをわれわれが懸念すること、州と個人との公正なバランスを命ずるわれわれのフェアプレイ感覚……各個人の権利の不可侵性へのわれわれの尊敬……自己負罪供述に対するわれわ

れの不信、および特権は時には真の有罪者の隠れ場ではあるがそれはしばしば無辜に対する保護物であるとのわれわれの考えを反映している〟と判示されたのである。

そして一九六一年の【23】カランブ判決は、自白の任意性とデュー・プロセスに関する先例とりわけ一九四九年の【14】ワッツ判決を引き〝身柄拘束中の被疑者によりなされた自白は必ずしも打ち負かされた意思の結果であるとはいえない〟として〝警察での取調べは法執行において不可欠である〟ことを強調したが、それと同時に概ね次のような指摘をしていた、すなわち

星室裁判所での拷問を伴った秘密裡の糺問裁判（secret inquisitions）の記憶が鮮明に残っていたアメリカ建国時の人々は、個人を処罰しようとする州（国家）はその個人の口唇からそれを強制するという単純で残虐な便法によるのでなく、州の職員の独立した働きによって彼に不利益な証拠を提出することによって彼を処罰するという要求をした。かなり早くからイギリスの裁判所は、糺問制度とは異なる弾劾制度による障壁（barrier）を設けてきた。そして間もなく法廷外の自白をある人物に不利な証拠として用いるのであれば、それは彼自身の自由な選択の産物でなければならないという要件が確立するに至った。他方、アメリカでは警察の捜査活動の行きすぎを防止するために種々の制定法が施行された。これらの制定法の中で最も広汎なのが被逮捕者を司法官の面前に迅速に連行することを要求する各種制定法である。他の制定法は、自白を引き出すため等の殴打や投獄を違法とする。われわれの連邦制度の下でこの仕事はもちろん、地方（州）の犯罪に関してはまず第一に州裁判所に委ねられている。第一四修正のデュー・プロセスは、しかし、その点に関する彼ら（州）の自由を限定している。当裁判所に課せられている義務は、警察の取調べの産物を使用する際に州裁判所を制約するデュー・プロセスとは何かを判断することに限定されている。そしてその判断が本件における争点である。憲法は、むち打ちや拷問台で痛めつける無法なやり方についてはその目的いかんにかかわらず禁止している。しかし、取調べはむち打ちでも拷問でもない。デュー・プロ

セスは、刑事法を実施する際にわれわれの文明が現実に採用することを今まで一度も認めていなかった基準の採用を州に要求しない。すべての州の裁判所は、身柄を拘束されている被疑者の取調べによって獲得された自白の受理を認めることに同意してきた。そして長年の一連の判例において当裁判所は、第一四修正は全ての情況を検討して強制されたと認められなかった自白の許容性を州に禁止していないと指摘していたのである。

前述のように、合衆国最高裁は、とりわけ一九〇八年の【A】トワイニング判決から【F】一九六四年のマーフィ判決に至る六判決で、自己負罪拒否特権の意義を確認する、そして一八八四年の【1】ホプト判決から【29】エスコビード判決など一連の判例で不任意自白とデュー・プロセスのかかわりについて判示してきた。要するに、自己負罪拒否特権と不任意自白の許容性の問題はほぼ並行して検討され、自白の任意性はあくまでも自白に至る諸事情を総合的に勘案してデュー・プロセスに反するか否かによって判断されてきたのである。

このような状況下に一九六六年のミランダ判決は、自白の許容性に関するいわゆる事情の総合説を正面から退け、弁護人依頼権の告知等を欠くだけで被告人の自白を否定した。したがって、その意味で先例を無視した革命的判例であることは間違いないので激しい批判にさらされたのである。

二　取調べ受忍義務の違憲性

このようにみてくると、日米の捜査実務の決定的相違は明らかである。アメリカでは被疑者は逮捕後不必要な遅滞なく――スカーリア裁判官によると四八時間以内――治安判事の面前に引致される、他方、日本では逮捕後最大限二三日間も捜査機関によって身柄を拘束される。被疑者段階で国選弁護人を付することは裁判員制度の対象となるべき重大事件について認められたし、接見交通権については今日では事実上ほぼ認める運用が定着しているといわれる。問題は、しかし、取調べ受忍義務にあり、刑訴法一九八条一項但書を根拠に依然として否定されていることにある。今回の可視化法案の成立でかなりの改善は見込まれるものの、取調べに弁護人の立会いを求める被疑者の権利は認められていないばかりか、被疑者には取調べ受忍義務があるとする捜査実務に変化は全くない、要するに、取調べにおける捜査機関と被疑者との対等性ないし被疑者の主体的地位の保障の観点から被疑者取調べ自体を疑問視する英米法流のいわゆる弾劾的捜査観はわが国民の司法感情に合わない、「わが国の捜査から糾問的色彩を否定しさることはできず、そうすることは国民的期待に逆行する」というのである。

曖昧な日本社会ないし日本人の特性を根拠として取調べ受忍義務を肯定することに根本的な疑問があることはさておいても、決定的問題は憲法とのかかわりが完全に欠落していることである。繰り返し指摘したように、平野龍一氏は一九五八年の段階で、真向から取調べ受忍義務を否定した。ただ、当時のアメリカでは被疑者取調べの必要性は認められていたが、被疑者を単なる捜査の客体とする糾問的捜査は自己負罪拒否特権と相容れないとして完全に否定されていた。そして従前のいわゆる事情の総合説を退けつつ、改めて第五修正の自己負罪拒否特権を根拠として被疑者の取調べへの弁護人立会いの要求を肯定したミランダ判決は、二〇〇〇年のディカソン判決において憲法判例であることが確立した。要するに自己負罪拒否特権は、アメリカ法の根底にある弾劾的捜査とも密接に関連するばかりか被告人の口からの負罪的供述を事実上強制してはならないとする普遍的原理であるというのである。むろん筆者もわが国独自の解釈運用を否定するものでないし、世界に誇りうるいわゆる先進国の中での突出した治安の良さを含め、わが国の刑事司法が関係者の並々ならぬ努力により総じて適正に機能していることを認めたうえで、日米両国が共有する普遍的な自己負罪拒否特権に関し合衆国最高裁とは全く異なる解釈を憲法上容認できるのか頗る疑問に思われるのである。

そして前述のように児島武雄氏は一九六八年の段階で、「英米刑訴法の基本的な原理は、当事者主義的な構造であり、弾劾主義的な訴訟で」あるにもかかわらず「それと矛盾する糺問主義的な規定が現存してお［り］しかもそれが極めて糺問主義的に運用されているという……このような実情を認識しながら日本の刑事訴訟法が英米法的になった」というのであれば「その嘘は極めて悪質であ［る］」旨鋭く指摘していたのである。

前著（『共犯者の自白と証人対面権』でも指摘したが、もはや世界に通用しない極東の島国日本でのいわばガラパゴス的な法文解釈―しかも憲法を抜きにした―に汲々とするような時代ではないことを重ねて強調しておく。

（8）　小坂井久『取調べ可視化論の現在』（現代人文社、二〇〇九年）、指宿信『被疑者取調べと録画制度』（商事法務、二〇一〇年等参照）。

（9）　平野龍一『刑事訴訟法』（有斐閣、一九五八年）一〇六頁、同『刑事訴訟法概説』（東大出版会、一九六八年）七〇頁。

（10）　最三小判平成一八・一一・七刑集六〇巻九号五六一頁、判例時報一九五七号一六七頁。

終　章

本書は、前著で欠落していたミランダ以前の自白の任意性とデュー・プロセスに関する主要な合衆国最高裁判例をほぼ網羅的に紹介しつつ、被疑者の取調べ受忍義務と憲法とのかかわりについて筆者なりに総合的に検討したものである。事実関係を含めて直接判決文に依拠したため、筆者自身の言語能力の限界を痛感することは多々あるが、判決文に直接当たることは修士論文以来のいわば確信犯であり、拙訳については諒とされたい。

筆者が当初から直接判文によることを鉄則としてきたのは、〝解説〟等への一般的な不信感に加えて、少なくとも権利の章典に関する限り、合衆国最高裁判例を抜きにしてアメリカ法を論ずることはできないにもかかわらず判例の入手がきわめて容易な現在においてもいわゆる孫引きが氾濫し、あるいは判決文の一部だけを取り上げて当該判例を〝解説〟して日本法への示唆を論ずる向きの多いことである。〝過つは人の常〟であり、筆者も各種の過ちを犯しているであろうが、孫引きはしないし引用した判決については必ず目を通してきたためその原文はすべて手許に残されている。むろん判決文に当たらずしてアメリカ法を論じてはならないという意味ではないし、代表的な著作があればそのことを明示し——ただし正確に——それで代替することで足りる(1)。

本書に収録した諸判例が示しているように、合衆国最高裁は争いある下級審の判例がかなり蓄積された段階ではじめて上告受理の申立てを容れて一定の権威的判断を示す、そのため判例法国として夥しい先例の引用は当然としても、厳格な先例拘束性の原理が働くため複雑に入り込んでいる先例の理解自体が容易でない。従前の制定法解釈に慣れた日本の法曹にとってその理解が至難であるのは、このためであるといってよい。幸い筆者は、排除法則にかかわる合衆国最高裁判例の大半については事実関係を含め以前に何度も紹介したことがあるが、ミランダ以前のカランブ判決に至る関連判例については初見のものが多く苦労して何とか読み終えて蒙を啓かれたことが少なくない。その一例が【9】マクナブ判決である。同判決はわが国でも周知であるが、事実関係を含めて精読したのは今回が初めてだった。そしてなぜかふと、二〇一四年に出かけたアフリカの西南端の王国モロッコの海岸沿いに点々とした家屋の中で暮らしている実に奇妙な集団を思い出した(2)。むろん直結するものではないが、刑事事件の中にはわれわれの一般常識の時空をはるかに超越した不可思議なものがあり、その意味で誤判は人知を越えて不可避であるように思われたのである。

ところで日本弁護士連合会は二〇一六年一〇月、福井市で開いた人権擁護大会で「二〇二〇年までに死刑制度の廃止をめざす」(3)とする宣言を賛成多数で採択した旨の報道に接した。時あたかもアメリカでは二〇一五年のグロシップ判決でのブライア裁判官等の反対意見が、一九七二年のファーマン判決でのブレナン、マーシャル両裁判官以来実に四三年振りの現職最高裁判事による死刑違憲論として注目されている。また文脈は異なるが、アメリカ公民権協会フェニックス支部の弁護士R・コーコランは一九六五年六月、ミランダの上告を棄却したアリゾナ州最高裁判例に気付いて「合衆国最高裁の判断を求める好機である」(4)と考えた、そして彼の精力的な働きで支援の輪が急速に大きく広がりミランダに繋がったことが指摘されている。一方、わが国でもミスター可視化こと小坂井久弁護士等による長年の努力で不充分ながらも取調べの可視化が実現されるに至ったという周知の事実がある、学部学生のころ、翻訳にすぎないが――原文を傍において――名著「権利のための闘争（Der Kampf ums Recht）」を通読したことが思い出され、その担い手としてのわが国での在野法曹の活躍に思いを致すなどしたのである。

判例法国であるか否かによる違いはあるとはいえ、日米最高裁は同一の方向に進んでいながら、被疑者の取調べ受忍義務に関しては全く異なっている。[5] またわが国の刑事司法に関して世界に誇りうるのはいわゆる先進国の中で突出した治安の良さであるにもかかわらず、その日本で死刑廃止に賛成する人がごく少数の二割程度というのは、調査方法にもよるのだろうが、不思議に思われてならない。

日米の刑事裁判は不即不離の関係にあることは否定し難い。ただ、一九七五年の段階で「アメリカの法制度とは似ても似つかぬ」日本の法制度の実態が指摘されていた、要するに、戦後の法改正の「英米法化」といっても見かけほどには実を結ばず、文言上はアメリカ法の影響下にあるものの、わが法は独自の展開・変容を遂げてきたというのである。そして一九八〇年代に入ると、一段とアメリカ法「離れ」が生じるとともに日本独自の刑事司法の特色が強調され、一部には日本の制度はアメリカ法と「似ても似つかない」どころか「もはや学ぶところはない」との主張さえあらわれたのである。[6]

一九八〇年代はまさにバブル経済の絶頂期でその典型が日本の不動産会社によるニューヨークの名所中の名所であるロックフェラー・センターの買収であり、たまたま当時NYロースクールに留学していた筆者にとってバブル経済に浮かれた底の浅い成金日本の象徴的な事件と思われた。筆者はそのころ「もはや欧米に学ぶところなし」と豪語する刑訴法研究者の報告に接し驚いたことがある。そして日本には確かに流れ（flow）はあるが蓄積（stock）に乏しいので今なお欧米に学ぶところが多々あると友人らと語り合った記憶が鮮明に残っている。

裁判員裁判の導入で一般国民の司法参加という意味で日米の刑事裁判に差異はない。ただ、アメリカでは一般市民向けのテレビ番組でも身柄拘束時のミランダ警告はもちろん、[7]〝毒樹の果実〟や〝不可避的発見〟のような法律用語が具体的な事件とのかかわりで頻繁に出てくることは前述した。法の支配が一般市民レベルでも浸透している証左であろうし、取調べ受忍義務などは到底考えられない。また厳格な守秘義務のある日本の裁判員と異なり、アメリカの陪審員は評決の内容についても判決後は原則自由に発言できるのも日米刑事裁判の大きな相違であるが、その根底には民主社会の要としての第一修正の言論の自由の確立があり、(8) この点でも日米の刑事司法には大きな隔たりがある。さしあたりこの問題にも関連する死刑廃止論(9)や科学的証拠につき一書に取りまとめつつ、一般市民向けの啓蒙書をものしたい考えている。

名編集部長であった土子三男取締役が亡くなられて早や二年有余、「学会に打って出るという趣旨での新しい名城大学法学会選書の一番手」『ミランダと被疑者取調べ』の難産を熟知しておられただけに、その後のご厚誼を振り返りつつ、感慨を禁じえないものがある。心からのご冥福を祈りあげる次第である。

(1) 例えば、小坂井久「第三八条第一項」『憲法的刑事手続』(日本評論社、一九九七年)四一二頁以下、大久保隆志「仮装型捜査と手続の適正」研修第八二四号(二〇一七年)八～九頁参照。
(2) 小早川義則『デュー・プロセスと合衆国最高裁Ⅶ(完)――奴隷制度、言論・出版の自由』三五七頁(成文堂、二〇一六年)。
(3) グロシップ判決につき詳しくは、小早川義則「致死薬物注射をめぐる新しい動き」名城法学第六三巻一＝二合併号(二〇一六年一二月)。
(4) Linda, Greenhouse, The Year The Court Turnd Right, New York Times, July 7, 1989, New York Times, Jan. 20, 1990.
(5) 小早川義則「似て非なる日米刑事裁判序説」名城ロースクール・レビュー第三十九号(二〇一七年一月)参照。
(6) 三井誠「シンポジウム［刑事法］――戦後半世紀におけるアメリカ法の継受とその日本的変容」アメリカ法一九九六年Ⅰ四九頁参照。
(7) 小早川義則「アメリカ法研究の意義と課題――刑事手続法を中心に――」桃山法学第二〇・二一号(二〇一三年)六三頁。
(8) 小早川義則「評議と情報公開：陪審員評決後のインタビューの一考察」［論文紹介］名城ロースクール・レビュー第三二号(二〇一五年)一五三頁。
(9) 小早川義則「死刑判決と日米最高裁」名城ロースクール・レビュー第三九号(二〇一七年四月)。

(*10*)　アメリカ合衆国憲法修正条項［抄］

〔① 合衆国市民の投票権は、人種、体色、または従前の労役の状態を理由として、合衆国または州により拒否されまたは制限されることはない。
② 連邦議会は、適当な立法によって本条の規定を執行する権限を有する。〕

Amendment XVIII（第18修正）［禁酒法］（1919年成立、第21修正第1節により廃止）

〔第1節　本条の承認から1年を経たのちは、合衆国およびその管轄権に服するすべての領地において、飲用の目的をもって酒精飲料を醸造、販売、もしくは運搬し、またはその輸入もしくは輸出を行うことをここに禁止する。〕

Amendment XIX（第19修正）［女性の選挙権の保障］（1920年成立）

〔① 合衆国市民の投票権は、合衆国または州によって、性別を理由として、拒否されまたは制限されることはない。
② 連邦議会は、適当な立法によって本条の規定を執行する権限を有する。〕

Amendment XXI（第21修正）［禁酒法の廃止］（1933年成立）

〔① 合衆国憲法第18修正は、これを廃止する。〕

（訳文は、ほぼ野坂泰司「アメリカ合衆国憲法」樋口陽一＝吉田善明編『概説世界憲法集［第三版］』（1994年）57頁以下による。）

Miranda and The Privilege against Self-Incrimination
by Yoshinori Kobayakawa

著者略歴

小早川義則（こばやかわ　よしのり）

1939年　大阪市に生まれる
大阪外国語大学イスパニア語学科卒業後、大阪市立大学法学部を経て、同大学院博士課程退学。その後、名城大学法学部教授、ニューヨーク・ロースクール客員研究員、桃山学院大学法学部教授、名城大学大学院法務研究科教授を歴任。
現　在　名城大学名誉教授

主要著書

共犯者の自白（1990年）、ミランダと被疑者取調べ（1995年）、NYロースクール断想（2004年）、デュー・プロセスと合衆国最高裁Ｉ—残虐で異常な刑罰、公平な陪審裁判（2006年）、共謀罪とコンスピラシー（2008年）、毒樹の果実論（2010年）、デュー・プロセスと合衆国最高裁Ⅱ—証人対面権、強制的証人喚問権（2012年10月）、裁判員裁判と死刑判決［増補版］（2012年12月）、デュー・プロセスと合衆国最高裁Ⅲ—弁護人依頼権、スーパー・デュー・プロセス（2013年）、デュー・プロセスと合衆国最高裁Ⅳ—自己負罪拒否特権、（付）セントラルパーク暴行事件（2014年）、デュー・プロセスと合衆国最高裁Ｖ—二重の危険、証拠開示（2015年）、デュー・プロセスと合衆国最高裁Ⅵ—刑事免責、実体的デュー・プロセス（2015年）デュー・プロセスと合衆国最高裁Ⅶ（完）—奴隷制度、言論・出版等の自由（2016年）、共犯者の自白と証人対面権（2016年）、以上、成文堂

ミランダと自己負罪拒否特権
——証拠法研究第四巻——

2017年５月30日　初版第１刷発行

著　者　小早川　義　則
発行者　阿　部　成　一

〒162-0041　東京都新宿区早稲田鶴巻町514番地
発行所　株式会社　成　文　堂
電話　03(3203)9201(代)　Fax　03(3203)9206
http://www.seibundoh.co.jp

製版・印刷　シナノ印刷　製本　弘伸製本　検印省略
© 2017 Y. Kobayakawa　Printed in Japan
ISBN978-4-7923-5207-3 C3032

定価（本体7,000円＋税）

Table of Cases

Adamson v.California, 332 U.S. 46 (1947)
［C］アダムソン自己負罪拒否特権州適用再否定判決 …… 38
Ashcraft v. Tennessee, 322 U.S. 143 (1944)
【10】アシュクラフト強制自白許容デュー・プロセス違反妻殺害事件判決 …… 112
Betts v. Brady, 316 U. S. 455 (1942)
【8】ベッツ非死刑事件公選弁護人選任拒否合憲判決 …… 99
Bram v. United States, 168 U.S. 532 (1897)
【3】ブラム不任意自白許容性否定公海船上殺人事件判決 …… 64
Brown v. Allen, 344 U.S. 443 (1953)
【16】ブラウン不任意立証欠如等自白許容デュー・プロセス違反否定強姦事件判決 …… 137
Brown v. Mississippi, 297 U.S. 278 (1936)
【4】ブラウン強制自白許容デュー・プロセス違反殺人事件判決 …… 74
Brown v. Walker, 161 U.S. 591 (1896)
【2】ブラウン刑事免責付与証言拒否有罪合憲判決 …… 61
Chambers v. Florida, 309 U.S. 227 (1940)
【6】チェインバーズ不任意自白許容肯定デュー・プロセス違反殺人事件判決 …… 80
Crooker v. California, 357 U.S. 433 (1958)
【21】クルーカ正式訴追以前弁護人依頼権要求拒否デュー・プロセス違反否定愛人殺害事件判決 …… 166
Culombe v. Connecticut, 367 U.S. 568 (1961)
【23】カランブ弁護人選任要求拒否等自白許容デュー・プロセス違反殺人事件判決 …… 176
Dickerson v. United States, 530 U.S. 428 (2000)

ディカソン連邦議会制定法3501条違憲判決 …… 280
Escobedo v. Illinois, 378 U.S. 478 (1964)
【29】エスコビード接見要求拒否獲得自白第６修正違反殺人事件判決 …… 231
Gideon v. Wainwright, 372 U. S. 335 (1963)
【25】ギデオン弁護人依頼権等不告知非重罪事件デュー・プロセス違反判決 …… 211
Haynes v. Washington, 373 U.S. 503 (1963)
【26】ヘインズ接見拒否等身柄拘束後自白排除肯定判決 …… 216
Hopt, v. Utah, 110 U.S. 574 (1884)
【１】ホプト不任意自白許容否定判決 …… 60
Jackson v. Denno, 378 U.S. 368 (1964)
【28】ジャクソン任意性判断 NY 方式違憲警察官殺害事件判決 …… 226
Leyra v. Denno, 347 U.S. 556 (1954)
【18】レイラ精神科医獲得自白任意性否定両親殺害事件判決 …… 155
Lisenba v. California, 314 U.S. 219 (1941)
【７】ライゼンバ自白許容デュー・プロセス違反否定妻殺害事件判決 …… 88
Lyons v. Oklahoma, 322 U.S. 596 (1944)
【11】ライオンズ反覆自白許容デュー・プロセス違反否定殺人放火事件判決 …… 118
Malinski v. New York, 324 U.S. 401 (1945)
【12】マリンスキー任意自白許容デュー・プロセス違反肯定警察官殺害事件判決 …… 122
Mallory v. United States, 354 U.S. 449 (1957)
【19】マロリー弁護権等不告知アレインメント遅滞連邦刑事規則違反強姦事件判決 …… 159
Malloy v. Hogan, 378 U.S. 1 (1964)
［E］マロイ自己負罪拒否特権州適用肯定判決 …… 48
Mapp v. Ohio, 367 U.S. 643 (1961)
【24】マップ連邦排除法則州法適用肯定猥せつ物所持事件判決 …… 205
Massiah v. United States, 377 U.S. 201 (1964)

【27】マサイア起訴後保釈中自白獲得第6修正違反肯定判決 ……………224
McNabb v. United States, 318 U.S. 332 (1943)
【9】マクナブ裁判官引致遅延獲得自白排除警察官殺害事件判決 ………103
Miranda v. Arizona, 384 U.S. 436 (1966)
ミランダ黙秘権等告知欠如身柄拘束中自白許容違憲判決 ………………239
Murphy v.Waterfront Commission, 378 U.S. 52 (1964)
［F］マーフィ自己負罪拒否特権各法域一律適用判決 ……………………53
Nardone v. United States, 302 U.S. 379 (1939)
【5】第二次ナードン違法盗聴会話排除アルコール飲料密輸入事件
判決 ………………………………………………………………………79
Palko v. Connecticut, 302 U.S. 319 (1939)
［B］パルコ二重の危険州適用否定判決 …………………………………35
Payne v. Arkansas, 356 U.S. 560 (1958)
【20】ペイン長時間隔離後自白獲得デュー・プロセス違反肯定殺人
事件判決 ……………………………………………………………161
Rogers v. United States, 340 U.S. 367 (1951)
【15】ロジャーズ大陪審証言後関連証拠提出拒否法廷侮辱罪合憲判
決 ……………………………………………………………………134
Spano v. New York, 360 U. S. 315 (1959)
【22】スパーノ接見要求拒否等デュー・プロセス違反肯定射殺事件
判決 …………………………………………………………………172
State v. Miranda, 450 P.2d 364 (1969)
州最高裁ミランダ再有罪判決 ……………………………………………260
Stein v. New York, 346 U.S. 156 (1953)
【17】スタイン任意性判断陪審 NY 方式合憲判決 ………………………140
Twining v. New Jersey, 211 U.S. 78 (1908)
［A］トワイニング自己負罪拒否特権州適用否定判決 ……………………33
Ullman v. United States, 350 U.S. 422 (1956)
［D］ウルマン免責法合憲再確認判決 ……………………………………44
United States v. Bayer, 331 U.S. 532 (1947)

アメリカ合衆国憲法修正条項［抄］
——日米憲法比較——

(The First 10 Amendments were ratified December 15, 1791, and form what is known as the "Bill of Rights")
［最初の10箇条は1791年12月15日に成立した、そして“権利の章典”として知られる］

Amendment Ⅰ（第1修正）［信教、言論、出版、集会の自由、請願権］（1791年）

Congress shall make no law respecting an establishment of religion, or prohibiting the free exercise thereof; or abridging the freedom of speech, or of the press; or the right of the people peaceably to assemble, and to petition the government for a redress of grievances.

（連邦議会は、国教を樹立し、または宗教上の行為を自由に行なうことを禁止する法律、言論または出版の自由を制限する法律、ならびに人民が平穏に集会する権利、および苦情の処理を求めて政府に対し請願する権利を侵害する法律を制定してはならない。）

［憲法第19条——思想及び良心の自由は、これを侵してはならない。］

［憲法第20条——①　信教の自由は、何人に対してもこれを保障する。いかなる宗教団体も国から特権を受け、又は政治上の権力を行使してはならない。

②　何人も、宗教上の行為、祝典、儀式又は行事に参加することを強制されない。

③　国及びその機関は、宗教教育その他いかなる宗教的活動もしてはならない。］

［憲法第21条——　①　集会、結社及び言論、出版その他一切の表現の自由は、これを保障する。

②　検閲は、これをしてはならない。通信の秘密は、これを侵してはならない。］

Amendment Ⅱ（第2修正）［武器保有および武装する権利］（1791年）

A well regulated Militia, being necessary to the security of a free state, the right of the people to keep and bear arms, shall not be infringed.

（規律ある民兵は、自由な国家の安全にとって必要であるから、人民が武器を保有しまたは携帯する権利は、これを侵してはならない。）

(6)　アメリカ合衆国憲法修正条項［抄］

Amendment Ⅲ（第3修正）［軍隊の舎営に対する制限」（1791年）

No Soldier shall, in time of peace be quartered in any house, without the consent of the Owner, nor in time of war, but in a manner to be prescribed by law.

（平時においては、所有者の同意を得ない限り、何人の家屋にも兵士を舎営させてはならない。戦時においても、法律の定める方法による場合のほか、同様とする。）

Amendment Ⅳ（第4修正）［不合理な捜索、逮捕・押収の禁止］（1791年）

The right of the people to be secure in their persons, houses, papers, and effects, against unreasonable searches and seizures, shall not be violated, and no warrants shall issue, but upon probable cause, supported by oath or affirmation, and particularly describing the place to be searched, and the persons or things to be seized.

（不合理な捜索および逮捕・押収に対し、身体、住居、書類および所持品の安全を保障されるという人民の権利は、これを侵してはならない。令状は、宣誓または確約によって裏付けられた相当な理由に基づいてのみ発せられ、かつ捜索さるべき場所および逮捕さるべき人または押収さるべき物件を特定して示したものでなければならない。）

［憲法第33条――何人も、現行犯として逮捕される場合を除いては、権限を有する司法官憲が発し、且つ理由となってゐる犯罪を明示する令状によらなければ、逮捕されない。］

［憲法第35条――何人も、その住居、書類及び所持品について、侵入、捜索及び押収を受けることのない権利は、第三十三条の場合を除いては、正当な理由に基いて発せられ、且つ捜索する場所及び押収する物を明示する令状がなければ、侵されない。］

Amendment Ⅴ（第5修正）［大陪審、二重の危険、デュー・プロセス］（1791年）

No person shall be held to answer for a capital, or otherwise infamous crime, unless on a presentment or indictment of a Grand jury, except in cases arising in the land of naval forces, or in the Militia, when in actual service in time of war or public danger: nor shall any person be subject for the same offence to be

twice put in jeopardy of life or limb; nor shall be compelled in any criminal case to be a witness against himself, nor be deprived of life, liberty, or property, without due process of law; nor shall private property be taken for public use, without just compensation.

（何人も、大陪審の告発または起訴によらなければ、死刑を科せられる罪その他の破廉恥罪につき責を負わされることはない。……何人も、同一の犯罪について重ねて生命身体の危険にさらされることはない。何人も刑事事件において自己に不利益な証人となることを強制されることはなく、また法の適正な手続によらずに、生命、自由または財産を奪われることはない。）

［憲法第39条——何人も、実行の時に適法であった行為又は既に無罪とされた行為については、刑事上の責任を問はれない。又、同一の犯罪について、重ねて刑事上の責任を問はれない。］

［憲法第38条①——何人も、自己に不利益な供述を強要されない。］

［憲法第31条——何人も、法律の定める手続によらなければ、その生命若しくは自由を奪はれ、又はその他の刑罰を科せられない。］

Amendment Ⅵ（第6修正）［刑事陪審、刑事手続上の人権］（1791年）

In all criminal prosecutions, the accused shall enjoy the right to a speedy and public trial, by an impartial jury of the state and district wherein the crime shall have been committed, which district shall have been previously ascertained by law, and to be informed of the nature and cause of the accusation; to be confronted with the witnesses against him; to have compulsory process for obtaining witnesses in his favor, and to have the assistance of counsel for his defense.

（すべての刑事上の訴追において、被告人は、犯罪が行われた州およびあらかじめ法律によって定められた地区の公平な陪審による迅速な公開の裁判を受け、かつ事件の性質と原因とについて告知を受ける権利を有する。被告人は、自己に不利益な証人との対面を求め、自己に有利な証人を得るために強制手続を取り、また自己の防御のために弁護人の援助を受ける権利を有する。）

［憲法第32条——何人も、裁判所において裁判を受ける権利を奪はれない。］

［憲法第34条——何人も、理由を直ちに告げられ、且つ、直ちに弁護人に依頼する

権利を与へられなければ、抑留又は拘禁されない。又、何人も、正当な理由がなければ、拘禁されず、要求があれば、その理由は、直ちに本人及びその弁護人の出席する公開の法廷で示されなければならない。］

［憲法第37条――　①　すべて刑事事件においては、被告人は、公平な裁判所の迅速な公開裁判を受ける権利を有する。

②　刑事被告人は、すべての証人に対して審問する機会を充分に与へられ、又、公費で自己のために強制的手続により証人を求める権利を有する。

③　刑事被告人は、いかなる場合にも、資格を有する弁護人を依頼することができる。被告人が自らこれを依頼することができないときは、国でこれを附する。］

Amendment Ⅶ（第7修正）［民事事件における陪審審理の保障］

In suits at common law, where the value in controversy shall exceed twenty dollars, the right of trial by jury shall be preserved, and no fact tried by a jury, shall be otherwise reexamined in any Court of the United States, than according to the rules of the common law.

（コモン・ロー上の訴訟において、訴額が20ドルを超えるときは、陪審による裁判を受ける権利が保障されなければならない。陪審によって認定された事実は、コモン・ローの準則によるほか、合衆国のいずれの裁判所においても再審理されることはない。）

Amendment Ⅷ（第8修正）［残虐な刑罰の禁止］（1791年）

Excessive bail shall not be required, nor excessive fines imposed, nor cruel and unusual punishments inflicted.

（過大な額の保釈金を要求し、または過重な罰金を科してはならない。また残虐で異常な刑罰を科してはならない。）

［憲法第36条――公務員による拷問及び残虐な刑罰は、絶対にこれを禁ずる。］

Amendment Ⅸ（第9修正）［人民の権利に関する一般条項］（1791年）

（この憲法に一定の権利を列挙したことをもって、人民の保有する他の諸権利を否定しまたは軽視したものと解釈してはならない。）

Amendment X（第10修正）［州または人民への留保権限］（1791年）

（この憲法によって合衆国に委任されず、また州に対して禁止されていない権限は、それぞれの州または人民に留保される。）

Amendment XIII（第13修正）［奴隷制度の禁止］（1865年成立）

（① 奴隷または意に反する苦役は、犯罪に対する処罰として当事者が適法に有罪宣告を受けた場合を除いて、合衆国またはその管轄に属するいずれの地域内においても存在してはならない。
② 連邦議会は、適当な立法によって本条の規定を執行する権限を有する。）

Amendment XIV（第14修正）［市民権、デュー・プロセス、平等保護］（1868年）

Section 1. All persons born or naturalized in the United States, and subject to the jurisdiction thereof, are citizens of the United States and of the state wherein they reside. No State shall make or enforce any law which shall abridge the privileges or immunities of citizens of the United States; nor shall any State deprive any person of life, liberty, or property, without due process of law; nor deny to any person within its jurisdiction the equal protection of the laws.

（① 合衆国において出生しまたは帰化し、その管轄権に服するすべての人は、合衆国およびその居住する州の市民である。いかなる州も合衆国市民の特権または免除を制限する法律を制定しまたは執行してはならない。いかなる州も法の適正な手続によらずに、何人からも生命、自由または財産を奪ってはならない、またその管轄内にある何人に対しても法の平等な保護を拒んではならない。
⑤ 連邦議会は、適当な立法によって本条の規定を執行する権限を有する。）

［憲法第31条——何人も、法律の定める手続によらなければ、その生命若しくは自由を奪はれ、又はその他の刑罰を科せられない。］

Amendment XV（第15修正）［黒人の選挙権の保障］（1870年）

Section 1. The right of citizens of the United States to vote shall not be denied or abridged by the United States or by any State on account of race, color, or previous condition of servitude.